Unterwegs

Lehrwerk für die Mittelstufe

Deutsch als Fremdsprache

Lehrerhandbuch mit Kopiervorlagen

Clemens Bahlmann • Eva Breindl • Hans-Dieter Dräxler
Karin Ende • Günther Storch

LANGENSCHEIDT

BERLIN · MÜNCHEN · WIEN · ZÜRICH · NEW YORK

Unterwegs

von Clemens Bahlmann, Eva Breindl, Hans-Dieter Dräxler, Karin Ende, Günther Storch

Redaktion:	Mechthild Gerdes, Elisabeth Graf-Riemann
Layout der Kopiervorlagen:	Karin Kopp, Augsburg
Illustrationen:	Monica May
Umschlag:	Barbara Slowik, Atelier S., München (unter Verwendung zweier Fotos der Bildagentur Tony Stone)
Fotos auf S. 156:	Karin Ende

Pictogramme:

zusätzliche Informationen zur Landeskunde

methodische Hinweise, die auch an anderer Stelle im Unterricht zu berücksichtigen sind

Autoren und Verlag danken für die kritische Begleitung, Erprobung und die zahlreichen konstruktiven Anregungen zur Entwicklung des Lehrwerks
insbesondere Frau Professor Dr. habil. Halina Stasiak (Universität Danzig), Frau Renata Markiewicz, Katarzyna Łopuszyńska (Goldene Schule Krakau), Frau Irina Semjonowa (Goethe Institut Moskau), Frau Irmgard Gomes † (Goethe Institut Lissabon), Ulrike Cohen (Goethe Institut Bordeaux), Spiros Kukidis (Praxis Verlag Athen), Sybille Weißhaupt-Abdelkader (Goethe Institut München).
Ebenso danken wir all den Kollegen und Kolleginnen, die Teile des Lehrwerks in ihrem Unterricht erprobt haben.

Zu *Unterwegs* gehören außer diesem Lehrerhandbuch:

ein Materialienbuch	**ISBN 3-468-47640-X**
ein Kursbuch	**ISBN 3-468-47641-8**
eine Audiokassette	**ISBN 3-458-47643-4**
eine CD	**ISBN 3-458-47644-2**

Das Lehrwerk *Unterwegs* folgt im Kursbuch und im Lehrerhandbuch der reformierten Rechtschreibung.

Umwelthinweis: gedruckt auf chlorfrei gebleichtem Papier

Druck:	6.	5.	4.	3.	Letzte Zahlen
Jahr:	2003	2002	2001		maßgeblich

© 1999 Langenscheidt KG, Berlin und München

Druck: Druckhaus Langenscheidt, Berlin
Printed in Germany   ISBN 3-468-**47642**-6

Inhaltsübersicht

Einführung in das Lehrwerk *Unterwegs*

Unterwegs ist für fortgeschrittene Deutschlerner geeignet, die z. B. das Zertifikat Deutsch als Fremd-sprache oder die Grundstufe 2 des Österreichischen Sprachdiploms oder einer vergleichbaren Prüfung absolviert haben bzw. vergleichbare Sprachkenntnisse aufweisen. Mit *Unterwegs* können Lerner ihre Fähigkeiten im Gebrauch der deutschen Sprache ausbauen, ihr Wissen über die deutsch-sprachigen Länder und Kulturen erweitern und dabei ihr Sprachlernen an ihren individuellen Bedürf-nissen ausrichten. *Unterwegs* orientiert sich an den <u>Rahmenrichtlinien des Goethe-Instituts</u> und bereitet gleichzeitig auf die <u>Zentrale Mittelstufenprüfung des Goethe-Instituts</u> vor. Schließlich kann man sich mit *Unterwegs* und dem zugehörigen *Trainingsprogramm* gezielt auf die Prüfungstechni-ken und Testformen der Zentralen Mittelstufenprüfung des Goethe-Instituts vorbereiten.[1] *Unterwegs* ist auch einsetzbar in Kursen der Mittelstufe, die auf das <u>Sprachdiplom der KMK</u> vorbereiten, in Kur-sen mit individuellen Zielsetzungen und Prüfungen und mit Einschränkung auf die allgemein-sprachliche Vermittlung auch in Kursen, die auf die DSH hinführen (vgl. dazu S. 6).

A Das Lehrwerkssystem von *Unterwegs*

In der Einleitung ins Kursbuch auf S. 3 ff. können Sie sich am besten als erstes über die verschiede-nen <u>Lehrwerksteile</u> von Unterwegs und deren Funktion , dann aber auch über den konkreten Umgang mit *Materialienbuch* (im Folgenden: MB) und *Kursbuch* (im Folgenden: KB) informieren. Hier zusätzlich weitere Informationen zu den verschiedenen Lehrwerkskomponenten:

1. <u>Zur Unterteilung in Materialienbuch und Kursbuch</u>:
   Das *Materialienbuch,* eine bunte Sammlung zum Lesen, Betrachten, Schmunzeln, Nachdenken, Nachschlagen – und zum Lernen, enthält in 16 Kapiteln sämtliche authentischen Lesetexte mit Illustrationen, eine systematische Grammatikübersicht (mit Register) und eine Übersicht über Redemittel für verschiedene kommunikative Bereiche und bietet damit die Grundlage sowohl für die selbstständige, von eigenen Interessen her bestimmte Arbeit der Lerner als auch für die ver-schiedensten lernerorientierten Aktivitäten im gemeinsamen Kursunterrricht. Das *Kursbuch* dage-gen bietet Übungen und Aufgaben für Aktivitäten im *Kurs*, seien sie vom Lehrer initiiert oder auch selbstständig von den Lernern ausgewählt. Es ist somit ein Angebot sowohl für die Lehrperson als auch für die Lerner. Zur didaktischen Begründung dieser Aufteilung und zur Arbeit mit dem Materialienbuch vgl. S.6.

2. <u>Die Hörmaterialien</u>
   Je 2 Tonkassetten oder 2 CD's (ca. 125 Minuten) bieten authentische Hörtexte (unterschiedliche Textsorten wie Rundfunkfeature, Rundfunkinterview, Lied, Gedicht, Märchen, Erzählung, moderne Sagen, Witze usw.). Einem jeden der 16 Kapitel in Materialienbuch und Kursbuch (außer Kapitel 6) sind ein, manchmal zwei Hörtexte zugeordnet.

3. <u>Das Lehrerhandbuch</u>
   Das vorliegende Buch
   a) informiert Sie in dieser *Einführung* über die wichtigsten didaktischen und methodischen Aspek-te der Konzeption von *Unterwegs,*
   b) liefert Ihnen in einem zweiten Teil *methodische Hilfen und Informationen zur Funktion der Übungen und Aufgaben in den 17 Kapiteln des Kursbuches.* Darüber hinaus finden Sie in diesem Teil bei bestimmten Aufgaben Vorschläge zu alternativen Vorgehensweisen, Vorschläge zur Bin-nendifferenzierung und Ideen zur (außerunterrichtlichen) Weiterarbeit. Methodische Hinweise für den Unterricht, die auch auf andere Aufgaben und an anderer Stelle zu übertragen sind, werden durch folgendes Pictogrammm gekennzeichnet:

Informationen zur Landeskunde finden Sie durch folgendes Pictogramm hervorgehoben:

---

[1] Aber auch das Materialienbuch und Kursbuch bieten bereits Vorbereitungsmöglichkeiten auf die ZMP: die Arbeit mit den Einstiegscollagen im Materialienbuch kann z. B. eine Vorbereitung auf den ersten Teil der mündlichen Prüfung sein; immer wieder werden aber auch Texte trainiert, die in der ZMP-Prüfung eine Rolle spielen können: z. B. Ausar-beitung eines Kurzreferats, KB, S.34 oder Verfassen eines persönlichen Briefs, KB. S.74.

Am Beginn eines jeden der 17 Kapitel dieses methodischen Teils finden Sie zur ersten Orientierung eine generelle Übersicht über den Stoff des Kapitels, der 1. im Materialienbuch, 2. im Kursbuch, 3. auf den Tonmaterialien, 4. als Arbeitsblätter im dritten Teil dieses Lehrerhandbuches angeboten wird. In der mittleren Spalte mit der Information über das Kursbuch werden durch Fettdruck die Aufgaben hervorgehoben, die in Hinsicht auf das übergreifende Lernziel des Kapitels, die Sprachhandlung z. B. *beschreiben, erzählen, argumentieren* von besonderer Wichtigkeit sind. Alle übrigen Aufgaben und Übungen können je nach Interesse und Bedarf im Unterricht ergänzend oder differenzierend herangezogen werden.

Anschließend finden Sie vor jeder der drei Einheiten eines Kapitels zur Orientierung eine Beschreibung der Schwerpunkte und Lernziele dieser Einheit, darunter eine erste Information über die vorgeschlagene Umgangsweise mit dem jeweiligen Hör- bzw. Lesetext.

c) Im dritten Teil des Lehrerhandbuchs finden Sie die *Kopiervorlagen*, auf die als Arbeitsblätter für die Kursteilnehmer im Kursbuch an den entsprechenden Stellen verwiesen wird, z. B. ➤ LHB Kp. 5,1 auf S. 61.

B Welche didaktischen Vorstellungen haben *Unterwegs* beeinflusst?

Menschliches Handeln wird immer auch von dem Vorwissen und den Erfahrungen, die das handelnde Individuum oder die handelnde Gruppe zu einem Gegenstand/Vorgang gesammelt hat, und von der Wahrnehmung gesteuert, die durch diese Vorkenntnisse geprägt wurde. Dies gilt natürlich auch für Lehrbuchautoren und -autorinnen und ihr Werk. Insofern ist jedes Lehrwerk und eben auch das Lehrwerk *Unterwegs* immer ein „persönliches" Angebot, sowohl was die Oberfläche betrifft, d. h. die Auswahl und Menge der Texte und Übungen, als auch, was den „Kern" des Lehrwerks betrifft, das ist die Strukturierung der sprachlichen Inhalte und die methodischen Verfahren, also der didaktisch-methodische Ansatz. Wir wollen Ihnen im Folgenden die wichtigsten Überlegungen vorstellen, sodass für Sie das *Was?, Warum?* und *Wie?* von *Unterwegs* deutlich werden.

1. Das Prinzip der Lernerorientierung als Grundlage für die Konzeption von *Unterwegs*

Ausgangspunkt bei der Entwicklung von *Unterwegs* war die Frage:
Wer sind die Lerner in der Mittelstufe? Wie sieht es aus mit ihren Lernvoraussetzungen, Interessen, der Lernmotivation und ihren Lernzielen?

Dazu hier einige Gesichtspunkte: Entsprechend verschiedener Erhebungen zur Situation fortgeschrittener Deutschlerner ist das Gros der Lerner im Fortgeschrittenenunterricht zwischen 16 und 40 Jahren alt.

Reale Lerner aus unserem eigenen Erfahrungsbereich in der Mittelstufe sind z. B.:

- ein brasilianischer Kinderarzt (46) mit deutschen Vorfahren, den aus der brasilianischen Ferne Deutschland (Land und Leute, intellektuelle Tradition) „irgendwie" anzieht und der einmal zu einem Kongress nach Deutschland reisen möchte,
- eine griechische Studentin aus Athen (23), die in Griechenland ihre Berufsaussichten verbessern möchte und deshalb neben ihrem Jurastudium eine weitere Fremdsprache lernt,
- ein britischer Computerspezialist (34), der zur Zeit in Österreich lebt und sein Deutsch für den alltäglichen Gebrauch verbessen will,
- eine polnische Abiturientin (21), die zunächst Deutsch für ein Leben in Deutschland gelernt hat, jetzt aber während eines Studiums an einem polnischen Studienkolleg (3-jährige Ausbildung zur Deutschlehrerin) weiter ihr Deutsch verbessert,
- ein Au-pair Mädchen aus Spanien, das in der Schweiz schneller Deutsch als Englisch lernt.
- …

Der nächste Schritt war die Frage: Was interessiert diese Lerner? Was wollen oder müssen sie lernen? Das Ergebnis verschiedener Umfragen dazu im In- und Ausland:
Sie lernen Deutsch zum Beispiel für einen unmittelbar praktischen Zweck: Sie leben bereits in einem deutschsprachigen Land oder haben es vor, oder sie rechnen damit, dass sie später in einem beruflichen Kontext die deutsche Sprache beherrschen sollten. Sie werden vielleicht Gespräche, Zeitungstexte, Fernsehreportagen, Spielfilme verstehen wollen oder müssen. Eine andere Möglichkeit: Sie haben ein allgemeines Interesse am Deutschlernen, das sie vielleicht als Fortführung ihrer Ausbil-

dung oder ihrer persönlichen Allgemeinbildung ansehen. Das Ergebnis der Umfragen: Mittelstufen-lerner sind durch eine große **Heterogenität** ihrer Interessen, Voraussetzungen und Bedürfnissen gekennzeichnet.

Die Analyse der Lerner führte weiterhin zu der Frage: Wie lernen Mittelstufenlerner?

Alle neuen Erkentnisse über das Lernen unterstreichen seinen individuellen und selbstständigen Charakter. Inzwischen gibt es die wissenschaftlichen Belege für das, was wir Lehrende insgeheim schon immer „befürchtet" haben: Lernende lernen nicht das, was wir sie lehren, sondern das, was sie daraus machen.

Individuell und selbstständig bedeutet in diesem Zusammenhang,

– dass Lernen eine Tätigkeit ist, die ein jedes Individuum eigenständig für sich vollzieht; damit ist das ein individueller Vorgang,

– dass ein und derselbe Inhalt aufgrund unterschiedlicher Vorkenntnisse/ Erfahrungen unterschied-lich aufgenommen und verarbeitet wird,

– dass auf verschiedene Weise gelernt wird,

und schließlich,

– dass Inhalte für verschiedene Lerner zu verschiedenen Zeiten unterschiedlich wichtig sein können.

Das soeben in Bezug auf die Lernprozesse Gesagte gilt generell für alle Lernende, unabhängig davon, aus welcher kulturellen Tradition sie kommen.

Daraus ergibt sich: So unterschiedlich wie die Lerner selbst, ihre Lernmotivation, ihre Interessen sind auch ihre Lernvoraussetzungen: ihre Kenntnisse anderer Fremdsprachen, ihre Lernstrategien und bisherigen Erfahrungen beim Lernen generell, ihre Kenntnisse beim Fremdsprachenlernen. Verschiedene Analysen haben gezeigt, dass diese Differenzen im Laufe des Mittelstufenunterrichts noch weiter zunehmen.

2. Konsequenzen für die Konzeption von *Unterwegs*

a) Das offene Unterrichtskonzept

Um dieser *Heterogenität* der Mittelstufenlerner mit ihren ganz unterschiedlichen Erwartungen, Lern-voraussetzungen und Lernzielen gerecht zu werden, finden Sie in Unterwegs ein **offenes Unter-richtskonzept**. Das bedeutet ein größtmögliches Angebot

1. an Lernmaterialien:

– eine Vielfalt von Themen und authentischen Textsorten im Materialienbuch und auf den Tonmate-rialien: Die 16 Kapitel enthalten je drei (Unter-)Einheiten, die das jeweilige Thema unter verschie-denen Aspekten beleuchten und damit verschiedene Auswahlmöglichkeiten erlauben,

– eine systematische Grammatikübersicht und

– eine Übersicht über mögliche Redemittel zu zentralen Kommunikationsbereichen ergänzen das Angebot.

2. an Lernwegen:

– *Unterwegs* bietet Ihnen **zwei Lernwege,** die je nach den Bedürfnissen der Lerner, der gemeinsam eruierten Lernziele und der daraus erfolgten gemeinsamen Unterrichtsplanung (vgl. Nullkapitel S. 19) flexibel und abwechselnd eingeschlagen werden können:

Lernweg 1:

■ ausgehend von den Interessen der Lerner, die von ihren Neigungen und Bedürfnissen die Texte und/oder Illustrationen im *Materialienbuch* als Ausgangspunkt für ihr Lernen nehmen. Im Fol-genden einige methodische Anregungen dazu:

Offenes Lernen mit dem Materialienbuch – 100 Ideen

Im Folgenden einige Anregungen, wie Ihre Lerner – zwischendurch, für längere Passagen Ihres Kurses oder ganz und gar – das Materialienbuch und die Hörkassetten auf eigene Faust erkunden und verwenden können:

→ *Lassen Sie Ihre Kursteilnehmer im Materialienbuch „schmökern". Es gibt darin eine Menge in-teressanten Lesestoff, der die Lernenden vielleicht auch außerhalb des Unterrichts als Lektüre,*

z. B. in einer Zeitschrift ansprechen würde. Ähnliches gilt für die Hörkassetten. Sie werden entdecken, dass unsere Materialiensammlung anregende Geschichten, Informationen und Gedanken, Unterhaltsames und Witziges enthält. Die Lerner lesen und hören, weil der Text sie inhaltlich anspricht und interessiert; dabei lernen sie gewissermaßen „nebenbei" (vgl. dazu auf S. 11).

→ Die Kursteilnehmer können blättern, Texte anlesen und weiterblättern oder zu Ende lesen. Sie können dabei notieren oder den anderen mündlich mitteilen, warum sie der eine Text zum Weiterlesen anregt und der andere nicht, warum sie dem einen Beitrag auf den Kassetten bis zu Ende zugehört und bei einem anderen weitergespult haben.

→ Zu den einzelnen Einheiten im Materialienbuch/der Tonmaterialien können Sie Lernern die Aufgabe stellen, sich je einen Text auszusuchen, der sie am meisten interessiert oder provoziert, der sie erfreut oder ihnen total missfällt.

→ Bei der Beschäftigung mit diesem Text könnten folgende Schritte sinnvoll sein:
  • den ihrer Meinung nach wichtigsten Satz herausschreiben; so könnte eine Wandzeitung oder eine Pinnwand entstehen, zu der die Lernenden Fragen stellen, Erklärungen geben, diskutieren…
  • Grundgedanken eines Textes formulieren, zusammenfassen, mit eigenen Ideen konfrontieren, ein Gespräch darüber protokollieren…
  • Gegenthesen zu einem Text aufstellen; Kritik am Handeln von Figuren oder Personen in einem Text äußern; fiktive Gegenentwürfe zum Verlauf oder zum Ende einer Geschichte erfinden; fiktive Gespräche mit handelnden Personen oder Verfassern inszenieren; fiktive oder reale Korrespondenzen schreiben…
  • Die Lernenden können ihre Ideen als Rezension, Kurzbesprechung, als „Verriss" eines Textes veröffentlichen.
  • Oder sie können ein Werbeplakat (eine Collage) für oder gegen die Beschäftigung mit einem Text bzw. für oder gegen die Aussage eines Textes entwerfen.
  • Lernende können ihre Ideen in einem Brief an die Kursleitung oder andere Kursteilnehmer äußern, der natürlich beantwortet werden sollte.
  • In kleinen Gruppen könnten Lernende z. B. ein Gedicht oder Lied einstudieren, einen Erzähltext oder einen Teil daraus oder auch einen Gegenentwurf dazu als Sketch einüben und der Kursgruppe vorführen.

→ Sie können Ihre Kursgruppe anleiten, eine Lektüre- und Hör-Kartei anzulegen: Teilnehmer, die einen Text gelesen/gehört haben, schreiben ihre Bemerkungen zu Inhalt und Form des Textes und zu ihrer persönlichen Stellungnahme auf Karten und ordnen sie in einen Kasten im Kursraum. Diese dienen den anderen Lesern und Hörern z. B. als Lese- bzw. Hör-Anreiz und -Hilfe, werden beantwortet, ergänzt, und die Kartei wächst schließlich zu einem eigenen Archiv von Textkommentaren heran.

→ …

Die restlichen achtundachtzig Ideen, wie Sie die Lernenden zu einem kreativen Umgang mit den Materialien dieses Lehrwerks anregen können, fallen Ihnen bestimmt selbst ein.
Frohes Schaffen!

Lernweg 2:
■ ausgehend vom <u>Nullkapitel</u> und den anschließenden Lernsequenzen im *Kursbuch*: zu den jeweils <u>3 Einheiten</u> in den <u>16 Kapiteln</u> haben wir Ihnen einen Strauß verschiedener methodischer Angebote gebunden, mit denen Ihre Lerner Sprachmaterial aus *Materialienbuch* und *Hörmaterialien* erschließen und verarbeiten können. Sie finden Übungen und Aufgaben, die je nach Interessen und Bedürfnissen der Lerner vollständig oder in Auswahl genützt werden können. Sie können hier in Abstimmung mit Ihren Teilnehmern und je nach den spezifischen Notwendigkeiten Ihren Kurs gestalten. Der leichteren Abstimmung im Kurs halber sind die einzelnen Aufgaben zwar durchnummeriert, diese Ziffern sind allerdings nur eine erste Orientierungshilfe für die Kursleitung. Andere Sequenzen und andere Zuordnungen sollten von der spezifischen Kurssituation her bestimmt werden. Auch kann miteinander abgestimmt werden, welche Übungen gemeinsam, welche in Gruppen, welche selbstständig bzw. zu Hause durchgeführt werden sollen.

Die Auswahl und Differenzierung aus dem umfangreichen Angebot wird für Sie und Ihre Lerner erleichtert und unterstützt durch:
- die Übersichten zu den einzelnen Kapiteln hier im Lehrerhandbuch mit der **fetten** Hervorhebung der Aufgaben, die besonders geeignet sind, das jeweilige übergreifende Lernziel des Kapitels, die Sprachhandlung, wie z. B. *beschreiben* usw. zu üben. [1]
- die Lernzielübersichten im Kursbuch, wobei durch die Wiederholung der entsprechenden Pictogramme vor den einzelnen Übungen Transparenz und leichte Orientierung gesichert wird.
- das Inhaltsverzeichnis im Kursbuch.
- die Unterteilung vieler Aufgaben in **A** und **B** (und eventuell auch **C**), sodass sich zahlreiche Möglichkeiten zur Binnendifferenzierung ergeben (vgl. S. 35, oben Aufgabe 1).
- Weitere Differenzierungsmöglichkeiten im Unterricht bieten im dritten Teil dieses Lehrerhandbuchs die Kopiervorlagen für Arbeitsblätter. Sie bieten Möglichkeiten der Vertiefung eines Übungsbereichs, z. B. zusätzliche Trainingsangebote zur Wortschatz- bzw. Grammatikarbeit.

Alles in allem finden Sie in *Unterwegs* Material, mit dem Sie – je nach Bedarf – **200 – 400 Unterrichtsstunden** gestalten können.
Unterwegs folgt – entsprechend der heterogenen Situation in der Mittelstufe – keiner grammatischen Progression, sodass Sie je nach Interesse und Bedarf Ihres Kurses zwischen den verschiedenen Kapiteln „springen" können: Sie können einsteigen, wo sie wollen, und in beliebiger Reihenfolge fortfahren. Allerdings gibt es eine gewisse Steigerung des Schwierigkeitsgrades in Bezug auf Umfang und sprachliche Komplexität der Materialien im Materialienbuch und bei den Hörmaterialien. Die Ausgangstexte sind in gewisser Weise von „leichteren" Texten in Kapitel 1 bis zu inhaltlich und sprachlich recht anspruchsvollen Texten in Kapitel 16 gestaffelt. Andererseits werden auch in den ersten Kapiteln bewußt einzelne schwierige Texte angeboten, deren Erarbeitung dann je nach den Voraussetzungen Ihrer Lerner, der jeweiligen Zielsetzung und dem Interesse nur global oder auch detailliert erarbeitet werden können. Insofern sind auch diese Texte in unterschiedlichen Unterrichtsstadien einsetzbar. In Institutionen, wo *Unterwegs* in verschiedenen Kursniveaus eingesetzt wird, empfiehlt sich in Hinsicht auf die Auswahl gegebenenfalls eine Absprache unter den Kollegen, die zum Beispiel in Kurs 1 eine Beschränkung der Arbeit auf Kapitel 0 – 8 und in Kurs 2 auf Kapitel 9 – 16 zum Ziel hat.

b) Sprachliche Handlungen, Textsorten und Themen

Der Heterogenität der Mittelstufenlerner und dem darauf abgestellten offenen Konzept von *Unterwegs* entspricht auch die Gesamtstrukturierung der Lernbereiche im Lehrwerk.
Die Lernbereiche
1. *Mündliche Kommunikation,*
2. *Rezeption von Lese-, Hörseh- und Hörtexten,*
3. *Schreiben*
und die ihnen funktional zugeordneten Bereiche
1. *Kommunikatives Wissen* (Wisssen über das Funktionieren von Sprache(n), Texten und Kommunikation, Anwendung dieses Wissens in der fremdsprachigen Kommunikation),
2. *Soziokulturelles Wissen* (Wissen über das Land der Zielsprache und seine Kultur und die Anwendung des Wissens in der Interaktion),
3. *Sprachsystematisches Wissen* (Wissen über das System der Zielsprache und Anwendung dieses Wissens in der Kommunikaton)

---

[1] Aus dem jeweiligen Übungsangebot kann die Kursleitung nach unterschiedlichsten Kriterien auswählen: 1. Übungen und Aufgaben, die besonders die *jeweilige kommunikative Sprachhandlung trainieren.* Andere Kriterien sind z. B. 2. *Zeitvolumen:* eine Unterrichtseinheit soll z. B. in 90 Minuten zu erarbeiten sein, 3. *Lernerorientierung:* die jeweilige Differenzierung und Auswahl wird ausschließlich von den aktuellen oder in der Kursplanung festgelegten Bedürfnissen und Interessen der Lerner bestimmt, 4. Vorbereitung auf eine *Prüfung:* bestimmte Aufgaben sind z. B. in besonderer Weise für die Vorbereitung auf die ZMP geeignet 5. *Ausgewogenheit und Abwechslungsreichtum der Lernbereiche und Übungstypen.* Die Auswahl nach diesen verschiedenen Kriterien kann hier im Lehrerhandbuch nicht dargestellt werden. Jede Kursleitung sollte sich aber bemühen, diese verschiedenen Selektionskriterien bewusst bei der didaktischen Planung und immer wieder auch in der jeweiligen Unterrichtssituation zu berücksichtigen.

lassen sich entsprechend den vielfältigen inhaltlichen Interessen der Lerner in möglichst bunte **thematische** Einheiten bündeln. Die Anordnung verschiedener Themen als strukturierendes Prinzip für das Lehrwerk ist allerdings *ein*, jedoch nicht das einzige strukturierende Prinzip; es gibt darüber hinaus das *zweite* strukturierende Prinzip der *sprachlichen Handlungen* (z. B. *argumentieren, (sich) informieren, beschreiben, berichten*), die auf der Ebene von Mittelstufenunterricht nicht mehr als isolierte Redemittel zu verschiedenen Sprachhandlungen, sondern in komplexen **Textsorten** angeboten bzw. erarbeitet werden.

Warum nun diese *zwei* Kategorien für die Strukturierung der Lernbereiche? Warum dementsprechend die Verschränkung von *sprachlicher Handlung/Textsorte* und *Thema* in der Kopfzeile des Kursbuches? Sie sehen hier auf der einen Seite die sprachlichen Handlungen, die in diesem Kapitel schwerpunktmäßig trainiert werden, und auf der anderen Seite das für alle drei Einheiten übergreifende Gesamtthema.

Einerseits sollte sich der lernerorientierte Unterricht an den inhaltlichen Interessen der Kursteilnehmer orientieren. Deshalb bietet *Unterwegs* in 16 Kapiteln eine größtmögliche Vielfalt an Themenkreisen, die noch dazu in verschiedene inhaltliche Facetten unterteilt sind. Grundlage ist hier der bunte und abwechslungsreiche Magazinteil des *Materialienbuchs*. Die Erweiterung der sprachlichen Kompetenz findet also in der Auseinandersetzung mit vielfältigen Themen statt. Unter anderem ist hier dem Thema „Sprachenlernen" in Kapitel 3 und der Reflexion über die Sprache selbst, die alle Kursteilnehmer lernen wollen, in Kapitel 16 jeweils eine Einheit gewidmet.

Andererseits führt das Prinzip der Lernerorientierung auch zu der Frage nach den *Lernzielen* von Unterricht. Fragen wir einen Lerner, warum er Deutsch lernt, so erhalten wir meist Antworten wie: „Ich möchte mich mit X unterhalten", „ ...ein Buch lesen", „ ... einen Brief schreiben" oder „ ...eine Prüfung bestehen". Lernziele werden also überwiegend in Tätigkeiten ausgedrückt.

Dementsprechend verläuft auch Alltagkommunikation: Gehen wir zusammen mit Bekannten in eine Kneipe oder besuchen wir Freunde, so werden wir uns zunächst über ein Thema unterhalten, dann über ein anderes, und das nächste Mal können es wieder ganz andere sein. Während die Themen wechseln, wird die Art des Gesprächs insofern gleich bleiben, als es hier auf den sozialen Kontakt ankommt, auf den wir Wert legen. Erst in zweiter Linie wird es uns, obwohl wir sicher thematische Vorlieben haben, auf das Thema ankommen.

Auch von da aus lässt sich nicht eindeutig definieren, welcher thematische Kanon für den Fortgeschrittenenunterricht verbindlich sein sollte. Im Unterricht mit Erwachsenen ist im Prinzip jedes Thema sprachlich realisierbar. Darüber hinaus kann ein jedes Thema je nach Aspekt, Art der Darbietung und Situation von ein und derselben Person unterschiedlich wahrgenommen und (ein-) geschätzt werden, ganz zu schweigen von der unterschiedlichen Wahrnehmung unterschiedlicher Personen.

Von den Bedürfnissen und selbstgesteckten Lernzielen der Lerner her lässt sich jedoch durchaus feststellen, welche Textsorten er bzw. sie verstehen bzw. produzieren möchte/sollte.

Immer entstehen in der alltäglichen Kommunikation Texte. Wenn wir nun diese verschiedenen Formen sprachlicher Interaktion vergleichen, so fällt auf, dass sich diese gesprochenen oder geschriebenen Texte zu Gruppen mit gemeinsamen charakteristischen Merkmalen zusammenstellen lassen. Wir unterscheiden *Textsorten*. Man kann definieren: Textsorten sind in der alltäglichen Kommunikation vorhandene bewährte verbale Konstruktionspläne mit teilweise vorgefertigten Bauteilen, mit deren Hilfe sprachliche Handlungen realisiert werden.

Das spiegelt sich wider bei den sprachlichen Bedürfnissen der Lernenden, die – so verschieden und individuell sie sein mögen –, auf den Ebenen von sprachlichen Handlungen und Textsorten Gemeinsamkeiten haben.

Wir haben deshalb in Unterwegs ein *breites Spektrum von Textsorten* präsentiert: verschiedene Zeitungstexte von der Meldung bis zum Kommentar und zur Reportage, verschiedene Rundfunkfeatures, – reportagen, – interviews und Hörbilder, literarische Texte wie Erzählungen, moderne Sagen, Märchen, Gedichte, Essays, Aphorismen, Parabeln, Witze, Satiren und Glossen bis hin zu populärwissenschaftlichen Sachtexten.

Dieser Fülle von *Ausgangstextsorten* stehen *Zieltextsorten* gegenüber, d. h. die mündlichen bzw. schriftlichen Texte, die von Lernern in den Lernbereichen *Mündliche Kommunikation, Verstehen von Hör- bzw. Lesetexten* und *Schreiben* trainiert bzw. produziert werden sollen.

→ Einige Beispiele: Im Bereich des schriftlichen Ausdrucks kann die Textsorte „formeller Brief" geübt werden, um z. B. – je nach Situation der Lerner – berechtigte Ansprüche vorzutragen oder unberechtigte Forderungen zurückzuweisen (z. B. KB S. 134 f., 137).

→ Im Bereich Hörverstehen ist z. B. ein Rundfunkinterview Ausgangspunkt, das Verstehen komplexer Äußerungen von authentischen deutschsprachigen Sprechern zu trainieren und dem Interview soziokulturelle Informationen über deutsche Geschichte im 20. Jahrhundert und ihre individuelle Rezeption im Rahmen eines individuellen Lebenslaufs einer älteren deutschen Frau zu entnehmen (z. B. KB S. 56 f.).

c) Das Lernen zum Thema gemacht, aber: Selbstständiges Lernen – das klappt doch nie!

Wenn nun Bedürfnisse und Interessen der Mittelstufenlerner individuell sind und das Lernen bei jedem Individuum unterschiedlich verläuft (vgl. dazu S. 5 f.), so wird deutlich, dass in erster Linie die Lernenden selbst ihr Lernen steuern und verbessern können. Die Lehrperson erhält dadurch eine mehr und mehr beratende und organisierende Funktion.

Als Lehrende können wir dann Lernenden z.B. dadurch helfen, dass wir *das Lernen zum Thema im Unterricht machen*. Dabei sollten wir aber immer berücksichtigen, dass Erwachsene schon über Erfahrungen und Routinen im Lernen verfügen, sie also nicht mehr das Lernen lernen müssen, sondern ihre eigenen Lernstrategien unter Umständen nur optimieren sollten.

Andererseits gibt es auch Einsichten darüber, welche Prozesse beim Sprachenlernen überindividuell gleich sind. Deshalb ist es auch möglich, *Lerntipps* zu geben und *Lernstrategien* zu vermitteln, die für eine größere Gruppe von Lernern gültig sein können. Aber auch hier laufen die geistigen Adaptationprozesse individuell im einzelnen Lerner ab, sie können nur bedingt von außen beeinflusst werden.

Diese Erkenntnisse haben sich in der Konzeption von *Unterwegs* folgendermaßen niedergeschlagen:

• Der Kursunterricht beginnt am besten mit <u>Kapitel 0 im Kursbuch</u>. Hier können die Kursteilnehmer ihre eigenen Kenntnisse und Lernvoraussetzungen einschätzen, anschließend ihre persönlichen Lernziele formulieren, dann das Lehrwerk *Unterwegs* daraufhin analysieren, wo sie Übungs- und Trainingsstoff für ihre eigenen Lernbedürfnisse finden. Darauf aufbauend können Kursleitung und Teilnehmer gemeinsam einen Unterrichtsplan für ihren Kurs entwickeln.

• Das <u>Kapitel 3 in Unterwegs „Lernen leicht gemacht"</u> kann den Kursteilnehmern helfen, ihr eigenes Lernverhalten zu reflektieren und sich gegenseitig bei der Verbesserung ihrer Lernstrategien zu beraten.

• Der Tatsache, dass es sich bei den Lernern in der Mittelstufe um Erwachsene mit entsprechender Sprachlernkompetenz handelt, werden auch die <u>Lerntipps</u> (KB S. 16, 18, 21, 30, 36 usw.) und der <u>Ratgeber Lernen</u> *(S. 175 ff.)* mit ausführlichen Hinweisen zu Problemen des Fremdsprachenlernens gerecht. Es handelt sich hier in beiden Fällen um Anregungen, Empfehlungen. Es muss dem jeweiligen Lerner überlassen bleiben, welche davon er übernehmen kann oder will. Auch hier spielt das Prinzip der *Partnerschaftlichkeit* eine entscheidende Rolle: die Lehrperson organisiert, koordiniert Lernverfahren, sie berät und unterstützt.

Auch sonst fördern wir bewusst die Verschiedenheit der Aktivitäten im Kurs, einmal um jedem Lerner sein individuelles, für ihn optimales Lernen zu ermöglichen, andererseits, weil dadurch auch ein echter, authentischer Austausch unter den Teilnehmern gefördert wird. Wir bieten Lernstoff an, machen Vorschläge, wie damit gearbeitet werden kann, organisieren möglichst günstige Lernbedingungen und überlassen den Lernern im Rahmen der Kursgegebenheiten die Entscheidung, wie weit sie sich mit dem Angebot auseinandersetzen wollen; wir beraten sie und unterstützen ihre selbstständige Arbeit.

Stärker als im herkömmlichen lehrerorientierten Unterricht gewinnt dabei das Lehrwerk an Bedeutung für die *Eigenorganisation des Lerners*. Dazu bietet *Unterwegs* verschiedene Hilfen:

• Die <u>Lernzielkästen</u> am Kopf jeder der drei Unterrichtseinheiten in jedem Kapitel des Kursbuches helfen den Kursteilnehmern, die Aufgaben und Übungen herauszusuchen, die für ihren eigenen Lernfortschritt sinnvoll sind.

• Eine weitere Differenzierungsmöglichkeit sind die <u>Arbeitsblätter</u> im Lehrerhandbuch, die die Lerner bei Bedarf von der Kursleitung erbeten können.

- Tests am Ende eines jeden Kapitels und ein Lösungsanhang zu allen Aufgaben, bei denen eindeutige Lösungen formulierbar sind, helfen den Lernern, den eigenen Lernzuwachs zu überprüfen.
- Viele Aufgabenstellungen aus dem Kursbuch vermitteln generellere Lern- und Übungsstrategien, die unabhängig vom jeweiligen Textmaterial oder thematischen Zusammenhang auch in anderen Kontexten eingesetzt werden können. Das gilt für die meisten Lerntipps und viele Aufgaben, z.B. für die Schreibaufgabe S. 65, die Aufgabe zum Hören S. 103, für die Aufgabe zum Lesen S. 155.
- An dieser Stelle ist auch noch einmal die systematische Grammatikübersicht zu erwähnen, die die Lerner selbstständig als Hilfe und zur Kontrolle bei der Lösung von Grammatik- (und Wortschatz-) aufgaben im Kursbuch heranziehen können.
- Auch die Redemittelübersicht ist für die selbstständige Arbeit des Lerners wichtig, wenn er bei einem bestimmten Kommunikationsanlass, z.B. bei einer Diskussion, sein Reservoir an Redemitteln zum Argumentieren erweitern möchte.

d) Handlungsorientierung und implizites Lernen – Lernen nebenbei

Der Mensch lernt nicht nur, wenn er Unterricht besucht; auch bei der alltäglichen Bewältigung seines Lebens muss er ständig auf Neues reagieren – eben: lernen.

Lernen geht also auf zwei grundsätzlich verschiedene Arten vonstatten:

- Der Zweck der Tätigkeit ist das Erlernen eines bestimmten Bereichs (z. B. Buchhaltung, die Bedeutung von Verkehrszeichen im Fahrunterricht oder die formale Bildung der Perfektformen im Deutschen im Sprachunterricht) und die Aufmerksamkeit ist ganz auf den Lernstoff gerichtet – dann erfolgt das Lernen **explizit**.
- Die Aufmerksamkeit der Beteiligten ist auf etwas anderes gerichtet, der eigentliche Zweck der Tätigkeit ist eine alltägliche Handlung (z.B. die Lösung irgend eines Problems in einer Verhandlung verschiedener Parteien untereinander oder beim mündlichen Austausch über ein gemeinsam interessierendes Thema) und quasi „nebenbei" wird etwas gelernt, das mit der Lösung dieses Problems zusammenhängt, – dann erfolgt das Lernen **implizit**.

Auf diese beiden Weisen haben wir die Anfänge einer Fremdsprache gelernt und lernen sie auch später einerseits **implizit** weiter, indem wir die Sprache benutzen, um Informationen zu erhalten oder weiterzugeben, uns den Inhalt eines Textes zu erlesen oder uns mit einem Film zu vergnügen usw., andererseits lernen wir **explizit** weiter, indem wir uns gezielt mit bestimmten Strukturen und Elementen der Sprache beschäftigen.

Die implizite Form des Lernens

- hat den Vorteil, dass die für den Lerner oft schwer zu ergründende Frage: *Wozu soll ich das lernen?* sich gar nicht stellt bzw. durch den unmittelbaren Zweck, auf den sich die Tätigkeit richtet, bereits beantwortet ist. (z.B. Verschiedene Lerner haben aus dem Materialienbuch unterschiedliche Texte ausgesucht, die sie persönlich angesprochen haben und sie geraten aus inhaltlichen Gründen in eine kontroverse Diskussion über Pro und Kontra zu einem Text.)
- Häufig wird sich dem Lerner dabei zeigen:
  Wenn ich diesen Zweck erreichen will, brauche ich dazu unbedingt bestimmte sprachliche Strukturen, die ich noch nicht beherrsche. Also muss ich die erst noch einmal „ordentlich" (explizit) lernen.
- Für viele Lerner ist dieses **handlungsorientierte** Lernen eine besonders Erfolg versprechende Art des Lernens.

Um dieses Lernen zu fördern, bieten wir in *Unterwegs*

→ das authentische Sprachmaterial sozusagen „naturbelassen", ohne Didaktisierungen und Steuerungen im *Materialienbuch* an (vgl. auch S. 6 f.). Es gibt dort wie auch auf den Hörkassetten Texte, die als Zusatztexte gekennzeichnet sind und ganz dem impliziten Zugang der Lerner vorbehalten sind.

Auch im Rahmen unserer Didaktisierungsvorschläge im *Kursbuch* haben wir oft Möglichkeiten für implizites Lernen gegeben:

→ Veranstaltungen, bei denen die Kursteilnehmer im Rahmen eines miteinander ausgehandelten und geplanten *Projekts* zu einem bestimmten Themenbereich gemeinsame Aktivitäten durchführen, die „nebenher" auch Sprachlernen zur Folge haben (z. B. Kap. 4, S. 59 im KB: nach der Beschäftigung mit dem Interview mit der Rentnerin führen die Kursteilnehmer vergleichbare Gespräche, Interviews mit alten Leuten durch und berichten darüber im Kurs). Weitere Projekte z. B. S. 84 , S. 112 usw.

→ In den Aufgaben *Unterwegs* finden Sie Vorschläge für Aktivitäten, die aus dem Kursraum in die Alltagsrealität hinausführen und damit über bloßes „Probehandeln" hinaus authentische Kommunikation ermöglichen.

→ Es finden sich auch im Unterricht immer wieder Aufgaben, die Quasi-Alltagshandlungen ermöglichen und die zu realer Bewegung und echter Kommunikation im Kursraum führen können: Erkundungen, Streitgespräche, extensives Lesen zur Informationsentnahme und -weitergabe, Inszenierungen, Planspiele u. v. a.

Bei solchen Aufgabenstellungen gibt es häufig Gelegenheit für Kursteilnehmer, verschiedene Einstellungen zu vertreten, verschiedene Tätigkeiten auszuführen, unterschiedliche Informationen zu erhalten oder zu verschiedenen Darstellungen zu kommen. Durch diese Art der Individualisierung der Unterrichtsprozesse entsteht viel Bewegung im Kursraum; daraus ergibt sich auch der Bedarf an authentischer Mitteilung, um z. B. unterschiedliche Ergebnisse aus den verschiedenen Kleingruppen auszutauschen.

Zwei ausgezeichnete Möglichkeiten für handlungsorientiertes Lernen sind das *Planspiel* und das *Rollenspiel*.

*Ziel des **Planspiels** und des **Rollenspiels** ist, dass sich die Teilnehmer als „Spieler" in eine simulierte Situation hineinversetzen, in der sie in einer bestimmten Rolle agieren. Das Planspiel ist insofern ein Sonderfall des Rollenspiels, als hier eine Situation simuliert wird, die einen Konflikt in einer größeren Gruppe beinhaltet. Diesen Konflikt gilt es durch sprachliches Handeln: sich behaupten, verhandeln, andere überzeugen usw. zu lösen, das heißt, zu einer für alle akzeptablen Lösung zu kommen.*

Charakteristisch sowohl für das allgemeine Rollenspiel wie auch für das Planspiel ist wieder einmal die Lernerzentrierung. Das hat folgende Konsequenzen:

1. Gespielt wird nur, wenn die Lerner wirklich zum Spiel bereit sind, sich mit ihren Rollen identifizieren können und wollen und von da aus zu einer authentischen, spontanen und kreativen Gestaltung ihrer gewählten Rolle kommen können. Der übliche „Kaltstart" in ein Rollenspiel im herkömmlichen Sprachunterricht führt häufig zu künstlichen, gehemmten, wenig authentischen „Darbietungen". Deshalb ist die angemessene Vorbereitung von Rollen- und Planspiel von entscheidender Bedeutung. Die Kursteilnehmer brauchen ausreichend Zeit und Impulse, um sich „anzuwärmen" für ein Stegreifspiel und noch mehr, um sich mit einer bestimmten Rolle identifizieren und sie möglichst lebendig und authentisch füllen zu können. Dementsprechend finden Sie in Unterwegs bei der Vorbereitung von Rollen- und Planspielen immer wieder verschiedene Aktivitäten, die zum „Anwärmen" in Hinsicht auf die Situation und ebenso in Hinsicht auf die einzelnen Rollen verhelfen sollen. Nehmen Sie sich jeweils ausreichend Zeit für diese Vorbereitungsphasen. Die Spontaneität und Authentizität, ggf. auch der Witz der nachfolgenden Inszenierungen werden es Ihnen lohnen. Wenn z. B. Ihre Teilnehmer Lust auf eine oder zwei der Inszenierungsvorschläge zu der Liebesgeschichte von S. Lenz auf S. 82 im KB haben, sollten Sie ausreichend Zeit vor allem auf Übung 7 (S.80), eventuell auch auf Übung 8 und 11 verwenden, damit die Lerner genügend Zeit haben, sich imaginativ mit der Situation am See zu beschäftigen. Ein anderer bewährter Schritt ist die Vorbereitung mit Rollenkarten (z. B. KB S. 24 : Hier sollten sich die Spieler mit Übung 14 in Zweiergruppen ca. 5 – 7 Minuten auf ihr späteres Spiel vorbereiten.)

2. Der Kursleiter tritt in der Phase des Spiels ganz zurück, seine Aufgabe besteht darin, die Spielregeln zu klären, die Situation zu vermitteln und die Rollenfindung eventuell über Rollenkarten oder Argumentationskarten zu ermöglichen. In der Spielphase selbst tritt er weder sprachlich korrigierend noch organisierend auf, deshalb kann es eventuell auch sinnvoll sein, einen der Lernenden als „Leiter" zu bestimmen, der darüber wacht, dass die vorgegebenen Zeiten eingehalten werden und der eventuell Diskussionen, die hitzig zu werden drohen, schlichtet.

3. *Voraussetzung für das* Planspiel *ist, dass genügend Zeit – mindestens vier Unterrichtseinheiten – zur Verfügung steht und die Lernenden Lust haben, zu spielen. Erfahrungsgemäß kann man die meisten Teilnehmer sehr leicht für diese Art Aufgabenstellung motivieren, da sie sich selbst als Person dort mit ihren persönlichen Neigungen und Stärken einbringen können: Sie bietet Gelegenheit, verschiedene Haltungen, Standpunkte einzunehmen oder auch innerhalb einer Kleingruppe verschiedene Aufgaben zu übernehmen, sei es mitzuschreiben, Termine mit den anderen Gruppen zu vereinbaren, Streit zu schlichten, Ergebnisse zu präsentieren usw.*

4. *Am Ende eines* Planspiels *oder* Rollenspiels *nach der schriftlichen oder mündlichen Präsentation der Lösung kann es interessant sein, über die Erfahrungen bei diesem Spiel zu sprechen. Eine erste Möglichkeit bei allen Rollenspielen: Das Rollenfeedback. Die einzelnen Spieler berichten nacheinander, wie es ihnen beim Spiel ergangen ist. Beim Planspiel kann darüber hinaus Thema werden: Wie wurde die Einigung erzielt? Welche Schwierigkeiten hatte ich, mich verständlich zu machen und welche Schlüsse kann ich daraus ziehen? Wie war der „Lernerfolg" bei dieser Art von Aktivität? Wie war das Gruppenverhalten und kann man daraus Schlüsse über kulturell unterschiedliches Gesprächsverhalten ziehen? Fragen also, die auch hilfreich sind im Sinne einer Vorbereitung auf das reale Leben außerhalb des Kursraums.*

e) Landeskunde und soziokulturelles Wissen

Zu den verschiedenen Lernbereichen (vgl. S. 8) gehört auch das soziokulturelle Wissen. Handeln, hatten wir eingangs gesagt, wird auch gesteuert durch Vorwissen und Weltwissen eines Individuums. Was muss man nun wissen, um eine Sprache anwenden zu können? Man muss einmal wissen, wie sprachliche Kommunikation in einer Gesellschaft und zwischen verschiedenen Kulturen funktioniert. Die Bewusstmachung dieses Wissens im Unterricht kann das Lernen und Anwenden der deutschen Sprache fördern. Was Erwachsene aber wissen wollen und auch müssen ist, wie Kommunikation unter deutschsprachigen Partnern erfolgt, welches gesellschaftliche Wissen Deutschsprachige mit sprachlichen Handlungen und Bedeutungen verbinden (soziokulturelles Wissen oder auch Landeskunde). Bei diesem Bereich stoßen wir immer wieder auch auf Individuelles und damit nur bedingt Generalisierbares. Welches landeskundliche Wissen für Lernende relevant ist, lässt sich immer nur von Person zu Person, von Gruppe zu Gruppe und von Ausgangskultur zu Ausgangskultur entscheiden. Wichtig ist daher vor allem die Sensibilisierung für mögliche Unterschiede zwischen Kulturen, aber auch einzelnen Individuen, wobei die Abgrenzung zwischen beiden nicht immer ganz einfach möglich ist. Dementsprechend sind auch die Übungssequenzen im Kursbuch angelegt: z. B. KB S. 94 , KB S. 91, KB S. 82, Übung 14, KB S. 159 ff.

C Grammatik: welche und wie viel Grammatik brauchen Lernende?

1. Grammatik für Hörer und Sprecher

Unter der Grammatik einer Sprache verstehen wir ein System von Regeln, das festlegt, wie wir aus Wörtern Sätze und aus Sätzen Texte machen, sodass wir uns miteinander verständigen können. Ohne solche Regeln hätten wir einen Zustand babylonischer Sprachverwirrung, denn unter einer Wortkette wie *Grammatik System verstehen Sprache Regel wir Wort Satz Text machen Satz festlegen* könnte doch jeder etwas ganz anderes herauslesen. Diese Wortkette ist aber nichts anderes als unser erster Satz ohne das Inventar der Grammatik, nämlich ohne Formen (Endungen), ohne Funktionswörter wie *ein, der, unter,* und ohne eine feste Reihenfolge der Wörter. Diesem formalen grammatischen Inventar sind jeweils bestimmte Aufgaben, „Funktionen" zugeordnet. Form und Funktion gehören zusammen wie zwei Seiten einer Münze: Der Sprecher mit einer bestimmten Ausdrucksabsicht geht von der Funktion aus und sucht aus dem grammatischen Inventar nach den Regeln der Grammatik das Passende aus, der Hörer vernimmt die Formen und ordnet ihnen nach den Regeln der Grammatik die Funktionen zu. Zwischen Form und Funktion besteht nun bekanntlich keine Eins-zu-eins-Beziehung. Ein Beispiel: dass ein Ereignis der Vergangenheit angehört, kann im Deutschen mit verschiedenen Tempusformen zum Ausdruck gebracht werden (*Die Gebrüder Grimm sammelten Märchen / haben Märchen gesammelt),* mit temporalen Adverbien (*damals / im Jahre 1812 erscheint der erste Band der Hausmärchen*) und mit Konjunktionen (*nachdem der erste Band erschienen war, ...)* oder Präpositionen *(nach dem Erscheinen des ersten Bands ...).* Umgekehrt hat die Tempusform Präsens neben ihrer Hauptaufgabe, Gegenwart oder Zeitlosigkeit auszudrücken, auch noch Nebenaufgaben wie Angaben über Zukünftiges *(heute abend erzähle ich dir ein Märchen)* oder Vergangenes *(1812 erscheint der erste Band der Märchen).* Meist ist einer bestimmten Funktion ein ganzes Bündel von Formmerkmalen zugeordnet. Diese Zuordnung haben wir in der Grammatik von *Unterwegs* durchgängig getroffen und deshalb auch die Überschriften in der Grammatik-Übersicht parallel gehalten, sodass Sprecher/Schreiber im Inhaltsverzeichnis unter Funktionen wie „Personen und Gegenstände genauer charakterisieren" (➤ MB-GR. 9) oder „Aus verschiedenen Perspektiven sprechen" (➤ MB-Gr. 7), oder „Sachverhalte und ihre Folgen nennen" (➤ MB-Gr 3.1) nachschlagen können, und Hörer/Leser unter Formen wie „Attribute", „Aktiv und Passiv" und „Kausalsatz", „Konsekutivsatz" oder „Konjunktionen" zu den selben Informationen gelangen.

2. Grammatik in der Mittelstufe – freies Klettern in mittelschwerem Gelände

Der größte Teil der grammatischen Formen und Strukturen wird in der Grundstufe erarbeitet; in der Mittelstufe stehen deren Wiederholung und Festigung im freien Sprechen und Schreiben im Vordergrund. Neu hinzu kommen Differenzierungen und Ausweitungen durch alternative Formen für eine Funktion. So etwa in ➤ MB-Gr. 7.3 Passiv-Varianten mit modaler Bedeutung oder in ➤ MB-GR 3.1–3.5 Übersichten über die verschiedenen sprachlichen Mittel zum Ausdruck von Grund-Folge-Relationen, Bedingungen, Kontrasten, Begleit-Sachverhalten und Vergleichen. Zum grammatischen Kanon der Mittelstufe mit ihren anspruchsvollen authentischen Sachtexten gehören ferner auch komplexere Formen, wie etwa in ➤ MB-Gr. 1.2: Satzklammerm mit mehreren Teilen *(man erzält, dass ein König in der Welt hatte umherziehen wollen),* ➤ MB-GR 7.1-2 komplexe Passiv-Formen *(die Tipps hätten noch ergänzt werden müssen),* ➤ MB-Gr. 9.2 Partizipialkonstruktionen *(der von allen bewunderte schönste Baum Gottes im Paradies)* oder ➤ MB-Gr 10.1.3 Nominalisierungen *(das Eindringen fremder Wörter ins Deutsche).* Nicht zuletzt haben wir auch viel Wert auf die „kleineren", oft vernachlässigten Wortarten und ihre Verwendung gelegt (Modalpartikeln, Artikel, *es,* Stellung von *nicht)* und im Kapitel Wortbildung (➤ MB-Gr. 10) grammatische Regeln für die Ausweitung des Wortschatzes angegeben.

3. Grammatik in der Mittelstufe – induktives Arbeiten

Die Grammatik-Übersicht im MB soll systematische Zusammenhänge im Regelwerk der Sprache verdeutlichen, deshalb präsentiert sie z. B. mit Äußerungstypen, Satzformen und Satzklammern zentrale Form- und Funktionstypen im ersten Kapitel. In der Hinführung zu den einzelnen grammatischen Phänomenen im KB folgen wir dagegen der induktiven Methode: zuerst wird die Aufmerksamkeit der Lernenden auf ein Phänomen gelenkt, das in einen Text im Materialienbuch oder einen Situationskontext des Unterrichts eingebettet vorkommt. Gezielte Aufgaben führen ihn schrittweise dazu, die jeweiligen grammatischen Regularitäten selbst herauszupräparieren, Zusammenhänge, Analogien und Unterschiede zu erkennen und so schließlich selbstständig zur Formulierung von Regeln zu gelangen. Einige Beispiele: in KB 4.1, S. 53 soll auf der Basis von Sprichwörtern *(Wer hat, dem wird gegeben; Wer Sorgen hat, hat auch Likör)* die unterschiedliche Verteilung der *w-* und *d-*Pronomina bei der Formulierung von generalisierenden Aussagen erkannt werden; in KB 16.2 dient ein Textvergleich dazu, Formen und stilistische Färbung beim sogenannten „Nominalstil" herauszuarbeiten und in KB 10.3 wird dieselbe Methode des Textvergleichs dazu benutzt, Prinzipien der Textkohärenz und „logische Relationen" zu verdeutlichen. Dabei werden den Lernenden durch wiederkehrende Symbole und Hervorhebungen visuelle Merkhilfen angeboten (wir haben sie eher sparsam verwendet: Ovale für die Satzklammerpositionen, Rechtecke für satzverknüpfende Einheiten). Lernende sollten aber dazu ermuntert werden, ihre individuellen Tabellen und Übersichten mit eigenen Symbolen, Farben, Hervorhebungen usw. zu erstellen.

In Bezug auf die Anwendung und Festigung grammatischer Regeln haben wir versucht, den Bedürfnissen unterschiedlicher Lerner (bzw. unterschiedlicher Unterrichtsphasen und Gegenstände) Rechnung zu tragen: stärker gelenkte Ergänzungs-, oder Umformungsübungen (z. B. zur Wiederholung der Adjektiv-Flexion ➤ KB 5.3 S. 67 oder der Verben mit Präpositionen KB 4 Test, S. 60), für Satzgliedstellung ➤ KB 7.2 S. 84) wechseln sich mit inhaltsoffeneren Produktionsaufgaben (zu Verben mit Präpositionen:➤ KB 4.3 S. 58, LHB 13.2, zu Modalverben KB 11.1, S. 122) und interaktiven

Übungsformen (zur Negation LHB S. 180; zu Vergleichssätzen KB 7.3, S. 88) ab. Bei manchen Aufgabenstellungen lässt sich vielleicht auch die Methode „Lernen durch Lehren" anwenden, wie wir das für 5.3, S. 68 (Adjektiv-Flexion) vorschlagen. Einige Aufgaben erfordern zur Auflockerung auch einmal physischen Einsatz (z. B. 14.1, S. 148 Grund-Folge-Relationen oder die Pantomime in KB 7.3, S. 88 für Vergleichssätze).

4. Grammatik in Unterwegs – wo finde ich was?

Im *Kursbuch* werden grammatische Phänomene aus dem Kontext eines Texts des Materialienbands heraus oder aus einem Situationszusammenhang heraus schrittweise präsentiert, sodass der Lerner Regeln selbst erschließen und nachvollziehen kann. Den Einstieg über das Kursbuch wird man wohl häufiger im Kurs wählen. Von den Grammatikteilen im Kursbuch gibt es Verweise zur Grammatik-Übersicht im *Materialienbuch.* Diese dient zum einen dem Lerner als Hilfe bei der Bewältigung der Grammatik-Aufgaben im Arbeitsbuch und dem Lehrer als Kopiervorlage oder Modell für ein Tafelbild. Da diese Übersicht mehr Wert auf Systematisierung legt, kann sie aber auch unabhängig davon als kleine Referenzgrammatik verwendet werden, in der man nachschlägt, wenn ein akutes Problem auftritt, z. B. in einem Text des Materialienbuchs. Zur Übersicht dient das Register auf S. 197 f., das nach Formen und nach Funktionen geordnet ist. Von den Kapiteln der Grammatik im Materialienbuch gibt es wiederum Verweise auf Übungen und Aufgaben im *Kursbuch* oder im *Lehrerhandbuch,* die zusätzliche Übungen zur Grammatik des Kursbuchs bieten und darüber hinaus auch einige Übungen zu Grundstufenstoff, der im KB nicht explizit thematisiert wird.

D Redemittel: Hilfen zur Gesprächsführung

Parallel zur Grammatik-Übersicht finden Sie im *Materialienbuch* eine systematische Redemittel-Übersicht und im *Kursbuch* vielfältige Kommunikationsaufgaben, die auf einen bestimmten Abschnitt daraus verweisen. Was wir hier als Redemittel in offenen Listen gesammelt, geordnet und, wo nötig, stilistisch bewertet haben, sind häufig vorkommende, oft idiomatisierte Wendungen und Formeln, die am besten auch nicht weiter analysiert, sondern als Einheiten „gespeichert" werden. Für die Mittelstufe ist hier weniger die sprachliche Bewältigung spezifischer Alltagsaufgaben relevant („einen Kaffee bestellen", „sich vorstellen"), als vielmehr auf einer allgemeineren Ebene die Struktur von Gesprächen. Vier Bereiche spielen eine besondere Rolle:

• Organisation von Gesprächen und Strukturierung von Gesprächsbeiträgen (Gesprächseinleitung und -beendigung, Sprecherwechsel, Kontakt signalisieren)

• Problemlösungsstrategien (sich verbal zur Wehr setzen, sprachliche Probleme thematisieren)

• Informationsaustausch (eigene Einstellungen zum Ausdruck bringen und – zustimmend, kritisch oder ablehnend – auf Meinungen anderer reagieren); Informationen zueinander in Beziehung setzen: hier gibt es Berührungen mit ➤ MB-GR 3, „logische Verbindungen" in der Grammatik-Übersicht, wo die grammatikalisierten Mittel mit ihren Gebrauchsbedingungen beschrieben werden, während die Redemittelliste diese nur anführt und um lexikalische Mittel ergänzt.

• Handlungsregulierung (Aufforderungen, Empfehlungen, Wünsche äußern).

Wie kann man nun mit diesen Redemitteln arbeiten?
Redemittel-Listen machen (genauso wie Wortschatzlisten) nur dann Sinn, wenn sie „individualisiert", „kontextualisiert" und „internalisiert" werden. Mit Ersterem meinen wir, dass jeder Lerner unsere Liste nach seinem sprachlichen Geschmack ergänzen, daraus auswählen, sie individuell umordnen und mit Anmerkungen versehen sollte. „Kontextualisieren" bedeutet, dass die durch die einzelnen Redemittelkategorien markierten „Stationen" in einem konkreten Gespräch zu Gesprächssequenzen ausgeweitet werden müssen. Und „internalisiert" werden die Redemittel weniger durch Auswendiglernen, als mit Aufgaben, in denen man sich auf ihre Verwendung konzentriert. Dazu bietet das Kursbuch viele Aufgaben an. Sie können aber auch einmal nach allen Regeln der Argumentationskunst ein ganz formales, aber verfremdetes Streitgespräch oder eine Podiumsdiskussion zu einem Nonsens-Thema führen, z. B. *Müssen Bananen krumm sein?* Heraus kommt vielleicht eine wunderbare Parodie. Auch Visualisierung von Argumentationsverläufen – wie im nachfolgenden Beispiel –

kann für Lerner eine Hilfe sein. Ein solches Argumentationsgerüst – das man auch als Folie anfertigen kann – kann dann individuell mit Redemitteln ausgestaltet und variiert werden.

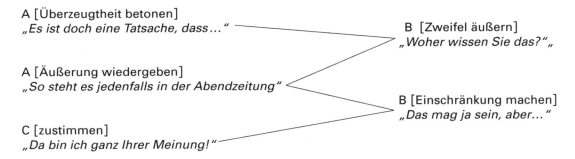

A [Überzeugtheit betonen]
„Es ist doch eine Tatsache, dass…"

B [Zweifel äußern]
„Woher wissen Sie das?"„

A [Äußerung wiedergeben]
„So steht es jedenfalls in der Abendzeitung"

B [Einschränkung machen]
„Das mag ja sein, aber…"

C [zustimmen]
„Da bin ich ganz Ihrer Meinung!"

Materialienbuch	**Kursbuch**	**Zusatzmaterial im LHB***
	Kapitel 0.1 **Sich kennen lernen** 1. Vorstellung 2. Unterhaltung	
	Kapitel 0.2 **Sich über das Deutschlernen,** **die eigenen Kenntnisse und** **Ziele austauschen** 1. Kenntnisstand bestimmen 2. Individuelle Ziele definieren 3. Gruppenziele definieren	
	Kapitel 0.3 **Was für ein Lerntyp sind Sie?** 1. Bisherige Kurserfahrung äußern 2. Lernverhalten testen	
	Kapitel 0.4 **Mit *Unterwegs* lernen?** 1. Interesse an neuem Lehrwerk artikulieren 2. Fragen zum Lehrwerk beantworten 3. Lehrwerk im Hinblick auf individuelle Ziele untersuchen 4. Lehrwerk im Hinblick auf individuelle thematische Interessen untersuchen	
	Kapitel 0.5 **Unterwegs lernen** 1. Selbstlernaktivitäten evaluieren 2. Selbstlernaktivitäten vor Ort sammeln	AB 1: Adressen für landeskundliche Materialien und Informationen, S. 124

* Lehrerhandbuch

Los geht's

Das Lehrwerk *Unterwegs* beginnt mit einem Kapitel zum Sprachenlernen. Warum? Neuere Forschungen haben erbracht, dass wir Lernen folgendermaßen verstehen müssen: Aufgrund zuvor gemachter Erfahrungen, vorhandener Kenntnisse sowie augenblicklicher Verfassung wählt der/die Lernende aus den sich anbietenden Informationen aus, interpretiert sie, verknüpft sie mit vorhandenen Erfahrungen sowie Kenntnissen und schafft dadurch neues Wissen. Lernen ist damit eine aktive Tätigkeit, die zwangsläufig von Mensch zu Mensch unterschiedlich ausfällt und zu verschiedenen Ergebnissen führt. Lernen ist also auch eine individuelle Tätigkeit.

Wenn **Kursteilnehmer** (im Folgenden: **KT**) sich nun zu Beginn eines Kurses mit ihren Zielen, ihren Kenntnissen und ihren Lernweisen beschäftigen, so ist zu erwarten, dass dies ihr Lernen fördert und den Erfolg steigert (vgl. LHB S. 10). Diese Feststellung gilt natürlich auch für jede Auseinandersetzung mit dem Lernvorgang während des gesamten Kurses.

Schwerpunkte dieses Kapitels:
- die Gruppe miteinander ins Gespräch zu bringen.
  Die ersten Aktivitäten (Einheit 1) sollen in Gruppen, die zum ersten Mal zusammenkommen, die Anonymität und Distanz des Beginns durchbrechen. Für Gruppen, die schon vorher zusammen lernten, ist dies die Gelegenheit, nach der Kurspause die alten Bindungen wieder herzustellen und neu Hinzugekommene zu integrieren.
- Voraussetzungen zu schaffen, damit das Vorhaben, weiter Deutsch zu lernen, effizient und erfolgversprechend in Angriff genommen werden kann.
  In vier Schritten sollen das bisher Erreichte konstatiert und die angepeilten Ziele benannt (Einheit 2), die jeweiligen Lernstile und Lernverhalten reflektiert (Einheit 3), das Lehrwerk kennengelernt (Einheit 4) und Lernmöglichkeiten außerhalb des Unterrichts erkannt (Einheit 5) werden.

0
1

Sich kennen lernen

1. Das Sich-Vorstellen anhand eines Gegenstandes ist eine der vielen Möglichkeiten, einen Kurs zu beginnen. Zu weiteren Möglichkeiten s. z.B. Karlheinz A. Geißler, *Anfangssituationen*, Weinheim: Beltz, 1993 oder Thorsten Friedrich, Eduard von Jahn, *Spielekartei*, Ismaning: Hueber, 1985

2. Neben der Funktion, das Eis zu brechen, verfolgt diese Gesprächsaktivität das Ziel, den KT Gelegenheit zum ausgiebigen Sprechen zu geben. Dadurch, dass jeder KT nur eine Geschichte kennt, kommt es zu authentischer Kommunikation. Dies und die Aufgabe, das Gehörte weitererzählen zu müssen, geben dem Zuhören Anreiz und Ziel. Beachten Sie bei der Durchführung Folgendes:

a) Weisen Sie die KT darauf hin, dass ihre Geschichte nicht länger als zwei Minuten sein soll. Stellen Sie sicher, dass die KT verstanden haben, dass sie nicht immer die eigene Geschichte, sondern die jeweils zuletzt Gehörte erzählen sollen. Geben Sie für das Überlegen und gegenseitige Erzählen insgesamt zehn Minuten Zeit. (Passen Sie gegebenenfalls die Zeitvorgabe bei diesem und den folgenden Schritten dem Tempo Ihrer Gruppe an.)

b) Weisen Sie die KT darauf hin, dass sie zu Beginn den ursprünglichen Autor der weiterzuerzählenden Geschichte nennen. Geben Sie nach 6 Minuten das Zeichen zum Partnerwechsel.

c) Sollte sich nach dem Partnerwechsel herausstellen, dass ein TN seine eigene Geschichte anhören soll, so wird ein neuer Gesprächspartner gesucht. Ansonsten wie b).

d) Lassen Sie die KT sich in einem Kreis aufstellen und nacheinander die zuletzt gehörten Geschichten wiedergeben, ohne den jeweiligen Autor zu nennen. Beim Weitererzählen kommt es meist zu unterhaltsamen Veränderungen, die jetzt zu Tage treten.

Beim ersten Mal erscheint die Aktivität möglicherweise etwas verwirrend. Sie können den Ablauf dadurch strukturieren, dass Sie durch Verteilen von Kärtchen Vierergruppen A, B, C … bilden. Die Kärtchen jeder Gruppe sind außerdem von 1–4 nummeriert. So können Sie 1 mit 2 und 3 mit 4, dann 1 mit 4 und 2 mit 3 sprechen lassen usw.

Sie können diese Aufgabenform auch in den folgenden Kapiteln als Sprechübung zu allen möglichen Themen einsetzen.

Sich über das Deutschlernen, die eigenen Kenntnisse und Ziele austauschen

1. Für manche KT wird es schwierig sein, diese Reflexion durchzuführen, da sie sich zum ersten Mal auf diese Weise mit dem eigenen Lernen beschäftigen. Gerade dann ist die Aufgabe sinnvoll. Durch sie regen Sie diese KT an, ihr Lernen mit der realen Sprachverwendung außerhalb des Unterrichts in Verbindung zu bringen und explizit zu überlegen, wie gut ihnen die verschiedenen Anwendungen gelingen. Schritt e) dient dazu, auch bei dieser Aktivität Gelegenheit zum Sprechen zu geben.
2. Diese Aktivität zielt darauf, dass der Lerner, der bewusst bestimmte Ziele verfolgt, seine Aufmerksamkeit stärker auf für ihn relevante Inhalte richtet und damit zielgerichteter und erfolgreicher lernt.
3. Dieser dritte Schritt dient der Orientierung in der Gruppe, der Findung einer gemeinsamen Ausgangsbasis sowie der gegenseitigen Anregung. Einige Aktivitäten werden von mehreren KT genannt werden, andere nur von Einzelnen. An der Tafel werden diese übereinstimmenden Interessen durch „Zettelklumpen" visualisiert. Diese können dann zum Kernprogramm für die Gruppe werden. Werden bestimmte Aktivitäten nur von Teilen der Gruppe für wichtig erachtet, so kann in diesen Punkten ein binnendifferenziertes Vorgehen Abhilfe schaffen. Wird eine Aktivität nur von einer oder zwei Personen genannt, so sollten Sie diesen Lernenden an geeigneten Punkten Hilfen anbieten, sodass sie ihre individuellen Interessen eigenständig verfolgen können. Die **Kursleitung** (im Folgenden: **KL**) sollte sich einen präzisen Überblick über die vorliegende Kursanalyse verschaffen und mit einzelnen KT vereinbaren, wann sie von der KL zu bestimmten Lernproblemen Hinweise auf Übungen im Kursbuch oder zusätzliche Arbeitsblätter oder Unterstützung zur Beschaffung von Informationen erhalten. Am besten empfiehlt sich für diese Lernberatung ein regelmäßig wiederkehrender Termin innerhalb des Kursprogramms.

Die in Kap. 0, Einheit 2–5 aufgeführten Aktivitäten umfassen ca. 4 Zeitstunden, die hier in ihrer logischen Reihenfolge zusammen aufgeführt sind. Hinter einander „abgearbeitet", können sie unter Umständen ermüdend wirken. Bei Intensivkursen (3–6 UE/pro Tag) können Sie sie im Laufe der ersten Kurswoche als Abwechslung zu sprachbezogenen Aktivitäten durchführen. Haben Sie einen Extensivkurs (1x oder 2x 2 UE pro Woche) sollten Sie die Reflexion zum Lernen auf die ersten zwei Kurswochen verteilen und dadurch entlasten, dass Sie z. B. die Aktivitäten 2.1 und 2.2, 3.2, 4.3 als Hausaufgabe vorbereiten und nur die Arbeit mit den Ergebnissen im Kurs durchführen lassen.

Was für ein Lerntyp sind Sie?

Aufgrund seiner persönlichen Erfahrung entwickelt jeder Mensch seinen individuellen Lernstil. Dieser wird bestimmt durch die Persönlichkeit des Lerners, seinen kulturellen Hintergrund, seine Lernerfahrung, das Lerntraining und die zu bewältigende Aufgabe. Der Fragebogen mit der Auflösung will die KT animieren, sich mit ihrem eigenen Lernverhalten zu beschäftigen. Der Fragebogen versteht sich dabei als Anregung und nicht als detaillierte lernpsychologische Analyse. Das Ausfüllen des Fragebogens erfolgt individuell. Abschließend können die Ergebnisse paarweise oder in kleinen Gruppen ausgetauscht und dabei die angebotenen Empfehlungen diskutiert werden. Sie können die Aktivität dadurch ausweiten, dass Sie die KT die jeweiligen Ergebnisse vergleichen und die Vor- und Nachteile der verschiedenen Positionen erwägen lassen.

Mit Unterwegs lernen

1. Hält man etwas Neues in der Hand, so ergeben sich dazu immer Fragen. Dieses Faktum sollen die vorgeschlagenen Aktivitäten ausnutzen und die KT zu einem ersten Vertraut-werden mit *Unterwegs* führen.
2. Gezielte Fragen eröffnen die Chance, *Unterwegs* weiter kennenzulernen.
3. Der dritte Schritt stellt die Verbindung zwischen den in Einheit 2 zusammengestellten Lernzielen und dem Angebot von *Unterwegs* (Materialien- und Kursbuch) her.
4. Die Aufmerksamkeit wird auf das Materialienbuch gelenkt. Die Aktivität gibt Ihnen als Lehrkraft die Möglichkeit, die thematischen Neigungen und Lernbedürfnisse der Kursgruppe schon zu Beginn des Kurses kennenzulernen. Dies hilft Ihnen, zu planen, z. B. welche Einheiten sehr intensiv, welche eher

kürzer oder gar nicht behandelt werden sollen. Im übrigen zur selbständigen Arbeit mit dem Materialienbuch vgl. Einleitung S. XX.

In der 1. Auflage des Kursbuchs gibt es bei den Lösungen zu Einheit 4 auf S. 185 falsche Seitenangaben. Hier sind die richtigen Angaben:

Einheit 4

2. a) Materialienbuch, Kursbuch, Tonkassette und Lehrerhandbuch mit Arbeitsblättern für Sie. b) z. B. im Materialienbuch auf S. 10, 11, 12, 13 … c) z. B. im Kursbuch auf S. 32, 37, 40 … d) z. B. im Kursbuch auf S. 33, 34, 55, 97 … e) z. B. im Kursbuch auf S. 36 … f) im Kursbuch auf S. 175 f., Ratgeber „Texte verstehen, ohne zu klagen" g) im Kursbuch z. B. auf S. 32, 38 … h) im Kursbuch z. B. auf S. 30, 36, 39 … Sie erkennen die Lerntipps an folgendem Zeichen:

i) im Kursbuch z. B. auf S. 41, 50, 59 … und überall dort, wo Sie am Beginn einer Übung den Hinweis „Unterwegs" finden. j) 1. im Kursbuch z. B. auf S. 57, 63 … im Kursbuch S. 180, Ratgeber „Mit dem Wörterbuch arbeiten". 2. im Kursbuch z. B. auf S. 31, 46, 58 … im Kursbuch S. 182 f., Ratgeber „Mit einer Grammatik arbeiten". k) eine Seite „Testen Sie sich selbst" finden Sie jeweils am Ende eines jeden Kapitels, z. B. auf S. 31, 41, 50 …

Unterwegs lernen

1. Diese Aktivität will schon von Anfang an die Aufmerksamkeit der KT darauf lenken, dass der Besuch des Unterrichts nur „die halbe Miete" ist und es auch mit „traditionellen" Hausaufgaben nicht getan ist. Erst die „echte" Anwendung der erworbenen Kenntnisse wird wirklichen Fortschritt bringen.
2. Der letzte Schritt lenkt die Aufmerksamkeit auf die Möglichkeiten am Kursort und will die bei einzelnen Lernenden sicher schon vorhandene Erfahrung für die gesamte Gruppe zugänglich machen.

Das Arbeitsblatt 1 kann Ihnen und Ihren Schülern helfen, wenn Sie sich zu bestimmten (landeskundlichen) Themenbereichen weitere Informationen verschaffen möchten.

➤ **AB Kp 0,1: Adressen für landeskundliche Materialien und Informationen, hier auf S. 124**

Materialienbuch	**Kursbuch**	**Zusatzmaterial im LHB**
Kapitel 1.1		
S.9: **Einstiegscollage**		
S.10: **Luftpirat hatte Liebeskummer**	1.–3. **Gespräch über das Lesen**	
Zeitungsmeldung	4.–5. **Lesen***	
	6.–7. WS: Personen unterschiedlich benennen	
	8.–12. **GR: Zeitliche Abfolgen ausdrücken**	AB 1: Das Perfektomobil, S. 125
	13.–15. **Rollenspiel**	AB 2: Rollenkarten für das Rollenspiel, S. 126
	16. **Schreiben**	AB 3: a) Inhaltliche Hilfen zum Rollenspiel b) Präteritum c) Persönlicher Brief, S. 127
		Transkript zum Hörtext: Flugzeugentführung, S. 27
Kapitel 1.2		
S.11: **Ein Fichtenbaum (Heinrich Heine)**	1. **Einstieg**	
🔲 Gedicht	2.–3. **Lesen oder Schreiben**	
	4.–5. **Ein Gedicht vortragen**	
	6. Schreiben	
Kapitel 1.3		
S.12 **Das Rätsel (Gebrüder Grimm)**	1. Einstieg	
🔲 Märchen	2. **Hören**	
	3.–4. **Lesen**	
	5.–6. GR: Temporalangaben, Temporalsätze	AB 4: Temporalangaben, S. 128
S.14: ZST: **Gertrud**	7.–8. Projekt: Erzählen	AB 5: Präfixverben, S. 129
Kurzgeschichte		
S.15: ZST: **Geständnis**		
Gedicht		
ZST: **Der Tag des Reichtums**		
Kurzgeschichte		

* **Halbfett** gesetzte Aufgaben können eine erste Orientierung für die Auswahl aus dem Übungsangebot im Kapitel liefern; diese Aufgaben sind am wichtigsten zum Üben des Kapitelschwerpunkts, hier: *Berichten, erzählen.* (vgl. auch S.8)

Wo die Liebe hinfällt

Die Einstiegscollage greift das Thema „Liebe" auf, das Verhältnis von Mann und Frau z.B. in verschiedenen historischen Epochen und bezogen auf unterschiedliche Gesellschaftsschichten. Sie kann Anlass bieten zum Gespräch über die Liebe, die den thematischen Hintergrund der diversen Texte dieses Kapitels bildet. Kunstgeschichtlich ist das Gemälde Edouard Manets, *Im Wintergarten* (Mitte rechts), dem französischen Impressionismus des 19. Jahrhunderts, die Bilder von Max Beckmann, *Tanzbar Baden-Baden* von 1923 (oben links), und Otto Dix, *Die Eltern des Künstlers II* von 1924 (oben rechts), dem Expressionismus zuzuordnen. Das Gemälde unten links und die Filmfotografie sind jüngeren Datums: R.B. Kitaj, ein englisch-amerikanischer Maler und ein Foto aus dem Film „Unheimliche Geschichten" (Anita Berber mit Conrad Veidt und Reinhard Schünzel).

Die Einstiegscollage kann in jedem Kapitel zum Ausgangspunkt im Unterricht werden, z.B. auch als Training für die Aufgabe 1 „Mündliche Kommunikation" in der *Zentralen Mittelstufenprüfung*. Mögliche Fragestellungen im Unterricht:
– *Was haben diese Bilder mit dem Thema des Kapitels zu tun? – Um was für eine Situation könnte es sich handeln? Was könnten die Personen jeweils miteinander sprechen? – Wie wirkt das Bild „x" auf Sie? – Welche Beziehung wird jeweils (hier: zwischen Mann und Frau) ausgedrückt? – Welche Bilder beinhalten eine vergangene Geschichte, welche weisen auf eine zukünftige?*

Eventuell können die Bilder auch im Zusammenhang mit den Zusatztexten (Materialienbuch S. 14f.) besprochen werden.
Mögliche Fragen: *Welche Bilder drücken eine ähnliche Beziehung zwischen Mann und Frau aus wie der jeweilige Text?*

1 **1** Luftpirat hatte Liebeskummer

> **Schwerpunkt dieser Einheit:** Ausgehend von einer Zeitungsmeldung, sollen die Lernenden mündlich und schriftlich über Vergangenes erzählen bzw. berichten. Grammatisches Thema ist dabei die Zeitenfolge, vor allem der Gebrauch des Plusquamperfekts. Bei der Lektüre der Zeitungsmeldung wird die Strategie „hypothesengeleitetes Lesen" besprochen und geübt.

Gespräch über das Lesen

1.–3. Die Einheit beginnt mit einem Gedankenaustausch zum Thema „Zeitungslektüre". Diese Unterrichtsphase zielt darauf ab, die KT für Phänomene des Lesens und des Textverstehens zu sensibilisieren. Faktoren, die schon das muttersprachliche Lesen bestimmen (u.a. Textinteresse, Leseintention, Lesestile usw.) sollten hier thematisiert werden, damit die Lernenden auch in der Fremdsprache zu einem möglichst natürlichen Leseverhalten kommen und Verfahren, die sie in der Muttersprache ganz unreflektiert anwenden (z.B. Überfliegen, Anlesen, Aktivieren von Vorwissen, Bilden von Hypothesen), bei komplexeren fremdsprachigen Texten gezielt als Verstehensstrategien einsetzen.
Lassen Sie die KT zunächst einmal alleine über die Fragen 1. und 2. nachdenken. Anschließend können 2. und 3. in Kleingruppenarbeit besprochen werden. Schließlich sollten die wichtigsten Punkte ins Plenum gebracht und konkrete Tipps zu 3. gesammelt und (z.B. an der Tafel) schriftlich festgehalten werden. Ziehen Sie möglichst den „Ratgeber Lesen" (Kursbuch, S. 175f.) als Unterstützung heran.
Zu 2: Oft unterscheiden Fremdsprachenlerner nicht zwischen „Lesen, um zu verstehen" und „Lesen, um (Grammatik/Wortschatz usw.) zu lernen". Diese Unterscheidung ist aber sehr wichtig, und die Textarbeit in *Unterwegs* orientiert sich daran: In einer ersten Phase der Textarbeit geht es in der Regel um das Textverständnis, und erst danach werden anhand des Textes Wortschatz, Grammatik usw. erarbeitet. Diese zweite Phase sollte im Unterricht nicht bei jedem Text stattfinden.

Lesen

4.–5. Hier wird die Verstehensstrategie hypothesengeleitetes Lesen besprochen und geübt. Diese Art, sich einem fremdsprachigen Text zu nähern, sollte im Kurs ausführlich praktiziert werden. Unbekannte Wörter sollten die KT, falls überhaupt erforderlich, erst am Ende der Phase möglichst selbst aus dem Kontext erschließen (auch das ist eine hypothesengeleitete Strategie).

Wortschatz: Personen unterschiedlich benennen

6.–7. Diese Übungen sind auch eine Vorübung zu Übung 16.A (Fortsetzung der Zeitungsmeldung schreiben). Lassen Sie gegebenenfalls die Übungen zu einem späteren Zeitpunkt durchführen (siehe unten zu 16.).

Grammatik: Zeitliche Abfolgen ausdrücken

8.–10. Die Zeitenfolge wird im Deutschunterricht oft auf die Konjunktion *nachdem* und das Plusquamperfekt reduziert. Die Text- und Übungsbeispiele zeigen aber, dass die Zeitenfolge auch bei anderen Konjunktionen vorkommt (*weil, obwohl ...*).
Der Wechsel zwischen *Plusquamperfekt* und *Präteritum* bzw. *Perfekt* und *Präsens* ist eine der Möglichkeiten im Deutschen, um Vorzeitigkeit auszudrücken (eine andere ist der Gebrauch von Temporalangaben). Der Wechsel der Zeitformen hängt z.B. auch von der Bedeutung des Verbs ab (perfektives Verb oder Zustandsverb). Daher findet man z.B. in den Nachrichten auch die Kombination *Präteritum/Präteritum* oder *Perfekt/Präteritum*. Man sollte also nicht zu sehr auf der „korrekten" Form beharren; Gegenbeispiele sind im deutschsprachigen Sprachalltag leicht zu finden.
Im Anschluss an Übung 10. (Einzelarbeit) kann anhand der Grammatikübersicht (Materialienbuch S. 138f., 4.2.) die Zeitenfolge in der Kursgruppe besprochen werden. – Beachten Sie: Die KT sollten zunächst analysieren und ihr Vorwissen einbringen (8. bis 10.), bevor sie die Grammatikübersicht mit bestimmten Fragestellungen und Arbeitsergebnissen aktiv in die Arbeit miteinbeziehen. Diese „entdeckende Grammatikarbeit" ist für den Lernprozess effektiver als ein zu frühes Nachschlagen im Anhang.

9.b) In diesem Zusammenhang bietet sich eventuell eine Wiederholung des *Partizip Perfekts* an. Nach 9. (in Partnerarbeit) geben Sie den KT das Arbeitsblatt *Das Perfektomobile* und diese vergleichen ihre selbst formulierten Ergebnisse mit den dort angegebenen Regeln. Der KL kann dabei das Arbeitsblatt schrittweise aufdecken.
Fakultative Zusatzübung: Übernehmen Sie die grammatische Klassifizierung der Partizipien aus dem *Perfektomobile* und lassen Sie die KT selbst Partizip-Formen analysieren und in die Übersicht eintragen. Bringen Sie dazu selbst Texte mit, eventuell Lehrbuchtexte mit vielen Perfektformen.

➤ **AB Kp 1,1: Das Perfektomobil, LHB, S. 125**

11. Fakultativ.
Die ersten, frühsten Ereignisse werden als vorzeitige Geschehnisse im Plusquamperfekt angegeben. (z.B. Z.27, 32, 42–45, 55–56), vergangene im Präteritum (z.B. Z.11–22) und die zeitlich zuletzt passierten Ereignisse, das Endergebnis der ganzen Affäre, werden im Perfekt mitgeteilt (z.B. Z. 2–9, 58–59).

12. Diese Übung kann als Vorübung zu 16.B eingesetzt werden (siehe unten 16.).

Rollenspiel

13.–15. Als Vorbereitung des Rollenspiels sollten sich die KT in Partnerarbeit Gedanken zu der unglücklichen Liebesgeschichte des jungen Mannes machen. Diejenigen KT, die selbst nicht genügend Ideen haben, können zunächst das Arbeitsblatt 3a) bearbeiten. Rollenkarten zum Rollenspiel finden Sie auf dem Arbeitsblatt 2.

➤ **AB Kp 1,2: Rollenkarten für das Rollenspiel, LHB, S. 126**
➤ **AB Kp 1,3a): Inhaltliche Hilfen zum Rollenspiel, LHB, S. 127**

Schreiben

16. Die Übungen 6./7. und das Arbeitsblatt 3b) dienen zur Vorbereitung der Schreibaufgabe 16.A. Eine intensive Beschäftigung mit der Zeitenfolge ist für jene KT nützlich, die Schreibaufgabe 16.B bearbeiten. Sie können folgendermaßen vorgehen:
1. Der Kurs wird in zwei Gruppen geteilt: diejenigen KT, die 16.A bearbeiten möchten (Gruppe A), und diejenigen, die 16.B bearbeiten möchten (Gruppe B).
2. Gruppe A bearbeitet die Wortschatzübungen 6. und 7. im Kursbuch und die Wiederholungsübung zum Präteritum auf Arbeitsblatt 3b) (jeweils in Partnerarbeit). Gruppe B bearbeitet Übung 12. zur Zeitenfolge (Einzelarbeit).

3. Die Ergebnisse werden in der Gesamtgruppe präsentiert und besprochen.

4. Jetzt schreiben die KT ihre Texte 16.A bzw. 16.B (in Partnerarbeit). Gruppe B erhält dazu das Arbeitsblatt 3c) mit Redemitteln.

➤ **AB Kp 1,3b): Präteritum, LHB, S. 127**
➤ **AB Kp 1,3c): Persönlicher Brief, LHB, S. 127**

Ein Fichtenbaum

> **Schwerpunkt dieser Einheit**: Im Zentrum steht ein Gedicht von Heinrich Heine. Dieses Gedicht bietet Anlass zu verschiedenen Aktivitäten: Diktat, Vortrag, Gespräch und Verfassen eines Parallelgedichts.

Lesen oder Schreiben

2. Diese spielerische Übung bringt Bewegung, Konzentration und Vergnügen in die Lerngruppe und ermöglicht erfahrungsgemäß anschließend durchaus die ernsthafte Beschäftigung mit dem Inhalt. Wenn Sie nicht gleich zum „Laufdiktat" kommen wollen, können Sie das Gedicht zunächst von der Kassette hören oder selbst einmal vortragen und dann mit den Lernenden darüber sprechen, welche Ihrer Assoziationen aus Übung 1. in Heines Gedicht aufgegriffen werden.

3. Beziehen Sie hier die Ergebnisse von 1. mit ein.

zu a): Fichtenbaum: einsam, ist im Halbschlaf (= *schläfert*), in nördlicher kahler Eis- und Schneelandschaft; Palme: einsam, schweigsam, trauernd in heißer, von der Sonne angestrahlter (= *brennender*) Felsenlandschaft.

zu b): Gemeinsam ist beiden die Einsamkeit in einer abweisenden Umgebung; unterschiedlich sind Standort und Klima.

zu c): zugleich Nähe und Ferne (vgl. b); die Beziehung ist insofern „einseitig", als der Fichtenbaum der „aktive" und sich sehnende ist (*Er träumt ...*).

zu d): Nein. Die räumlichen Unterschiede sind unüberbrückbar; die Lebensbedingungen und -gewohnheiten sind unvereinbar.

zu e): Z.B. für die Sehnsucht des Mannes im Norden (Fichtenbaum) nach der „exotischen" südländischen Frau (Palme). Die Antworten aus a) bis c) lassen sich jetzt leicht auf diese symbolische Ebene übertragen.

zu f): Das Gedicht bietet Anknüpfungspunkte zu einer interkulturellen Betrachtungsweise, z.B.: Gibt es vergleichbare Sehnsüchte in der Kultur der KT? Worauf beruhen diese? Sind diese Sehnsüchte realistisch, lassen sie sich erfüllen?

Ein Gedicht vortragen

5. Beim Vortragen des Gedichts sollten die KT auch auf die prosodischen Elemente achten. Sie können diesen Aspekt in der Gesamtgruppe vorbereiten und die wichtigsten betonten Silben durch Unterstreichen sowie den Intonationsverlauf durch Pfeile markieren. Dadurch soll vermieden werden, dass das Gedicht mechanisch in Anlehnung an das Versmaß gelesen wird.

Anschließend bereiten die KT den Gedichtvortrag wie im Kursbuch angegeben vor, evtl. auch zu zweit, wobei ein KT den anderen berät, korrigiert usw.

Das Gedicht kann etwa so markiert werden:

Ein <u>Fich</u>tenbaum steht <u>ein</u>sam (→)	Er <u>träumt</u> von einer <u>Pal</u>me, (→)
Im <u>Nor</u>den auf <u>kah</u>ler Höh'. (↘)	Die, <u>fern</u> im <u>Mor</u>genland, (→)
Ihn schläfert (↘); mit weißer <u>Decke</u> (→)	<u>Ein</u>sam und <u>schwei</u>gend <u>trau</u>ert (→)
Um<u>hüllen</u> ihn <u>Eis</u> und <u>Schnee</u>. (↘)	Auf <u>brennender Felsenwand</u>. (↘)

In Kursen, in denen die KT noch große Schwierigkeiten mit der deutschen Aussprache haben, mag es sinnvoll sein, auf den Vortrag zu verzichten und anhand des Gedichts ein spezielles Ausspracheproblem zu behandeln, z.B. die Unterscheidung zwischen langen und kurzen Vokalen im Deutschen. <u>Kurz</u>: *F<u>i</u>chtenbaum, N<u>o</u>rden, D<u>e</u>cke, <u>u</u>mh<u>ü</u>llen, v<u>o</u>n, P<u>a</u>lme, f<u>e</u>rn, <u>i</u>m, M<u>o</u>rgenland, br<u>e</u>nnender, eins<u>a</u>m, F<u>e</u>lsenwand;* <u>Lang</u>: *st<u>e</u>ht, k<u>a</u>hler, H<u>öh</u>', <u>ih</u>n, schl<u>ä</u>fert, Schn<u>ee</u>, (<u>e</u>r), d<u>ie</u>.* Die KT können diese Wörter aus dem Gedicht herausschreiben und selbst nach „lang" und „kurz" zuordnen (Partnerarbeit); anschließend die Wörter lesen, auch paarweise je eines mit langem und kurzem Vokal. Man kann weitere Wörter sammeln und paarweise sprechen lassen: *Höhle – Hölle, Rose – Rosse, Hüte – Hütte, Schlaf – schlaff, ...*

Schreiben

6. Arbeitsform: Partnerarbeit. Bei dieser Aufgabe können die KT das Wörterbuch zu Hilfe nehmen.

Das Rätsel

1
3

> **Schwerpunkt dieser Einheit:** Ausgangspunkt ist ein längeres, sprachlich nicht ganz einfaches Märchen *Das Rätsel* der Gebrüder Grimm. Das Verstehen des „roten Märchenfadens" wird aber sehr erleichtert durch den zusätzlichen Zugang über den Hörtext. Ausgehend von diesem Märchen sollen die KT am Ende der Einheit selbst ein Märchen erzählen. Dabei spielt das „Schreiben Schritt für Schritt" eine wichtige Rolle. Das grammatische Thema *Temporalangaben, Temporalsätze* ergänzt die Grammatik zur Zeitenfolge in Kapitel 1.

1. Lösung: Der Mensch: Zuerst krabbelt er, dann geht er, und im Alter hat er einen Stock als „drittes Bein". Weitere Rätsel: „Es hängt an der Wand, gibt jedem die Hand" (das Handtuch), „Erst weiß wie Schnee, dann grün wie Klee, dann rot wie Blut, schmeckt allen Kindern gut" (die Kirsche). Vielleicht kennen die KT weitere Rätsel.

Hören

2. Während des Hörens sollten die KT das Kursbuch geschlossen haben, damit sie sich ganz auf den Hörtext konzentrieren können.

<u>Alternative 1 zur Vorgehensweise im Kursbuch:</u> Verteilen Sie vor dem Hören die Sätze a) bis o) als vollständige Einzelsätze (d.h. ergänzt und zerschnitten) und lassen Sie die KT die Sätze in eine sinnvolle Reihenfolge ordnen. Nach dem Hören korrigieren die KT selbst die Anordnung der Sätze entsprechend der Handlung des Märchens.

<u>Alternative 2:</u> Verteilen Sie nach dem Hören die zerschnittenen Einzelsätze a) bis o); die KT sollen die Personen ergänzen (die Personen evtl. an der Tafel vorgeben) und die Sätze ordnen. Eigenkontrolle wie in Aufgabe 3.

Lesen

3. Kursorisches Lesen, nicht Detailverständnis! Die Aufgabenstellung (Kontrolle der Ergebnisse aus 2. ermöglicht es, Details zu vernachlässigen. Die KT sollen a) auf die Hauptpunkte der Handlung achten und b) sich auf das konzentrieren, was sie verstehen.

4. Lassen Sie die Aufgabe in Partnerarbeit durchführen. Anschließend besprechen je zwei Kleingruppen zusammen ihre Ergebnisse.
Phasen der Annäherung: a) der Königssohn hört von der Königstochter, sieht sie evtl. auch (Z. 6: *von ihrer großen Schönheit geblendet*); b) Rätselstellung/erste Begegnung mit ihr; c) indirekter Kontakt über den Diener und die Magd; d) indirekter Kontakt über den Diener und die Kammerjungfer; e) direkter Kontakt mit der Königstochter selbst; f) Begegnung vor den Richtern.

Lassen Sie die KT diese verschiedenen Phasen der Annäherung „interpretieren". Folgende (oder andere) Gesichtspunkte können dabei zur Sprache kommen:

– *Das Märchen als Reifungsprozess:* Der Königssohn geht von zu Hause weg, besteht in der Fremde gefährliche Abenteuer und wird dadurch zum Mann; die Königstochter ist sein höchstes Ziel; dafür ist er bereit, sein Leben zu riskieren. Zunächst besteht nur eine einseitige Beziehung: Der Prinz hört von der Prinzessin und will sie gewinnen; er ist der aktive. Die Prinzessin zeigt widerstrebende Gefühle: Zum einen will sie heiraten (d.h. sie sucht den Kontakt zum anderen Geschlecht), zum anderen baut sie mit den Rätseln ein fast unüberwindbares Hindernis auf. Sie zeigt also widersprüchliche Gefühle im Verhältnis zum anderen Geschlecht und zur Sexualität. Obwohl sie versucht, das Rätsel zu lösen und die Ehe zu vermeiden, kommt sie dem Prinzen immer näher: Treffen der Dienerin mit Diener, Treffen Kammerjungfer mit Diener, Treffen Prinzessin und Prinz im Schlafzimmer des Prinzen, also in seinem intimsten Bereich. Als der Königssohn ihr die Lösung des Rätsels anvertraut und sie ihm als Zeichen ihren Mantel lässt, ist sie – ohne es sich bewusst zu machen – für die Ehe bereit. So muss eine außenstehende Autorität (Gericht) den Konflikt der Prinzessin lösen und ihr den Weg zu Ende weisen (Hochzeit), den sie selbst bereits eingeschlagen hat.

– *Das Märchen als Machtkampf zwischen Mann und Frau:* Die Rätselstellung und die Alternative „Ehe oder Tod" drückt einen Machtkampf zwischen Mann und Frau aus. Nur wer der Prinzessin gewachsen ist, darf sie gewinnen. Als sie das Rätsel des Königssohnes nicht lösen kann, wendet sie alle Mittel an, um Siegerin in diesem Kampf zu bleiben; sie dringt sogar ins Schlafzimmer des Prinzen ein, also in seinen intimsten Bereich. Der Königssohn ist der Prinzessin aber gewachsen, insofern er sich ihr einerseits öffnet und das Geheimnis verrät, ihr andererseits aber den Mantel nimmt und sich nicht besiegen lässt. Dem Gericht kommt die Aufgabe zu, die Entscheidung in dieser Auseinandersetzung zu verkünden.

Grammatik: Temporalangaben

5.–6. Partnerarbeit. Nach 6.b) sollten die KT ihre Ergebnisse mit der Grammatikübersicht (S. 139 unten / S. 140) vergleichen. Die Ergebnisse werden anschließend in der Gesamtgruppe besprochen.

Binnendifferenzierung bei Zusatzübung auf Arbeitsblatt 4: Ein Teil der KT bearbeitet 4b), die andere Hälfte schreibt (in Anlehnung an 4c) eine Fortsetzung des Märchens und verwendet bewusst Temporalangaben. Danach tauschen sich die KT in Partnerarbeit (jeweils ein KT der einen und der anderen Gruppe) über ihre Ergebnisse aus.

➤ **AB Kp 1,4: Temporalangaben, LHB, S. 128**

Zusätzliche Übungen können anhand des Märchentextes oder anderer Märchen durchgeführt werden. Dabei können die KT die vorkommenden Temporalangaben analysieren (z.B. wie in 5., 6.a) oder in Bezug auf eine bekannte Märchenhandlung selbst Sätze mit Temporalangaben bilden.

Fakultativ: Wortbildungsübung Arbeitsblatt 5. Kann auch abschließend nach 8. durchgeführt werden.

➤ **AB Kp 1,5: Präfixverben, LHB, S. 129**

Projekt: Erzählen

7. „Schreiben Schritt für Schritt" ist eine Technik, die es den KT ermöglicht, sprachlich komplexere Texte zu produzieren. Die Komplexität des Schreibvorgangs wird in Einzelschritte aufgelöst, sodass sich die KT jeweils auf einen Schwerpunkt konzentrieren können: Inhalt des Textes (Schritt a), Wortschatz (Schritt b), Satzbildung (Schritt c) und Vertextung (Schritt d). Arbeitsform: Partnerarbeit.

Es ist natürlich auch möglich, die KT ein eigenes Märchen erfinden zu lassen (z.B. in Partnerarbeit). Dazu werden dieselben Schritte durchgeführt wie in 7. Die Märchenfiguren und -motive in a) werden frei erfunden oder bekannten Märchen entnommen.

Das Manuskript zur Aufnahme auf Kassette bzw. CD zu Übung 1 im Test folgt anschließend:

Transkript zur Übung zum Zeitungstext „Luftpirat hat Liebeskummer"

1. Entführer:
„Keine falsche Bewegung, Käptn, dieser Revolver ist geladen!"

2. Entführer:
„Los, geben Sie sofort einen Funkspruch durch: An das Reisebüro Hellas in Dortmund, zu Händen Frau Else Schlüter: Schwöre, dass du zu mir zurückkommst, sonst sprenge ich das Flugzeug …"

3. Entführer:
„Käpt'n, wenn Sie nicht wollen, dass ich die Maschine sprenge, dann hören Sie jetzt auf mein Kommando!"

4. Pilot (über Bordlautsprecher):
„Verehrte Fluggäste, bewahren Sie bitte Ruhe und bleiben Sie angeschnallt auf Ihren Plätzen. Wenn Sie sich besonnen und diszipliniert verhalten, wird die Sache sicher für uns alle gut ausgehen. Hinter mir steht ein junger Mann, der Sprengstoff ins Flugzeug mitgebracht hat."

5. Pilot (im Cockpit):
„Geben Sie's auf, junger Mann, Sie haben doch gar keine Bombe. Ich werde jetzt in Saloniki landen."

6. Pilot (über Bordlautsprecher):
„Verehrte Fluggäste, wir fliegen jetzt noch eine Warteschleife und werden dann, leider mit einer kleinen Verspätung, zwischenlanden. Die Temperatur in Saloniki beträgt 24°."

7. Passagier zum Reporter:
„Es war furchtbar. Ich hatte schreckliche Angst. Aber die Landung war wunderbar. Ich bin immer froh, wieder unten zu sein."

8. Passagier zum Reporter: „Mir macht das nichts aus. Ich fliege öfter. So'n paar Turbulenzen machen das Ganze doch erst spannend."

9. Passagier zum Reporter:
„Ja, unter meinem Sitz sollte die Bombe sein, hat er gesagt, ich habe gleich nachgeguckt, aber da war nichts. Dann hab ich weitergeschlafen.

Materialienbuch	Kursbuch	Zusatzmaterial im LHB
Kapitel 2.1		
S. 17: **Typisch Frau? – Typisch Vorurteil!** Zeitschriftenartikel	1. Einstieg: Sprechen	
	2.–4. Lesen und Diskutieren	
	5. WS: Idiomatische Redewendungen	
S. 18: **Rollenbilder: Altes und Neues.** Zitate	**6. WS: Meinung äußern, Stellung nehmen**	
S. 19: ZST: **Frauen und Männer in Führungspositionen** Sachtext	7. WS Vergleichen	AB 1: Interviewprojekt, S. 130
	8. Kurzreferat: Stellungnahme	AB 2: Schriftliche Ausarbeitung eines Kurzreferats, S. 131
S. 19: ZST: **Die Chefs bleiben männlich.** Zeitungsbericht		
Kapitel 2.2		
S. 20/ **Füße unter Mamas** 21: **Tisch?** Textcollage	1. Einstieg: A oder B	
	2. Sprechen	
	3.–4. Lesen	
	5.–7. GR: Nominalisierte Adjektive	AB 3a): Wortschatz: Mengen und Mengenverhältnisse, S. 132
	8. Sprechen	
	9. Rollenspiel	AB 3b): Rollenkarten für das Streitgespräch, S. 132
Kapitel 2.3		
📺 **Auf der Straße. Eine Reportage** Sachtext und Rundfunkreportage	1. Einstieg: A oder B	Transkript zum Hörtext: Auf der Straße, S. 32
	2. Lesen und Hören	
	3. Hören	AB 4: Wortschatz: Jugendsprache, S. 133
	4. Diskussion	
S. 22: **Was ist Streetwork?** Sachtext	**5. Hören**	
	6. Lesen	AB 5: Rollenkarten für das Planspiel, S. 134/135
	7. Planspiel	

2
1

Typisch Frau? – Typisch Vorurteil!

Schwerpunkt dieser Einheit ist, anhand des bewusst plakativen Vergleichs zwischen männlichen und weiblichen Verhaltensweisen Redemittel und Strukturen zum Argumentieren kennenzulernen und diese in einer schriftlichen Stellungnahme anzuwenden.
Zusatztexte im Materialienbuch bieten weiteren Diskussionsstoff sowie landeskundliche Information über die Situation von Frauen am Arbeitsmarkt in Deutschland. Inhaltlich und sprachlich etwas anspruchsvoller ist der Sachtext über Streetwork im Materialienbuch auf S. 22.

Sprechen

1. Bilden Sie auf jeden Fall im Kurs eine Frauen- und eine Männergruppe, selbst wenn diese zahlenmäßig nicht ausgewogen sind, denn nur so entsteht eine gewisse Spannung: man möchte sehen, wie „die Frauen" bzw. „die Männer" die genannten Aussagen beurteilen. Lassen Sie auch im Kursbuch nicht genannte Aussagen oder Stellungnahmen zu.

2.–4. Evtl. noch in denselben Gruppen oder in neu gemischten Kleingruppen zuerst globales Lesen. Das bisher noch nicht genannte Vorurteil bezieht sich auf den letzten Absatz: „Rothaarige sind selten treu". Anschließend die eigene Meinung zum Gelesenen äußern. Vor allem bei multinationalen Gruppen bietet sich ein Gespräch über 3. c) an, um interkulturelle Unterschiede herauszuarbeiten.

5. Fakultative Übung zum Detailverständnis.

6. Dazu gehen Frauen und Männer wieder in ihre Gruppe, die Gruppenmitglieder formulieren ähnliche Aussagen wie in Aufgabe 1, auch große Gruppen einigen sich auf vier bis fünf Äußerungen. Eine der Frauen beginnt das Spiel, äußert ihre Meinung und fordert die Männer zu einer Stellungnahme auf. Danach wechseln die Gruppen.

Redemittel verwenden
Um die KT zu bewegen, neue Redemittel zu verwenden, sucht sich jede/r KT aus den angegebenen Redemitteln (einschließlich derer aus der Übersicht im Materialienbuch) diejenigen aus, die ihm/ihr gefallen oder die er/sie verwenden möchte, schreibt sie auf einen Streifen Papier und legt sie vor sich auf den Tisch. Wenn er/sie an der Reihe ist, blickt er/sie zur Erinnerung auf seinen Papierstreifen und beginnt seine Rede mit der notierten Redewendung.

7. Zur Vertiefung des Themas und zur Vorbereitung von Aufgabe 8 und des Projekts im LHB auf S. 130 werden in dieser Übung die Strukturen des Vergleichs gefestigt, die in der Alltagssprache wichtig sind. Als thematischer Input kann die Gegenüberstellung im Materialienbuch auf S. 19 dienen.

In Deutschland gibt es die sogenannte <u>Quotenregelung</u>. Sie besagt, dass bei der Besetzung von Stellen Frauen den Männern vorzuziehen sind, wenn sie die gleiche Qualifikation für eine Stelle besitzen.

Interviewprojekt
Für KT oder Kursgruppen, die eher Interesse am mündlichen Ausdruck haben, eignet sich eine Projektidee auf dem Arbeitsblatt, die ebenso als Vorbereitung für ein Kurzreferat dienen kann, da die Interview-Ergebnisse die Texte im Materialienbuch auf S. 19 ersetzen könnten.
➤ **AB Kp 2,1: Interviewprojekt, LHB, S. 130**

8. Diese ZMP-typische Aufgabenstellung ist sehr gelenkt, bietet aber die Möglichkeit, Wortschatz und Strukturen dieser Einheit anzuwenden und zu festigen.

Binnendifferenzierung:
Für Kursgruppen, die sich gezielt auf die ZMP vorbereiten möchten oder für KT, die sich in dieser Textsorte verbessern möchten, weil sie sie z. B. im Beruf beherrschen müssen, eignet sich Arbeitsblatt 2: Es enthält praktische Tipps zur Bewältigung dieser Prüfungsaufgabe sowie Informationen über die Textsortenmerkmale von Kurzreferaten sowie Hinweise zur Verbesserung des Stils (Textkohärenz und Ausrucksvariation).
➤ **AB Kp 2, 2: Schriftliche Ausarbeitung eines Kurzreferats, LHB, S. 131**

Füße unter Mamas Tisch?

Schwerpunkt dieser Einheit ist ein landeskundlich interessantes Thema: die Tatsache, dass in den deutschsprachigen Ländern viele Jugendliche von zu Hause ausziehen, wenn sie mit der Schule fertig sind, selbst wenn sie in der gleichen Stadt wie ihre Eltern wohnen bleiben. Auch wenn diese Tendenz in den letzten Jahren wieder rückläufig ist, stellt das sicherlich zu vielen Herkunftsländern der KT einen auffälligen Unterschied dar. Hauptsächlich geht es um die Entnahme von Informationen aus einer Collage von Kurztexten und Statistiken. Die interkulturelle Fragestellung wird in einem Rollenspiel (Streitgespräch) aufgegriffen.

1. Einstieg in das Thema *allein wohnen* versus *bei den Eltern wohnen.*

<u>Binnendifferenzierung:</u> Für KT oder Kursgruppen, die sehr kreativ sind und keine Scheu davor haben, laienhaft zu zeichnen, eignet sich Aufgabe A, für diejenigen, die „traditioneller" arbeiten möchten, Aufgabe B. Wenn Sie den KT die Auswahl zwischen A oder B überlassen, klären Sie am besten vor Beginn, wer sich für welche Aufgabe entschieden hat, um Chaos zu vermeiden.

Sprechen

2. Gelegenheit, Vergleiche zwischen der Heimat der KT und den deutschsprachigen Ländern bzw. westlichen Industrienationen zu ziehen.

Während in den Sechzigern und Siebzigern der Trend dahin ging, dass Jugendliche so früh wie möglich von zu Hause auszogen, um selbstständig zu werden und den Protest gegen die Elterngeneration manifest zu machen, zeigt sich heute eine gegenläufige Tendenz: Viele Jugendliche bleiben zu Hause wohnen, da sie in der Familie Schutz und Geborgenheit suchen und sich in der Regel gut mit ihren Eltern verstehen. Finanzielle Gründe spielen dabei eine untergeordnete Rolle. Insgesamt jedoch ist der Prozentsatz der Alleinwohnenden in den deutschsprachigen Ländern vergleichsweise hoch.

Lesen

3.–4. Die erste Aufgabe erfordert selektives Lesen, die zweite detaillierteres Lesen, um die Widersprüche der verschiedenen Aussagen in der Collage und die gegenläufigen Tendenzen herauszuarbeiten.

➤ **AB Kp 2,3a): WS: Mengen und Mengenverhältnisse, LHB, S. 132**

Nominalisierte Adjektive

5. Eigentlich Grundstufenstoff; hier geht es lediglich um eine Sensibilisierung für das Phänomen der Deklination nominalisierter Adjektive. Deshalb wird „entdeckend" gearbeitet.

➤ **AB Kp 5,3: Adjektivflexion, LHB, S. 149**

6.–7. Um Grammatikregeln zu behalten und umzusetzen, entwickelt sicher jeder KT im Laufe seiner Lernbiographie eigene Methoden, deshalb soll hier die Gelegenheit gegeben werden, sich darüber auszutauschen. Die von uns vorgeschlagene Methode ist nur eine unter vielen. Wichtig ist, die KT darauf hinzuweisen, dass es nicht <u>die</u> richtige Methode gibt, vielmehr sollten Sie sie ermutigen, neue Techniken auszuprobieren und gegebenenfalls zu übernehmen.

Sprechen

8. Die KT vergleichen ihre Ergebnisse und entdecken individuelle, eventuell auch interkulturelle Unterschiede.

Rollenspiel

9. Die KT bilden jeweils für die Rolle der Tochter und der Eltern eine Gruppe und lesen „ihre" Rollenkarte (AB 3b), ehe sie Argumente für ihren Standpunkt sammeln. Entweder wird nun aus jeder Gruppe ein „Protagonist" gewählt, der die handelnde Person spielt, oder die Gruppe als Ganzes fungiert
als „Tochter" bzw. „Eltern". Im letzteren Fall übernimmt ein KT die Rolle so lange, bis ihm nichts mehr
einfällt, er geht zurück an seinen Platz, ein anderer aus der Gruppe übernimmt seinen Part usw. (Staf-
fellauf-Prinzip).

Rollenspiel stimulieren
Geben Sie einen Satz als Stimulus vor, beispielsweise „Also, ich wollte euch nur kurz sagen, mir
reicht's in dem Laden hier, ich ziehe aus!" Um die Spielsituation deutlicher zu machen, stellen Sie
einen Schreibtisch als Wohnzimmertisch in die Mitte des Kursraums und lassen Sie die „Eltern"
daran Platz nehmen.

➤ **AB Kp 2,3b): Rollenkarten für das Streitgespräch, LHB, S.132**

Auf der Straße zu Hause. Eine Reportage

> **Schwerpunkt der Einheit** ist das Verstehen einer authentischen Hörfunksendung über das Problem
> von Straßenkindern am Beispiel Frankfurt, die für diese Stufe als zu schwierig erscheinen mag. Sie
> besticht jedoch durch die Aussagen der betroffenen Jugendlichen, die durchweg sehr gut ver-
> ständlich sind. Die Aufgabenstellung erleichtert das Hörverstehen, indem sie kursorisches Hören
> trainiert und den Sprechertext vorentlastet. Die argumentative Auseinandersetzung mit dem
> Thema findet in einem Planspiel statt.

Wachsende Armut in den Städten und gewaltsame Konflikte in der Familie oder zerfallende Familienstrukturen treiben auch in Deutschland Kinder in die Obdachlosigkeit. Diese sogenannten
Straßenkinder sind oft drogenabhängig, sie leben in den Zentren der Städte und verdienen ihren
Lebensunterhalt durch Betteln, Diebstahl, Gelegenheitsarbeit, *Dealen* oder Prostitution. Die authentische Hörfunkreportage beleuchtet das Problem am Beispiel Frankfurt. Zu Wort kommen
betroffene Jugendliche sowie Sozialarbeiter, sogenannte *streetworker.*

1. Erstes Sammeln von Vorwissen über das Thema. Eine dritte Möglichkeit für den Einstieg in die Einheit ist die Besprechung der Einstiegscollage im Materialienbuch auf S.16: Erstes Sammeln von Beobachtungen und Fragen zum Thema der Einheit.

Lesen und Hören

2. Der erste informative Teil der Reportage ist hier als Lückentext zu bearbeiten. Lassen Sie für diese
nicht einfache Aufgabe genügend Zeit. Die Lösungen finden Sie im Kursbuch auf S.186.

Hören

3. Der Lerntipp zum kursorischen Hören unterstreicht die Bedeutung des Vorwissens beim Verstehen
fremdsprachiger Texte. Die Aufgabengestaltung zeigt exemplarisch, wie durch Sammeln von Vorwissen, Konzentration auf einzelne Aspekte und strukturiertes Notizenmachen auch längere Hörtexte auf
Deutsch leichter erfasst werden können. Das Raster (d)) kann auf Folie an die Tafel projiziert und
schrittweise von den KT ausgefüllt werden. Die vier angesprochenen Aspekte sind *Erkennungsmerk-*
male, Lebensunterhalt, Aufenthaltsort der Kinder sowie *Gründe für das Verlassen des Elternhauses.* In
Verbindung mit einer Aufgabe zum Wortschatz der Jugendlichen gibt es auf Arbeitsblatt 4 eine Aufgabe zum selektiven Hören. Gegebenenfalls die Kassette mehrfach anhören.

➤ **AB Kp 2,4: WS: Jugendsprache, LHB, S.133**

Diskussion

4. Die Diskussion können Sie auch in nationalen Kleingruppen führen lassen. Eventuell ein Projekt daraus entwickeln: weitere Informationen beschaffen lassen (vgl. Aufgabe 6).

Hören
5. Um die Sätze zu vervollständigen, ist totales Hören notwendig (Lösungen im Kursbuch). Die provozierenden Aussagen der Steetworkerin bieten weiteren Diskussionsstoff.

Lesen
6. Fakultative Übung, kann evtl. auch als Hausaufgabe durchgeführt werden.

Planspiel

7. In dieser Simulation müssen sich Mitglieder eines Gremiums über die Verwendung des vom Bürgermeister zur Verfügung gestellten Geldes einigen. Es sind dabei unterschiedliche Spielvarianten denkbar, entscheiden Sie je nach Zeit und Interesse der Kursgruppe. Eventuell müssen Sie Ihrer Kursgruppe Ziel und Ablauf einer Simulation erst verdeutlichen, um ihr Lust auf diese handlungsorientierte Form des Deutschlernens zu machen. (zum Stichwort „Planspiel" vgl. Einleitung, S. 12)

➤ **AB Kp 2,5: Rollenkarten für das Planspiel, LHB, S. 134**

Vorbereitung (ca. 60 Minuten): Die KT klären gemeinsam die Ausgangssituation, informieren sich sachlich im Materialienbuch auf S. 22 und lesen die Profile der Personen auf den Rollenkarten. Anschließend wählt jeder KT die Rolle, die er gern verkörpern würde, oder er bekommt eine zugeteilt. Je nach Kursgröße können mehrere Gremien gebildet werden (pro Rolle ein KT) oder die Rollen werden von mehreren Mitgliedern besetzt. Erst dann lesen die KT ihre Rollenkarten, die möglichst voreinander „geheim" gehalten werden, denn nur so sorgt ein Informationsdefizit zwischen den verschiedenen Rollen für Spannung.

Phase 1: (ca. 90 – 120 Minuten) Alle Mitglieder des Gremiums (außer dem Bürgermeister) treffen sich zu einer Planungssitzung mit dem Ziel, gemeinsam darüber zu entscheiden, was mit dem Geld passieren soll, das der Bürgermeister zur Verfügung gestellt hat. Eventuell besprechen sich die Kleingruppen, die eine „Rolle" vertreten, vorher in „Unterausschüssen".

Phase 2: (fakultativ, ca 90 Minuten) Die Gremiumsmitglieder stellen ihr Projekt dem Bürgermeister vor und versuchen ihn davon zu überzeugen. Gegebenenfalls verwenden sie dabei Dokumente (Pläne, Folien, Wandzeitung usw.), die sie vorher für die Präsentation vorbereitet haben.

Transkript zum Hörtext: Auf der Straße

Aus einer Reportage des Hessischen Rundfunks über Straßenkinder „Auf der Straße zu Hause"
von Andrea Petzold

Teil 1

(Sprecherin)

Sie werden immer mehr: Obdachlose Kinder in Deutschland. Und sie werden immer jünger: rausgeschmissen, abgehauen, geschlagen. Kinder, die ihre Familien verlassen.

(Sprecher)

Die Schätzungen, wie viele Kinder und Jugendliche in Deutschland auf der Straße sind, klaffen weit auseinander. Die Kinderrechtsorganisation, Terre des Hommes, spricht von 20 000 Kindern und Jugendlichen, der Kinderschutzbund geht von 50 000 aus. Es könnten aber auch viel mehr sein. Viele haben keinen Kontakt zu Sozialarbeitern, fallen nicht durch Straftaten auf, oder sie leben bei Freiern und sind komplett abgetaucht. Fakt ist: Immer mehr Kinder und Jugendliche haben keinen festen Schlafplatz, halten sich irgendwie auf der Straße über Wasser, und: Sie werden immer jünger. Schule ist kein Thema mehr, sie haben die Bezüge verloren und wenig Chancen, den normalen Einstieg, Schule, Berufsausbildung und Beruf zu schaffen.

Teil 2

Dagmar Reis, 30 Jahre, sie ist Streetworkerin in Frankfurt.

„Die sehen erst mal sehr gepflegt aus, die fallen keinem Passanten, keinem Einkäufer auf, sind sehr chic, sehr teuer zum Teil gekleidet, und tragen eben mit diesen Statussymbolen zum Stadtbild bei und sind halt insoweit nicht auffällig als Straßenkinder, wie man sich das vorstellt, dass sie barfuß und irgendwo am Straßenrand oder so schlafen. Also, wenn man die Szene nicht kennt, stechen die einem auch so nicht ins Auge."

Teil 3

Rüdiger Niemann, 38 Jahre, auch er arbeitet mit obdachlosen Jugendlichen.

„Das sind meistens Kids, die hier familiäre Bezüge hatten, die aber aufgrund von Entscheidungen innerhalb der Familien zerbrochen sind. Das heißt, Scheidung, die Eltern haben sich getrennt, die haben neu angefangen mit neuen Familien, und für das Kind war dann nirgendwo ein richtiger Platz, und es ist dann praktisch auch von der Familie ausgegliedert worden. Und dann gibt's eben unterschiedliche Strategien, damit fertig zu werden. Und gerade bei den Jungs ist es so, dass die häufig auf die Straße gehn und versuchen, sich auf der Straße durchzuschlagen, mit kleinen Geschäften oder in der Subkultur der Dealer oder in der Subkultur der Homoprostitution. Bei den Mädchen haben wir das auch, dass Mädchen mit 12, 13 Jahren ihre Familien verlassen aufgrund von massiven Konflikten und Kommunikationsstörungen, und die dann ebenfalls versuchen, in Subkulturen Fuß zu fassen, das ist häufig im Drogenkonsumentenmilieu und dann auch im Prostitutionsmilieu."

Teil 4

Dagmar Reis, 30 Jahre

„Der Lebensmittelpunkt ist die Innenstadt. Also in dieser Glitzerwelt Innenstadt, das nutzen halt viele Kids zum Untertauchen, zum Abtauchen, ja, zum einen ist es so, dass hier was läuft, *action* ist, du siehst alles, wirst gesehen, das ist auch so bisschen Info-Börse. Man trifft sich, man tauscht Infos aus, wer wo knacken kann, wo was abläuft, wo welche Fete ist, es werden Infos gedealt, es werden Drogen gedealt, es werden Klamotten getauscht und es ist eigentlich so das Wohnzimmer der Kids."

Teil 5

Kevin, 18 Jahre. Er lebt immer mal wieder auf der Straße, seit er 14 ist.

„Ja, ich hab immer die krassen Probleme mit meinem Vater gehabt und so, ich war nur Probleme halt daheim, Polizei kam nach Hause, mein Vater hat Aufstand gemacht wie verrückt, hat mich geschlagen, ich war die Putze daheim, alles. Und hat mir halt immer den Satz vorgehalten: ‚Wenn's dir nicht passt, dann zieh' doch aus!' Und das nach jeder Sache, also praktisch jede Viertelstunde hat er diesen Satz gebraucht, wenn ich daheim war. Und dann hab ich keine Lust mehr gehabt da drauf. Der hat mich eingesperrt in mein Zimmer, alles. Also ich

hab daheim gelebt wie im Knast. Und das hab ich halt dann nicht mehr ausgehalten, dann bin ich halt weg. Und dann bin ich zu Freunden gegangen, hab dort übernachtet, dann hab ich paar Mal bei meinem Bruder übernachtet, ja, und dann halt manchmal auf Parkbänken und bei Bushaltestellen, manchmal bin ich auch nachts einfach vier Tage durchgelaufen ohne zu schlafen, weil ich mein, 's ist kalt draußen, wenn's regnet oder so. [...]"

„Wenn man auf der Straße ist, man kann niemand vertraun. [...] Man kann nicht zu den Leuten hier auf der Straße sagen: Freund. Weil das sind keine Freunde. Ich mein, wenn ich jetzt hier mit 100 Gramm Hasch rumlaufen würde, dann wär'n die alle meine besten Freunde. Und sobald ich gar nichts mehr hab', dann gehen sie wieder zum nächsten, der wieder etwas mehr hat als die andern und solche Leute, mit denen will ich erst gar nichts zu tun haben."

„Ich fang dann halt an, die Leute abzurippen[1], ich mach halt mein Geld auch anders, so Drogengeschäfte, im HL[2] klauen, wenn ich Hunger hab oder so, und, ja, halt Autos knacken und dort die Sachen verkaufen von dort und so. Lauter so Sachen. Ich mein, man kann sich ja hier nicht anders ernähren. Wenn man auf der Straße lebt: die Leute, die verstehen das nicht, für die ist man dann obdachlos, asozial und einfach ekelhaft. Aber ich kann nur dazu sagen, ich wünsch mir nur einmal so'n reichen Wichser[3], dass der auf die Straße geht. Dann sieht der, wie das ist und wie schwer das ist. Das ist nicht so leicht, ich mein', manche Jugendlichen, die denken sich, der lebt auf der Straße, der ist asozial und total ekelhaft. Und ich mein', wenn man keine Wohnung hat, dann kriegt man keine Arbeit, wenn man keine Arbeit hat, dann kriegt man keine Wohnung. Also, es ist verdammt schwer, da rauszukommen."

Nicole, 17 Jahre, ist mit 12 von ihren Eltern weg. Sie war drei Jahre lang völlig abgetaucht.

„Also ich hatt' mit 12 'n Pferd gehabt, das hatt' ich zwei Jahre gehabt, und meine Eltern haben's mir dann verkauft, weil kein Geld mehr da war, bin dann halt an die falschen Leute geraten, weil keine Freunde erst gehabt, und dann fing ich halt erst an mit Kiffen[4], das Kiffen hat mir dann nicht mehr gereicht, bin dann auch, aber nur nachts immer, abgehaun, kam morgens also wieder, dass die Eltern das nicht gemerkt haben. Dann wurden die Drogen härter, bin dann gar nicht mehr nach Hause gegangen. Dann erst für zwei Wochen, kam dann wieder, und dann hab ich dann für drei Monate bei 'ner Freundin gewohnt, dann kam ich mir dort 'nen bisschen überflüssig vor, und bin dann wieder nach Hause gegangen, halt nochmal probiert zu Hause, ging dann auch nicht, bin dann ganz auf die Straße, hab dann auch 'nen Marokkaner kennengelernt, mit dem hab ich dann acht Monate im Hotel gewohnt, und der hat mich dann auch geschlagen

1) abzurippen: hier: auszunehmen 2) HL: Supermarkt-Kette
3) Wichser: vulgär: jmd., der onaniert 4) Haschisch rauchen

gehabt, bin dann total auf Koks gekommen, dass ich die Schläge nicht so spür', hab dann mit ihm nach acht Monaten Schluss gemacht und wollt eigentlich auch mit allem aufhören, wollt eigentlich wieder in die Schule gehen, die Schule hat mich aber bis dahin schon längst beurlaubt gehabt, also hat mich geschmissen gehabt, und dann bin ich dann ganz abgesunken, war dann total auf Koks und auf H. [...]"

Nicole sagt heute selbst, dass sie sich das Leben auf der Straße nicht so hart vorgestellt hat.

„Ja, also der Tagesablauf sieht eigentlich so aus: So tagsüber hat man dann so seine Drogen und nachts guckt man, dass man sich seine Drogen beschaffen tut. Also nachts dann, also, ich hab mich immer gewehrt, auf'n Strich zu gehn, also, das war für mich Abschaum, das hätte meine Ehre verletzt, und daraufhin bin ich also nachts, bin ich halt Autoradios geklaut, hab' Leute viel abgerippt, halt alles, was Geld macht."

„Also Freunde hat man da draußen eigentlich... Ja, weil jeder verarscht jeden. Also man kann gar keinem vertrauen. Man muss immer gucken, dass man selber überlebt. Also, wenn man sich jetzt um jemand anders kümmert, dann bleibt man meistens selber auf der Strecke. Man muss immer gucken, dass man seinen Arsch gerettet kriegt, weil wenn man guckt, was andere machen, oder jetzt, wo der andere sein Geld herkriegt oder so, das kann gar nicht gutgehn, weil, man wird nur verarscht."

Teil 6

Dagmar Reis, Streetworkerin:

„Jede Gesellschaft hat die Kids, die sie verdient. Und meiner Ansicht nach, warum das alles so zerbröselt, ist, dass überhaupt die ganze Gesellschaft krankt, ja, also die ganzen Familien fallen auseinander, die ganzen Beziehungen gehen auseinander, und immer mehr Kids fallen aus ihren Bezügen raus. Und für unsere Kids, die haben oftmals überhaupt keine Wert- und Moralvorstellungen, hab ich zum Teil das Gefühl. Da wurde versäumt, sie im Leben irgendwie zu platzieren. So, was *gut* und *richtig* ist, und was *falsch,* und was man besser nicht macht. Also sie halten das zum Teil für ganz legitim, wenn sie mit jemand Streit haben, dass sie sich da mit dem Messer auch wehren oder so. Und es ist für sie Recht, und es ist o.k. und es ist da oftmals ganz, ganz schwierig, mit den Kids zu arbeiten, weil sie eigentlich mittlerweile ihre eigenen Regeln und Gesetze haben. Und die besagen halt: *Haste was, biste was.* Und das haben sie ja gelernt von unserer Gesellschaft, dass der Wert des Menschen in DM auszudrücken ist."

Materialienbuch	**Kursbuch**	**Zusatzmaterial im LHB**
Kapitel 3.1		
S. 24: **Behalten oder Vergessen? Die Funktion unseres Gehirns** Sachtext	**1.–2. Einstieg: Sprechen** **3. Beraten, empfehlen** **4. Schreiben: A oder B**	AB 1: Tipps bei Lernschwierigkeiten, S. 136 AB 2a): WS: Ratschläge/ Empfehlungen geben, S. 137 AB 2b): Persönlicher Brief, S. 137
Kapitel 3.2		
S. 26: **Öfter mal entspannen** Hörfunksendung **Der Einfluss von Stress auf unser Gehirn** Sachtext und Hörfunksendung	1. Einstieg: A oder B: Sprechen **2.–4. Hören** 5.–6. Entspannungsübung/ Sprechen **7. GR/WS: Anweisen, bitten, auffordern** **8. Sprechen: Spiel**	Transkript zum Hörtext: Öfter mal entspannen, S. 39 AB 3: GR: Modal- und Instrumentalsätze, S. 138 AB 4a): GR: Finalsätze, S. 139
Kapitel 3.3		
S. 27: **Deutsch am Genfersee** Autobiographie	1. Einstieg: A oder B **2.–3. GR: Konditionalsätze** **4.–6. Lesen** 7. Rollenspiel oder Diskussion 8. Schreiben: Kurstagebuch	AB 4b): GR: Konditionalsätze, S. 139 AB 5: Ein Kurstagebuch schreiben, S. 140 AB 6: Zusätzlicher Test, S. 141
S. 29: ZST: **Ein Tagebucheintrag und ein Brief**		

Behalten oder vergessen?

> **Schwerpunkt dieser Einheit** ist die Vermittlung von Wissen über die Funktionsweise unseres Gehirns, insbesondere über die des Gedächtnisses, in seiner Bedeutung für das Lernen. Ausgangspunkt ist ein theoretischer Sachtext. Vor diesem Hintergrund erhalten die KT Gelegenheit, individuelle Lernschwierigkeiten zu artikulieren und werden beraten, wie sie mit diesen Lernschwierigkeiten umgehen können. Deshalb stehen die Sprachhandlungen *auffordern* und *empfehlen* im Mittelpunkt.

Das Arbeitsblatt hier im Buch bietet eine Auswahl an Lerntipps; zur weiteren Beratung seien folgende Titel empfohlen: Ute Rampillon, *Lernen leichter machen.* München: Hueber. 1995. Gail Ellis/ Barbara Sinclair: *Learning to Learn English.* Oxford: Cambridge University Press 1989. Bimmel, Peter/Rampillon, Ute: *Lernerautonomie und Lernstrategien.* Fernstudieneinheit 23, in Vorb., Goethe-Institut. München.

Sprechen

1. Anstatt sofort die Sachtexte im Materialienbuch auf S. 24f. zu lesen, nutzen Sie besser das Vorwissen, das in Ihrer Kursgruppe zu diesem Wissensbereich besteht, und lassen Sie die Teilnehmer Informationen austauschen, bevor der Text gelesen wird. Vielleicht kann anschließend die schematische Zeichnung mit Overheadprojektor an die Tafel projiziert und gemeinsam beschriftet werden. Vgl. Lösungsschlüssel, Kursbuch S. 187.

<u>Kurzreferat halten:</u>
Als Alternative zur im Kursbuch vorgeschlagenen Vorgehensweise können Sie auch einige Stunden vorher einem interessierten Lerner die Begriffe im Kasten rechts oben, die schematische Darstellung und die Texte im Materialienbuch geben, damit er/sie einen Kurzvortrag zum Thema für die entsprechende Unterrichsstunde vorbereiten kann. Auf diese Art kann die Technik des Referathaltens mit visuellem Material (z.B. mit Folien von Schaubild und Wortbox auf S. 42 im Kursbuch) geübt werden.

2. Hängen Sie, wenn Sie die Möglichkeit dazu haben, im Kursraum eine Wäscheleine auf und befestigen Sie darauf Kärtchen mit der vorgegebenen oder einer ähnlichen Beschriftung. Fordern Sie die KT dazu auf, von der Wäscheleine diejenigen Kärtchen abzunehmen, die am ehesten auf sie zutreffen, und Gleichgesinnte zu suchen. Eventuell halten Sie leere Zettel bereit, damit die KT diese mit Schwierigkeiten beschriften können, die noch nicht genannt sind.

Beraten, empfehlen

3. Bereiten Sie so viele Stapel mit Spielkarten vor, wie Sie Kleingruppen bilden. Ein KT schildert nun sein Problem, die anderen geben ihm Ratschläge aus ihrem eigenen Erfahrungsschatz. Wenn keinem der Gruppenmitglieder etwas einfällt, dann zieht ein KT solange eine Karte vom Stapel, bis er eine passende Empfehlung gefunden hat. Die ungenutzten Karten wandern wieder unter den Stapel. Jetzt kommt der nächste „Spieler" dran, bis alle beraten wurden.

➤ **AB Kp 3,1: Tipps bei Lernschwierigkeiten, LHB S. 136**

Zur Sensibilisierung für die Adäquatheit von Empfehlungen und zur Wortschatzerweiterung können Sie Arbeitsblatt 2a) vorziehen und die Beratungsgespräche einer Situation zuordnen, beispielsweise in einer Sprechstunde mit dem Lehrer, abends in der Kneipe, beim Abendessen mit den Gasteltern usw.

➤ **AB Kp 3,2a): Ratschläge, Empfehlungen geben, LHB S. 137**

Schreiben

4. Zur Binnendifferenzierung für KT oder Gruppen, die lieber schreiben, bzw. zur Festigung von hier geeigneten Redemittel. Haben Sie sich für die interaktive Aufgabe A entschieden, so zeigen Sie den KT zuerst das Beispiel eines Briefwechsels mit „Dr. Lernfix" auf AB 2b), LHB S. 137.

➤ **AB Kp 3,2b): Persönlicher Brief, LHB S. 137**

Sowohl die inhaltliche Auseinandersetzung mit dem Thema als auch die sprachlichen Mittel dieser Einheit münden in die Aufgabenstellung des Verfassens eines persönlichen Briefes im Test auf S. 50 im Kursbuch, wie sie auch in der ZMP gefordert wird.

3
2

Öfter mal entspannen

Schwerpunkt dieser Einheit: Dass Stress die neurophysiologischen Vorgänge im Gehirn blockieren kann, ist bekannt. Deshalb hier die Möglichkeit für die KT, sich zurückzulehnen und von der Kassette Anweisungen zur Entspannung zu hören bzw. selbst zu befolgen. Übertragen auf das Hören in der Fremdsprache bedeutet Stressabbau aber auch, die Flut der Informationen beim Hören zu reduzieren, indem Hörinteressen definiert und gezielt nur bestimmte Informationen herausgehört werden. So fördern und unterstützen Aufgaben und Lerntipp dieser Einheit das selektive Hören.

1. Einstieg ins Thema.

Binnendifferenzierung:
Lassen Sie die KT nach Interesse zwischen A (Beschreibung der eigenen Stresssymptome) und B (neurophysiologische Erklärung dafür) wählen, und nutzen Sie die entstehende *Informationslücke* zwischen beiden Gruppen für den anschließenden Austausch. Das ermöglicht authentische Kommunikation.

Hören

2.–3. Auch in der Muttersprache folgen wir nur ganz selten einem einzigen Hörstil. Auch hier steht am Anfang orientierendes/kursorisches Hören. Wichtig für das Verständnis der in der Hörfunksendung angebotenen Entspannungsmethoden ist der Schlüsselbegriff „Achtsamkeit". Lösungen im KB, S.187.

Kollektives Wörterbuch:
Eine effektive Art, neuen Wortschatz zu klären, ist es, Vorwissen, Hypothesen und Wörterbucheinträge aller KT zu sammeln und auszuwerten. Nur in ganz seltenen Fällen wird zusätzlich die Erklärung durch die KL nötig sein.

Der Hörtipp „Selektives Hören" erläutert und begründet das Vorgehen in Höraufgabe 3. Herauszuarbeiten ist auch hier wieder, dass dies nicht ein Vorgehen ist, das speziell für die Fremdsprache gelernt werden muss, sondern dass muttersprachliches Hören in vielen Fällen genau so vor sich geht und dass es für die Reduzierung der Anforderung beim Hören deutscher Texte wichtig sein kann, vor dem Hören das Hörinteresse festzulegen (vgl. Ratgeber Lernen, S. 176).

Wortschatz
4. Fakultativ; vor allem, wenn der Anleitungstext für die Gruppe zu schwierig ist. Zur Vertiefung des Wortschatzes hier detailliertes Hören. Lösungen im KB, S. 187.

5.–6. Gelegenheit, die angebotenen Entspannungsmethoden auszuprobieren bzw. zu beurteilen.

Binnendifferenzierung:
Stellen Sie es den KT frei, die Entspannungsmethoden auch wirklich im Unterricht auszuprobieren. Treffen Sie die nötigen Vorbereitungen (Rosinen besorgen, Tische beiseite rücken, Matten oder Decken bereithalten). Teilen Sie gegebenenfalls die Kursgruppe und gehen Sie in getrennte Räume. In diesem Fall müssten Sie natürlich mehrere Kassettenrecorder einsetzen, oder Sie leiten die Übung selbst an.

Grammatik und Wortschatz

7.–8. Eigentlich eine Wiederholung von Grundstufenstoff. Hier geht es darum, für die Registeradäquatheit von Anweisungen und Aufforderungen zu sensibilisieren und darauf hinzuweisen, dass der reine Imperativ als Form der Aufforderung im Sprachgebrauch eher als unhöflich empfunden wird und deshalb auf andere sprachliche Mittel ausgewichen wird.

AB Kp 3,3: Fakultativ. Häufig ist den KT auch auf Mittelstufenniveau die Möglichkeit, begleitende Sachverhalte in Modal- und Instrumentalsätzen auszudrücken, nicht geläufig. Deshalb hier die entdeckende Grammatikarbeit anhand des Textes „Verhaltenshinweise", der an die Sprachhandlung der Einheit anknüpft. Lösung: Es handelt sich natürlich um einen Deutschkurs. Um die Spannung zu erhalten und die Beantwortung der Frage, „Um was für eine Veranstaltung handelt es sich wohl?" zu erschweren, können Sie den KT diesen Text auch als Diktat geben und erst dann das Arbeitsblatt austeilen.

➤ **AB Kp 3,3: Modal- und Instrumentalsätze, LHB, S. 138**

Das Arbeitsblatt Kp 3,4a) ist fakultativ: Es ist auch im Anschluss an Aufgabe 6 im KB S. 45 möglich.

➤ **AB Kp 3,4a): GR: Finalsätze, LHB, S. 139**

Das Arbeitsblatt ist ein Beispiel für die selbst entdeckende Grammatikarbeit in *Unterwegs*. Das Vorwissen der KT wird aktualisiert, um die individuellen Kenntnisse durch das Wissen der Gruppe und schließlich durch die GR-Übersicht zu erweitern. Nach der semantischen Klärung der Strukturen folgt deren syntaktische Einordnung in das Schema, das sich im Lehrwerk bei allen semantischen Bezügen wiederholt und als Merkhilfe dient.

➤ **MB, GR 3.1, S. 133 f.**

3

3

Deutsch am Genfer See

Schwerpunkt der Einheit: Die Rezeption eines längeren, aber sprachlich nicht besonders schwierigen Ausschnitts aus der Autobiographie von Elias Canetti bietet Gelegenheit, eigene – auch frustrierende – Erfahrungen beim Deutschlernen zu artikulieren. Gerade die außergewöhnlich harte Methode, die Canettis Mutter anwendet, um dem Achtjährigen Deutsch beizubringen, ist Anlass, Lehrmethoden zu reflektieren und die kulturelle Geprägtheit von Unterrichtsstilen zu diskutieren. Am Schluss wird – ähnlich wie Canetti sich sein Erlebnis „von der Seele geschrieben hat" – den KT angeboten, eventuell als „Ventil" ein Kurstagebuch zu führen. Zur Formulierung der Bedingungen, unter denen (gut) Deutsch gelernt wurde und wird, dient die Beschäftigung mit den Konditionalsätzen.

Sprechen

1. Zur Vorbereitung des Lesetextes Reflexion eigener Lernerfahrungen.

Binnendifferenzierung:
Bieten Sie KT, die nicht so gerne Persönliches preisgeben, Aufgabe A an. Diese Aufgabe kann auch umformuliert werden in eine Vorbereitung auf die mündliche ZMP Prüfung. Wählen Sie dazu eine der Illustrationen aus der Collage aus und übernehmen Sie dazu die Fragestellung (Aufgabe 1, Mündliche Kommunikation) eines beliebigen Modellsatzes.

Grammatik: Konditionalsätze

2.–3. Fakultativ: Wiederholung von Konditionalsätzen und Ausdruckserweiterung durch adverbiale und präpositionale Ausdrücke. Zwei Spiele dazu hier im Lehrerhandbuch auf S. 139.

➤ **AB Kp 3,4b): GR: Konditionalsätze, LHB S. 139**

Lesen

4.–5. Um einen emotionalen Zugang zum Text zu ermöglichen, hier bewusst die Reduktion auf den ersten Teil (Zeile 1–45) und Textfragen, die eine Identifikation mit Canetti als Kind fördern. Anschließende Textarbeit anhand lernerzentrierter Aufgaben.

Lerner machen Aufgaben selbst:
Der große Vorteil lernerzentrierter Aufgabengestaltung liegt darin, dass alle KT aktiv sind im Gegensatz zum traditionellen lehrerzentrierten Vorgehen, bei dem die KL fragt und nur ein KT antwortet, während alle anderen passiv bleiben. Außerdem stellen die KT Fragen, die sie *selbst* interessieren (= authentische Kommunikation). Der Spiel-Charakter erhöht den Spaß. Achten Sie nur darauf, dass die einzelnen Gruppen auf die Fragen, die sie formulieren, auch die richtige Antwort parat haben, ehe es losgeht.

6. Fakultativ; Lösungen im Kursbuch auf S. 187. Auf Arbeitsblatt Kp 3,6 befindet sich u.a. ein zusätzlicher Test, der das Verständnis des gesamten Textes überprüft.

➤ **AB, Kp 3,6: Zusätzlicher Test, LHB S. 140**

Rollenspiel oder Diskussion

7. Inhaltliche Auseinandersetzung mit der dargestellten Unterrichtsmethode.
A: Ermuntern Sie die KT, die sich für die Inszenierung entscheiden, gegebenenfalls der Geschichte auch eine andere Wendung zu geben und einen nicht so gehorsamen Elias darzustellen.

Rollenspiel, Inszenierung durchführen
Ausschlaggebend für den Lernerfolg bei Rollenspielen ist, dass die KT ihre vorher festgelegten Parts nicht vom Blatt ablesen, sondern wirklich frei sprechen. Um dies zu erleichtern, teilen Sie jedem Spieler einen oder eine Gruppe von „Doppelgängern" zu, die ihm weiterhelfen, wenn er ins Stocken gerät, indem sie an seiner Stelle mögliche Antworten geben oder Fragen an die Mutter stellen. So kann bei diesem Rollenspiel auch die Auseinandersetzung zwischen „Mutter" und „Sohn" „angeheizt" werden.

B: Vor allem Frage d) ist interessant bei multikulturellen Kursgruppen, da die nordeuropäische eigenverantwortliche Lehr- und Lernmethode erheblich von anderen Kulturen abweichen kann. Die KT können hier auch ihre Schwierigkeiten mit dem autonomen Lernen artikulieren. Wichtig ist hier wie auch bei den Lerntipps, dass es keine gesicherten Erkenntnisse darüber gibt, welche Lehrmethode erfolgreicher ist. Vielmehr unterstreichen neuere Forschungen die Bedeutung der subjektiven Einschätzung von Lernmethoden durch die KT: So kann ein KT sehr wohl Lernen unter Stress und Druck als effizient empfinden, während ein anderer eine solche Atmosphäre als hinderlich empfindet.

Schreiben

8. Stellen Sie es den KT frei, ein Kurstagebuch zu schreiben und auch, ob sie frei oder nach dem vorgegebenen Modell auf dem Arbeitsblatt ihre Lernerfahrungen dokumentieren möchten. Wichtig ist jedoch, dass diese Tagebucheinträge nicht für die Öffentlichkeit bestimmt sind. Nach einer Eingewöhnungsphase kann sich dieses Tagebuchschreiben als festes „Ritual", beispielsweise am Ende jeder Kurswoche, etablieren. Geben Sie dazu ca. zehn Minuten Zeit und legen Sie gegebenenfalls Hintergrundmusik auf.

➤ **AB Kp 3,5: Ein Kurstagebuch schreiben, LHB, S. 140**

Transkript zum Hörtext:
Öfter mal entspannen

Teil 1
Sprecher:

Es gibt Entspannungstechniken, die sich ohne Schwierigkeiten in den Alltag integrieren lassen. Es geht z.B. in erster Linie darum „zu sein, wo man gerade ist, und nicht darum, irgendwo anders hinzukommen". Die Entspannung ist nicht das Ziel – sie ist eher eine Art „Nebenprodukt". Ziel ist vielmehr, voller Achtsamkeit in der Gegenwart zu leben. Das klingt selbstverständlich, und doch tun es die wenigsten. „Wir sind Meister im Vorbereiten auf das Leben, doch das eigentliche Leben gelingt uns nicht so gut. Wir können zehn Jahre für ein Diplom opfern und sind bereit, für einen Job, ein Auto, ein Haus oder etwas anderes sehr hart zu arbeiten. Es fällt uns aber schwer, daran zu denken, daß wir in diesem Moment lebendig sind", sagt der buddhistische Mönch und erfah-

rene Lehrer in Achtsamkeit Thich Nhat Hanh. Tatsächlich spulen die meisten von uns den Alltag gewohnheitsmäßig routiniert und gedankenlos ab. Während wir eine Sache erledigen, sind wir in Gedanken schon bei der nächsten oder denken über Vergangenes nach. Wir spielen z.B. mit den Kindern und denken an die fällige Steuererklärung. Oder während der Fahrt zur Arbeit wird die Sprachkassette im Auto abgehört. Bügeln findet vor dem Fernseher statt. Das Ergebnis: auf die Dauer fühlen wir uns leer und erschöpft.
Hier nun einige Übungen, die uns zeigen können, nicht nur, wie wir möglichst effektiv entspannen können, sondern wie wir wieder in die Gegenwart finden und die Kontrolle über unser Leben zurückgewinnen können.

Teil 2

Sprecher:
Der beste und direkteste Weg zur Achtsamkeit führt über die Atmung.

Hören Sie Übung 1: Achtsam atmen.

Legen Sie sich möglichst gerade auf den Rücken, z.B. auf den Boden. Schließen Sie die Augen und legen Sie eine Hand auf den Oberbauch. Richten Sie Ihre Aufmerksamkeit auf diese Hand: Nehmen Sie wahr, wie sie sich im Rhythmus Ihres Atems auf und ab bewegt. Auf und ab. Auf und ab.
Vielleicht tauchen zwischendurch auch andere Gedanken und andere Wahrnehmungen auf. Nehmen Sie sie ruhig wahr und lassen Sie sie an sich vorbeiziehen. Konzentrieren Sie sich dann wieder ruhig auf Ihre Hand und auf Ihren Atem. Auf und ab. Auf und ab. Nehmen Sie Ihre Gedanken und Gefühle wahr und kehren Sie anschließend immer wieder zu Ihrem Atem zurück. Nehmen Sie wahr, wie der Atem den Bauchraum füllt und wieder verläßt. Ein und aus. Ein und aus.
Nehmen Sie sich jeden Tag Zeit für diese Übung. Z.B. eine Viertelstunde auf dem Rücken. Schaffen Sie sich immer wieder einige Ruhemomente, sogenannte „Achtsamkeitsinseln" während Ihrer Arbeit.

Sprecher:
Eine weitere Achtsamkeitsübung, die gut für den Alltag geeignet ist, ist die Geh-Meditation. Ziel ist es, die Achtsamkeit auf das Gehen zu richten.

Übung 2: Achtsam gehen

Nehmen Sie sich 10 Minuten Zeit und suchen Sie sich einen Platz, an dem Sie ungestört sind. Stellen Sie sich aufrecht hin, atmen Sie tief durch und nehmen Sie wahr, wie Ihre Füße den Boden berühren. Nehmen Sie ihre Zehenspitzen wahr, den Fußballen, dann die Ferse. Nehmen Sie dann den Fuß als Ganzes wahr: erst den linken, dann den rechten, wie sie beide heute auf der Erde stehen. Beginnen Sie dann langsam mit dem Gehen. Setzen Sie zunächst den rechten Fuß vor und rollen Sie ihn ab: langsam ziehen Sie dann den linken nach. Nehmen Sie jeweils wahr, wie Sie Ihren Fuß abrollen. Setzen Sie langsam einen Fuß vor den anderen, einen vor den anderen. Nehmen Sie weiter wahr, wie Ihre Fußsohlen den Boden berühren und dann wieder davon ablösen. Konzentrieren Sie Ihre Wahrnehmung nur auf das Gehen. Wenn Gedanken kommen, lassen Sie sie kommen, Sie nehmen sie wahr und akzeptieren sie. Lassen Sie sie dann los und wenden Sie sich wieder Ihren Füßen zu. Wenn Sie möchten, gehen Sie jetzt auch einmal schneller, dann wieder langsamer. Finden Sie heraus, wie heute Ihre Gehbewegung ist.
Nehmen Sie dann auch Ihren Atem wahr und gleichen Sie ihn Ihrem Gehen an: Drei Schritte einatmen, dann drei Schritte ausatmen. Aber strengen Sie dabei Ihren Atem nicht an. Machen Sie auch diese Übung häufiger im Alltag. Statt zum Supermarkt zu hetzen, lassen Sie sich Zeit, gehen Sie den Weg mit Achtsamkeit und Aufmerksamkeit und nehmen Sie Ihre Schritte, sich selbst, den Weg und Ihre Umgebung bewusst wahr.

Sprecherin:
Übung 3: Achtsam genießen

Wie schmeckt z.B. eine Rosine? Nehmen Sie eine einzelne Rosine in die Hand. Betrachten Sie sie, als ob Sie sie zum ersten Mal sehen: Wie würden Sie ihre Farbe beschreiben? Wie ihre Haut? Was fällt Ihnen ein zum Wort „Rosine"? Nehmen Sie sich Zeit, aber denken Sie nicht zu lange nach. Riechen Sie an der Rosine, nehmen Sie ihren Geruch wahr. Dann erst führen Sie die Rosine langsam zum Mund. Kauen Sie sie mit Genuss und konzentrieren Sie sich auf den Geschmack der Rosine. Konzentrieren Sie sich auf das Kauen. Schlucken sie die Rosine nicht einfach hinunter, sondern machen Sie sich ganz bewusst: Jetzt schlucke ich eine köstliche Rosine. Stellen Sie sich anschließend vor, wie die Rosine vom Mund in den Magen wandert.
Lernen Sie auch sonst im Alltag langsam und ohne Ablenkung und mit Genuss zu essen.

Materialienbuch	Kursbuch	Zusatzmaterial im LHB
Kapitel 4.1		
S.31: **Das Hemd des Glück-**	1. **Einstieg**	Transkript zum Hörtext 1:
lichen	2. **Hören**	Das Hemd des Glücklichen,
Lied	3. Intonation	S.46
	4. **Schreiben**	AB 1: Satzschalttafel, S.142
	5. Lesen	
	6. **Diskussionsspiel**	AB 2: Talkshow-Fragen, S.142
	7.–8. GR: Generalisierende	AB 3: Lückentext, S.143
	W-Relativsätze	
Kapitel 4.2		
S.32: **Mit 95 noch auf der**	1.–3. **Lesen**	AB 4: Tabellarische Lebens-
Höhe.	4.–4. **Beschreiben**	läufe, S.144
Zeitungsreportage	6. **Gespräch**	
S.33: **Festgenagelt.**		
Zeitungsreportage		
Kapitel 4.3		
S.34: **Auch du wirst nicht**	1. Wortschatz	
jünger.	2.–4. **Hören**	Transkript zum Hörtext 2:
Rundfunkinterview	5. **Landeskunde**	Auch du wirst nicht jünger,
	6. **Sprechen**	S.47
	7. **Hören**	
	8. **Gespräch**	AB 5: Verben mit Präposi-
	9. Schreiben	tionen, S.145
	10. **Sprechen**	
	11. Projekt	
	Unterwegs	
S.35: ZST: **Im Volksgarten**		
Erzählung		

Das Hemd des Glücklichen

> **Schwerpunkt der Einheit:** Einstieg in das Thema *Glück* über Brainstorming, gemeinsames Hörver-
> stehen des Märchens, phonetische Arbeit mit dem Hörtext und Diskussion über das Thema.

1. Die Teilnehmer sollten in zwei oder drei Gruppen mit einem der Brainstorming-Verfahren ihren eigenen Zugang zu dem Thema dieses Kapitels erarbeiten, und, wenn sie mögen, ihre Ergebnisse in der Kursgruppe veröffentlichen. Eventuell kann hier auch die Einstiegscollage im Materialienbuch S.30 herangezogen werden.

Ein Märchen hören

2. Lerntipp „Ganz genau hinhören" und Aufgabensequenz „Hören Sie ein Märchen…":
Sie finden auf dem Arbeitsblatt 1 eine sehr einfache Übung, mit der Sie Ihren Teilnehmern die folgenden Höraufgaben erleichtern oder sogar ersparen können, um z.B. schnell zu einem Geländer für
eine Nacherzählung oder Ähnlichem zu kommen.

➤ **AB Kp 4.1, Satzschalttafel, LHB, S. 142**

Was einzelne Lerner gehört oder verstanden haben, wird bei diesem Verfahren an der Tafel fixiert. Dabei kann es passieren, dass – je nach Lernstand des Kurses – schon auf den ersten Anhieb alles zusammengetragen wird, was notwendig ist, um den Text vollständig und richtig wiederzugeben. Aber auch wenn die Einzelnen nur wenig von dem Hörtext behalten haben: Bei dem in Aufgabe 2 a) bis c) vorgeschlagenen methodischen Vorgehen ergibt sich ein Gesamtwissen der Lerngruppe, das in jedem Fall größer ist als das des Einzelnen und das sich durch die Beiträge aller Lerner auch schneller erweitert. Aus diesem Gesamtwissen kann dann jeder einzelne Lerner zu seinem eigenen Verstehen beim wiederholten Hören und zur Wiedergabe seine eigenen Verständnislücken füllen.

Den methodischen Schritt von 2. a) können Sie bewegungsreicher gestalten: Lassen Sie einfach alle Teilnehmer die Sätze, Teilsätze und Wörter, die sie verstanden haben, selbst an die Tafel schreiben. Sie können die gesamte Aufgabensequenz dazu nutzen, sich von Ihrer dominierenden Lehrerrolle ein wenig zurückzuziehen:

Die Gruppe als Unterrichtsorganisator
Lassen Sie z.B. in 2. a) zwei Kursteilnehmer die Tafelnotizen machen; in b) moderieren zwei Teilnehmer das Gespräch; in c) bedient ein Teilnehmer das Kassettengerät, ein anderer moderiert und ein dritter vervollständigt den Tafelanschrieb.
Wenn Sie öfter mal in dieser Weise unterrichtsorganisatorische Aufgaben delegieren, kommen Ihnen nach und nach selbst weitere Ideen für neue Lerneraktivitäten. Dabei sollten Sie auch die Ideen Ihrer Lerner/-innen aufnehmen. Auf diese Weise werden Sie irgendwann von der Alleinunterhalter-Rolle entbunden.

2. d): Zusätzlich zu der Partnerarbeit können Sie zwei bis drei Paare oder einzelne Teilnehmer, die das mögen und gut können, das Märchen im Plenum nacherzählen lassen.
Wenn Sie Glück haben, gibt es in Ihrem Kurs musikalische Lerner/-innen, die spontan und fingerschnippend den Sprechgesang in der Textpassage „Lied des Glücklichen" wortgetreu nachempfinden und Spaß daran haben, dies öfters zu tun; geben Sie diesen Lernern auch bei den Nacherzählungen der anderen ihren Einsatz. Oder vielleicht haben Sie selbst Spaß daran, diesen Part zu übernehmen? Es fördert die gute Laune in Ihrem Kurs.

Intonation

3. Lassen Sie die Lerner/-innen mehrfach die Passage mit dem „Lied" des Glücklichen von der Kassette hören und zunächst im Chor nachsprechen. Lassen Sie dann auch die Lerner einzeln nachsprechen, treten Sie dabei vor jeden einzelnen Lerner und korrigieren Sie phrasenweise dessen Intonation, Rhythmus und Aussprache im Wechsel mit der Kassette. Haben Sie keine Scheu: Den Lernern macht das meist sehr viel Spaß!
Wenn die Kursgruppe aus mehr als acht Teilnehmern besteht, sollten Sie für diese Übung den Kurs teilen. Während Sie mit einer Kleingruppe üben, können die anderen Teilnehmer/-innen z.B. die Aufgabe 4 bearbeiten.

Das Märchen weiterschreiben

4. a) Der Titel des Märchens kennzeichnet eine faktische Seite dieser Geschichte. Beim Nachdenken über einen möglichen anderen Titel haben die Teilnehmer Gelegenheit, eine ihrem Verständnis nach in dieser Geschichte vermittelte Idee zu formulieren, (wie z.B. „Grenzen der Macht", „Gesundheit kann man nicht teilen" oder „Der Unschuldige") und der Gruppe zu erklären.
b) Das Märchen endet mit einer Pointe, deren Wirkung darin besteht, dass der Zuhörer die unausgesprochenen Konsequenzen selbst erfindet. Das eigentliche Ende der Geschichte wird also gar nicht mehr erzählt, sondern entsteht erst in den Köpfen der Zuhörer. Die Schreibaufgabe gibt Gelegenheit, diese Phantasien zu formulieren und in der Gruppe auszutauschen.

<u>Veröffentlichung von Schreibergebnissen</u>
Besser als zeitaufwendiges Vorlesen sind häufig Umlauf- oder Aushangverfahren (Pinnwand), bei denen jeder Teilnehmer alle Schreibergebnisse lesen und, wenn er möchte, Kommentare notieren kann. Die Kommentare können z.B an den jeweiligen Schreiber adressiert oder an dessen Schriftstück angeheftet werden.

Diskussion

6. Sie finden im Zusatzmaterial (AB 2) einen Vorschlag zur Strukturierung des Diskussionsspiels. Die Teilnehmer können sich in Arbeitsgruppen auf die Fragen a) - d) vorbereiten und je einen aus der Gruppe für die Talk-Show delegieren. Oder Sie schlagen z.B. solche Kursteilnehmer/-innen für die „Talk-Runde" vor, die sich etwa mit besonders originellen Ergebnissen der Schreibaufgabe als prominent erwiesen haben. Den Part des „Talkmasters" sollten Sie im Zweifel selbst übernehmen.

➤ **AB Kp 4,2: Talkshow-Fragen, LHB, S. 142**

7.–8. Die Lerner sollten die Regeln möglichst selbst finden. Schreiben Sie einige Beispielsätze aus dem Kursbuch oder aus der Grammatik (im Materialienbuch, S. 153) an die Tafel oder auf eine Folie, und lassen Sie die Teilnehmer/-innen die Kasus der w- und d-Pronomen bestimmen. Erfragen Sie, ob die Teilnehmer die Regelmäßigkeit bei der Einsparung des d-Pronomens entdecken; lassen Sie auch Haupt- und Nebensatz bestimmen (Verbstellung).

➤ **AB Kp 4,3: Lückentext, LHB, S. 143**

Zwei Porträts

4

2

> **Schwerpunkt der Einheit:** Diese beiden authentischen Zeitungsreportagen (nur der zweite wurde ein wenig gekürzt) sollen durch bewusstes Anwenden orientierender und selektiver Lesearten auf den Umgang mit vergleichbaren Texten vorbereiten. Das Ausfüllen eines tabellarischen Lebenslaufs ist Vorbereitung auf beschreibende Sprechhandlungen. Weiter wird der Austausch von Informationen oder Meinungen zu Persönlichkeiten geübt.

Lesen: 1. Lerntipp und Aufgabe: Orientierendes Lesen

<u>Illustration der Lerntipps zu den verschiedenen Arten von Lesen</u>
Bieten Sie Ihren Teilnehmern folgende Vorführung: Schlagen Sie für alle Teilnehmer sichtbar eine aktuelle Tageszeitung auf und *lesen* Sie die ersten Seiten – für alle Teilnehmer hörbar monologisierend – im *globalen* Leseverfahren: „Na, was gibts denn heute Neues ... mal sehn ... *Fliegende Untertassen bei McDonalds ...* Was? ... Aha, da ist ja ein Bild ... *Neues Einweggeschirr für Hamburger-Stationen ...* Ach so, naja ... und hier ..."

Die Teilnehmer/-innen lesen dann den Lerntipp „Worum geht's?" (vgl. hierzu auch Text und Tabelle im „Ratgeber Lernen", Kursbuch S. 175f.)

Anschließend sollen die Teilnehmer das globale Lesen bewusst für die Auswahl-Aufgabe anwenden. Sie können diese Lesetechnik abschließend thematisieren: „Wie sind Sie bei Ihrer Entscheidung vorgegangen? Wie haben Sie das gemacht? ..."

Lesen: 2. Lerntipp und Aufgabe: Selektives Lesen

<u>Illustration des Lerntipps zu den verschiedenen Arten von Lesen (Fortsetzung)</u>
Sie schlagen wieder die Zeitung auf – „Mal sehn ob hier irgendwo was über dieses neue Einweggeschirr steht ... *UNO-Resolution über ...* Nee. *Tiffany senkt Preise ...* Nee. Aber hier: ... *Fliegende Untertassen ...*"

Die KT lernen auf diese Weise anschaulich, wie sie mit ihren Problemen umgehen können: „Wo steht, was ich wissen möchte?" Sie lesen dazu den Lerntipp (vgl. auch „Ratgeber Lernen", Kursbuch S. 175f.)

Anschließend wieder angewandtes selektives Lesen für den tabellarischen Lebenslauf. Sie lesen dazu den Lerntipp (vgl. auch „Ratgeber Lernen"). Der Lebenslauf soll als Vorbereitung sowohl für die Ausformulierung als auch für das Verstehen der Beschreibung in der kommunikativen Aufgabe 4 dienen. Darauf sollten Sie vor Durchführung von Aufgabe 4 hinweisen.
Die Lerner/-innen lesen das für ihren ausgewählten Text zutreffende Raster A oder B und vergegenwärtigen sich dabei die Selektionskriterien. Dann füllen sie entsprechend AB 4 aus. Der/die KL prüft die Ergebnisse auf Korrektheit.

▶ **AB Kp 4,4: Tabellarische Lebensläufe, LHB, S. 144**

Beschreiben

4. Eine Aufgabe, die authentische Kommunikation ermöglicht. Bei der Suche der KT nach Partnern für diese Aufgabe, die den anderen Text gelesen haben, sollten Sie die KT ermuntern, aufzustehen und sich im Kursraum zu bewegen.
Sie sollten die Partnerarbeit mit den im Kursbuch bereitgestellten Redemitteln begleiten: Stellen Sie sich zu den Paaren, helfen Sie den Teilnehmern mit fehlenden Wörtern und Satzkonstruktionen aus. Benennen Sie anschließend im Plenum etwa aufgetretene allgemeine Formulierungsprobleme und sammeln Sie Lösungsvorschläge an der Tafel oder auf dem Overheadprojektor.

5. Auswahl und Bearbeitung einer der drei Einschätzungsfragen: Die Teilnehmer beantworten die gewählte Frage einzeln in Stillarbeit (Notizen machen). Die Ergebnisse werden erst in der folgenden Aufgabe 6 ausgewertet.
Beraten Sie auf Wunsch einzelne Teilnehmer in Bezug auf ihre Lesetechnik beim nochmaligen Lesen und auf die Frage, wie sie die für ihre Einschätzungen gefundenen Text-Belege auswerten.

Diskussion oder Streitgespräch

6. Die Teilnehmer arbeiten je nach Aufgabenwahl in Gruppen oder zu zweit. Begleiten Sie diese Phase beobachtend und helfen Sie nur auf Wunsch mit Formulierungsvorschlägen aus.
Beenden Sie die Phase im Plenum mit freundlichem Kommentar zur geleisteten Arbeit.

Auch du wirst nicht jünger

> **Schwerpunkt der Einheit:** Die Teilnehmer sollen sich über das Hören des Interviews mit Frau Albrecht in die Lebenswelt der alten Dame hineinversetzen und über historisch-landeskundliche und sprachliche Recherche zu kritischer Sicht und Bewertung kommen.

Wortschatz

1. Die Teilnehmer werden in Wörterbüchern nur Einträge zu *häkeln* und *Decke* finden.
Ermutigen Sie sie zu Hypothesenbildung, sinnvoller Auswahl aus umfangreichen Artikeln *(Decke)*, und Kombination der Gesamtbedeutung. Günstig hierbei: Partnerarbeit.
Funktion der Aufgabe: Sie ist ein Beispiel für Wörterbucharbeit, steuert gleichzeitig die Aufmerksamkeit auf einen bestimmten thematischen Zusammenhang und bietet dadurch auch eine Vorentlastung der folgenden Höraufgabe.

Im Folgenden beziehen sich

die Aufgaben	**2.** und **3.**	auf den	ersten	Teil des Hörtextes,
die Aufgaben	**4.**, **5.** und **6.**	auf den	zweiten	Teil des Hörtextes
die Aufgabe	**7.**	auf den	dritten	Teil des Hörtextes und
die Aufgaben	**8. A, B, C**	auf den	dritten	Teil und auf den gesamten Hörtext.

Vor der Bearbeitung der einzelnen Höraufgaben das Interview je nach Niveau der KT zuerst einmal im Ganzen hören.

Hören

2.–3. Partnerarbeit. Vergleich der Ergebnisse im Plenum. Bei starken Abweichungen Wiederholung und Korrektur auf der Grundlage der Hörkassette. (Transskript nur als letzte Instanz heranziehen.)

4. *Die Fragen zum Hörverstehen* a) - d) sind selektiv steuernde Höraufgaben mit steigender Komplexität; es empfiehlt sich für a) und b) einmal hören zu lassen und für c) und d) im Allgemeinen zweimal hören zu lassen; die Teilnehmer machen einzeln Notizen oder beraten nach dem Hören zunächst in Partnerarbeit und notieren dann gemeinsam; Austausch im Plenum, eventuell Wiederholung und Korrektur.

Deutsche Kriegsgeneration

5. Die Zeittabelle beinhaltet ein Rechenproblem: die Lösung findet sich über das Sterbejahr des Verlobten von Frau Albrecht: Sie sagt dazu, dass sie damals „vierundzwanzig Jahr" alt war und dass es das Jahr war, „als der Krieg angegangen ist, in Polen"; also war es das Jahr 1939; die anderen Daten lassen sich daraus ableiten.
Die Teilnehmer überlegen zunächst zu zweit; falls zu schwierig, geben Sie den obigen Hinweis.

Sprechen

6. *Interpretations- und Argumentationsaufgabe:* Helfen Sie bei der Partnerarbeit mit Formulierungen aus. Wenn Sie feststellen, dass Meinung und Gegenmeinung hinreichend vertreten sind, können Sie anschließend eine kurze Plenumsdiskussion anregen.

Hören

7. *Textrekonstruktion:* Die aufgelisteten Teilaussagen sind der vorletzten und der drittletzten Äußerung Frau Albrechts entnommen.
Sie können die Rekonstruktion erleichtern, indem Sie Ihren Teilnehmern empfehlen, aus der Liste die Aussagen von Frau Albrecht chronologisch anzuordnen. (vgl. die drittletzte Äußerung von Frau Albrecht). So ergibt sich sinngemäß der resignative Lebensüberblick Frau Albrechts in ihrer vorletzten Äußerung als Antwort auf die Eingangsfrage: „Wenn ich so darüber nachdenke, dann denk' ich immer, was hast'n eigentlich gehabt vom Leben?"
Einzel- oder Partnerarbeit, Korrektur durch wiederholtes Hören.

Wortschatz, Diskussion oder Gespräch

8. *Argumentationsaufgaben:*
A Diese Aufgabe ist nur für entsprechend interessierte Lerner geeignet.
Es geht um den schwierigen Kontrast zwischen lexikalisierter Wortbedeutung („erschütternd" = emotional „bewegend") und (ironischem) Sprachgebrauch „nicht erschütternd" = „armselig"/„langweilig".
B Interpretation einer Textstelle. Hier kann es sinnvoll sein, das Transkript zum Hörtext auszuteilen.
C Interpretationsaufgabe, die den gesamten Text übergreift. Bei Bedarf sollten Sie auch hier den Teilnehmern hierzu das Transskript zur Verfügung stellen.
Die Teilnehmer/-innen berichten in einem anschließenden Plenum über die Ergebnisse ihrer Recherchen.

Lebensläufe kommentieren

9. Sie können bei dieser Übung zunächst das Grammatikthema vorstellen und die Teilnehmer/innen nach ihrem Vorwissen bezüglich fester Verbindungen von Verben mit Präpositionen fragen. Sammeln Sie z.B. die Beispiele, die genannt werden, an der Tafel oder auf Folie. Fragen Sie die KT nach Möglichkeiten, sich diese Verbindungen einzuprägen. Lesen Sie dann gemeinsam den Lerntipp und lassen Sie anschließend die Schreibaufgabe durchführen. Sie können auch umgekehrt vorgehen und zuerst die Aufgabe vorstellen und anhand der in der Tabelle im Kursbuch gesammelten sprachlichen Mittel auf das Grammatikthema verweisen. Der Lerntipp wird dann erst nach Durchführung der Schreibaufgabe gelesen.

Die Teilnehmer/innen können sich beim Kommentieren der Lebensläufe eng an das vorgegebene Schema halten oder – wenn nötig mit Ihrer Unterstützung – sich mehr von der Vorlage lösen.

➤ **AB Kp 4,5: Verben mit Präpositionen, LHB, S. 145**

Anschließend können Sie das Arbeitsblatt „Verben mit Präpositionen" einsetzen (ggf. auch zur Binnendifferenzierung). Zerschneiden Sie die Tabelle auf dem Arbeitsblatt zu Kärtchen und verteilen Sie sie so, dass die eine Hälfte der KT je ein Kärtchen mit Verben bekommt und die andere Hälfte je ein Kärtchen mit einer Nominalgruppe. Die KT gehen dann im Raum herum und bilden Paare mit Satzteilen, die inhaltlich zueinander passen. Dazu muss natürlich die passende Präposition ergänzt werden (schreiben Sie dazu die Liste an die Tafel oder auf OHP) und das Nomen in den richtigen Kasus (Dativ oder Akkusativ) gesetzt werden. Außerdem sollte jeder KT ein oder zwei Sätze sagen, die seine persönliche Einstellung begründen oder demonstrieren. Z.B.: *Ich interessiere mich brennend ... ich selbst.* „Ja, ich interessiere mich brennend für mich selbst. Ich stehe zum Beispiel furchtbar gern vor dem Spiegel" – „Ich interessiere mich auch sehr für mich selbst, denn nur so finde ich etwas über andere Menschen heraus."

Gespräch und Diskussion

10. Nehmen Sie an den Gesprächsgruppen jeweils vorübergehend teil, ohne regulierend einzugreifen, um den Diskussionsbedarf zu registrieren.

Projekt und Unterwegs

Ermuntern Sie einzelne Teilnehmer zu den verschiedenen Aufgaben und geben Sie ihnen den nötigen Raum im Kursgeschehen. Schriftliche Ausarbeitungen werden allen Kursteilnehmern zugänglich gemacht.

Für das Verfassen des Referats kann das Arbeitsblatt aus Kapitel 2 hilfreich sein. ➤ **AB Kp 2,2 S. 142**

Transkript zum Hörtext 1: Gerhard Schöne, Das Hemd des Glücklichen

Ein König lag sterbenskrank in seinem Bett. Keiner der Ärzte und Weisen wusste noch, wie ihm noch zu helfen sei. Nur eine alte Frau meinte, es sei möglich, den König zu heilen. Dazu müsse man das Hemd eines glücklichen Menschen bringen. Darin könne der König gesunden.

Die Boten des Königs durchsuchten das ganze Land nach einem glücklichen Menschen. Aber vergebens. Nicht einer war zufrieden: Gesunde waren arm, Reiche kränkelten oder fühlten sich bedroht, manchen mangelte es an Liebe.

Verzagt kehrten die Boten um. Auf ihren Heimweg kamen sie abends an einer windschiefen Hütte vorbei und hörten dort jemanden vor sich hinsingen:

Ich bin glücklich, glücklich, glücklich!
Mein Radieschen war vorzüglich.
Herrlich wärmte mich die Sonne.
Bin lebendig lebenslang.
Hej!
Und es zuckt mir in den Füßen,
werde tanzen mit der Süßen
und mit ihr phantastisch schlafen!
Gott im Himmel, vielen Dank!

Die Boten des Königs klopften freudig an die Tür, dass sie gleich aus den Angeln fiel, und baten den glücklichen

Menschen, er möge dem König helfen und ihm sein Hemd schenken.

Da sagte der Glückliche: „Oh, das tut mir aber leid. Ich hab gar keins!"

(nach einem griechischen Märchen) © Buschfunk Musikverlag GmbH, Berlin

Transkript zum Hörtext 2: Auch du wirst nicht jünger.

Auszüge aus einem Rundfunkinterview von Joachim Bogdahn

Teil 1

Sprecher: Frau Albrecht wohnt allein in einer geräumigen Neubauwohnung. Ihr Mann ist vor drei Jahren gestorben, sein Foto steht auf der Kommode auf einer Häkeldecke. Auf dem braunen Samtsofa mit den Kordeln untendran sitzt Frau Albrecht. Drei Stunden die Woche kommt die Putzfrau, einmal die Woche Markus, der Zivi, sonst niemand.

Teil 2

Reporter: Wann haben Sie denn Ihren Mann kennengelernt?

Frau Albrecht: Da war ich schon 29. … Das heißt, da haben wir … da hatt' ich schon Falten … da haben wir schon geheiratet, mit 29. Dann hab ich ihn mit 28 kennengelernt. Im Krieg. Da war ja Krieg schon.
Es ist ein eintöniges Leben gewesen.
Mein Mann war auch hmm, nicht, wie soll ich sagen, nicht unternehmungslustig, der ist am liebsten zu Hause gewesen. Also hat man auch da nicht viel erlebt. Im Jahr sind wir halt einmal in Urlaub gefahren. Das Schlimmste, was ich erlebt hab, da war ich vierundzwanzig Jahr, und da war ich verlobt, und der war, als der Krieg angegangen ist, in Polen. Und das Flugzeug ist abgestürzt und, die waren alle … die ganze Besatzung war tot.

Reporter: Auch mit Ihrem Verlobten?

Frau Albrecht: Ja, der war auch tot.
Und der ist, den konnte man Gott sei Dank nach München überführen, der ist im Westfriedhof beerdigt.

Reporter: Sind Sie dann später noch mal an das Grab hingegangen?

Frau Albrecht: Da geh ich immer hin.

Reporter: Auch jetzt noch?

Frau Albrecht: Ja, jetzt lass ich mich fahren. Ich hab, von meiner Nichte die Tochter, die hat ein kleines Auto, und die fährt mich dann hin.

Reporter: Glauben Sie denn, dass Ihr Leben anders verlaufen wäre, … wenn Sie …

Frau Albrecht: Ja … Ja.

Reporter: Wie?

Frau Albrecht: Schöner.

Reporter: Können Sie was von Ihrem Verlobten erzählen? Wie Sie den kennen gelernt haben?

Frau Albrecht: Der war... hat bei uns in ... der ist bei uns ins Haus eingezogen. Und da haben wir uns kennen gelernt. Und es war schon, wenn ich sagen soll, es war eine ganz große Liebe. Meine große Liebe, wirklich.
Wir haben uns zusammengetan, so 'ne kleine Clique, mein Verlobter und sein... er hat 'nen netten Freund gehabt, und der hat wieder eine Verlobte gehabt, also wir waren immer zu viert, und da sind wir irgendwohin gefahren, wir sind sehr viel ins Gebirge, nicht im Winter, Ski gefahren sind wir nicht, aber im Sommer war'n wir sehr viel im Gebirge, zu viert, nich?

Reporter: Wie war das?

Frau Albrecht: Ach, das war herrlich! Das war herrlich! Es war eigentlich meine schönste Zeit. Muss ich sagen. Wenn ich mein ganzes Leben so, äh, vorübergehen lass', muss ich sagen, diese Zeit mit meinem Verlobten und mit diesem befreundeten Paar, wenn wir irgendwo hingegangen sind, das war meine schönste Zeit.

Teil 3

Reporter: Nicht nur der Verlobte starb. Schon als sie vier war, starb Frau Albrechts Vater. Vor drei Jahren ihr Ehemann, ihre Schwestern, ihre Kusine, ihre ganzen Freundinnen. Der Tod war ein treuer Begleiter ihrer Lebensgeschichte. Als ich gerade bei ihr bin, bekommt sie von der Ärztin einen Brief geschickt. Darin ein grüner Zettel mit der kommentarlosen Diagnose: Karzinom und Metastasen im Finalstadium. Der eigene Tod naht. …

Frau Albrecht: Ich muss sagen, ich hab mich abgefunden damit, dass ich nicht mehr lange lebe. Jeder Mensch muss mal sterben, und ich hab doch ein ganz schönes Alter erreicht. Manche müssen früher sterben.

Reporter: Denken Sie denn jetzt oft an den Tod?

Frau Albrecht: Ja, oft. Ich überleg mir immer: Geht das Leben weiter oder nicht? Das ist meine Überlegung. Ist dann gar nichts mehr da, oder vielleicht lebt die Seele weiter oder ... Manche Leute sagen ja, der Mensch stirbt zwar, der Leib stirbt, aber die Seele lebt weiter. Und das denk ich mir immer, das möcht ich wissen.

Reporter: Wenn Sie jetzt so auf Ihr Leben zurückblicken, was haben Sie dann so für Gedanken?

Frau Albrecht: Ich muss sagen, das ganze Leben rentiert sich eigentlich gar nicht. Was hat man?
Man wird geboren, man geht in die Schule, dann lernt man einen Beruf, und dann arbeitet man, und dann wird man alt und geht in Pension, wo man eigentlich auch nicht viel hat, weil dann die Krankheiten angehen, und dann stirbt man. Also ein Mensch in meiner Position. Es gibt natürlich andere Leute, die was vom Leben haben. Aber ich muss sagen, es war nicht erschütternd, das ganze Leben.

Reporter: Das hört sich ja sehr resignierend an.

Frau Albrecht: Ja, eigentlich bin ich schon ein bisschen resigniert, weil ich … wenn ich so drüber nachdenke, dann denk ich immer, was hast'n eigentlich gehabt vom Leben? Gearbeitet und gearbeitet, und schön ist es erst geworden, wo wir in Pension waren. Und da ist es natürlich nicht mehr so schön, als wenn man das alles als junger Mensch erleben könnte. Da wär's doch schöner! Und so ist man ja schon alt!

Reporter: Was wär denn dann Ihr Rat an die junge Generation …? An so Leute wie den Markus?

Frau Albrecht: So viel man kann alles genießen. Ich hab zum Beispiel eine Nichte … Nicht meine Nichte, die Tochter, und die genießt das Leben, die geht viel fort und hat eine große Gesellschaft, also viel Bekannte, und die ist dann net zu Haus' und, und das find ich schöner.

Materialienbuch	Kursbuch		Zusatzmaterial im LHB
Kapitel 5.1			
S. 38: **Die Schweiz.**	1., 2.–3.	**Einstieg**	AB 1: Wandzeitung, S. 146
Historischer Sachtext	4.–7.	**Lesen**	
S. 39: **Über den Kantönli-**	8.	**Ratespiel**	
geist in der Schweiz.			
Zeitungsreportage	9.–10.	**Begründen**	
	11.	Redewendungen	AB 2a) + b): Idiomatische
			Wendungen, S. 147, 148
Kapitel 5.2			
S. 40: **Österreich**	1.	Einstieg	AB 1: Wandzeitung, S. 146
Historischer Sachtext	2.	**Lesen**	
S. 41: **Mein Vaterland Öster-**	3.	**Schreiben**	
reich.			
Gedicht	4.	**Besprechen**	
	5.	Gedicht vortragen	
	6.	Schreiben	
Kapitel 5.3			
S. 42: **Die Bundesrepublik**	1.–2.	Einstieg	AB 1: Wandzeitung, S. 146
Deutschland.			
Historischer Sachtext	3.	**Lesen**	AB 3: Adjektivflexion,
S. 43: **Gebrauchsanweisung**	4.	GR: Formen des	S. 149 ff.
für Deutschland.		Adjektivs	
Essay	5.	**Beschreiben**	
	6.–7.	**Lesen**	
	8.	**Diskutieren**	
	9.	Abgrenzungen	
S. 44: ZST: **Berliner**			
💻 **Liedchen**			

Über den Kantönligeist in der Schweiz

Zur Einstiegscollage im Materialienbuch auf S. 36/37: Von Ihrer Gesamtplanung in Bezug auf dieses Kapitel hängt es ab, ob Sie diese Fotocollage vor der Arbeit mit den Einheiten oder am Ende besprechen wollen.

> **Schwerpunkt der Einheit:** Die Teilnehmer bekommen Gelegenheit, sich mit der historisch-politisch gewachsenen Vielfalt des Lebens in der Schweiz zu befassen und auseinanderzusetzen. Die Wortschatzarbeit zu Redewendungen im Deutschen ist vor allem für fortgeschrittene, gute Lernergruppen geeignet.

1. Als Zusatzmaterial finden Sie das AB1 zur Illustration und Anregung der Idee, dass die Teilnehmer vor und während der Arbeit an dieser Einheit eine Wandzeitung herstellen, auf der sie ihre Erwartungen, Fragen an das Thema, aber auch Erkenntnisse und Informationen festhalten und veröffentlichen können. Diese Aufgabe erfordert Initiative der Teilnehmer, die Sie fördern können, indem Sie notwendiges Material wie große Papierbögen, Stifte usw. zur Verfügung stellen.

➤ AB Kp 5,1: Wandzeitung, LHB S. 146

2.–3. Es könnte sein, dass die Teilnehmer, gerade durch die im Verhältnis zur Bedeutung der Schweiz relativ geringe geographische Größe und die erstaunliche Anzahl ihrer Gliedstaaten neugierig auf weitere Überraschungen werden und motiviert sind, sich weiter mit den Eigenheiten dieses Landes zu beschäftigen. Diese Aufgabe kann als Kursgespräch mit beschreibenden Redebeiträgen der Teilnehmer gestaltet werden, das gleichzeitig den folgenden Lesetext vorbereitet.

Lesen

4.–5. Die in der Aufgabe 4 genannten Kantone mit ihrem jeweiligen Textzusammenhang ermöglichen einen ersten Überblick über den Inhalt des gesamten Textes.
[ACHTUNG: Der Kanton *Schwyz* ist in der im Vergleich zum Original etwas gekürzten Textfassung in der 1. Auflage des Materialienbuchs nicht aufgeführt.]
Der Zusammenhang der in Aufgabe 5 genannten Kantone (+ nochmals St. Gallen) zeigt deutlich die gegenwärtige Konfliktlage und leitet über zu der im letzten Textabsatz beschriebenen Form der Erneuerung der Föderation.
Zur Überprüfung des Leseverstehens sollten Sie darauf achten, dass die Teilnehmer wirklich nur Stichworte notieren und nicht passagenweise aus dem Text abschreiben.

6. Nach der ersten paarweisen Überprüfung der Notizen unter den Teilnehmern können Sie die Teilnehmer auffordern, in der Gesamtgruppe mithilfe der Notizen, und ohne Zuhilfenahme des Textes, mündlich wiederzugeben, was über die Kantone ausgesagt wird. Nur in Zweifelsfällen und zur Korrektur wird der Text zu Rate gezogen.

7. Hier ist ganz genaues Lesen erforderlich. Vielleicht macht es Ihren Teilnehmern Spaß, die Textstellen herauszusuchen, aus denen die nicht zutreffenden Satzteile entnommen sind: Satz a) bezieht sich auf die Textzeilen 39 ff; der nicht zutreffende Satzteil ist, allerdings in negierter Form, der Formulierung in den Zeilen 51–53 entnommen. Satz b) stammt ausschließlich aus den Zeilen 63–67, das Attribut *hinter Gittern* wird fälschlich auf das Subjekt bezogen und die Ergänzung *einem Leben* zu dem Infinitiv *zu entkommen*, auf die es sich im Text bezieht, wird weggelassen.
Satz c) bezieht sich auf die Textzeilen 59–62; der nicht zutreffende 2. Satzteil stammt aus den Zeilen 69–72. Satz d) ist notfalls mithilfe der Tabelle auf Seite 38 zu klären: Unter den 26 Schweizer Gliedstaaten sind 6 Halbkantone.

Ratespiel

8. Das Spiel können Sie dadurch spannender gestalten, dass Sie jeweils ein Rateteam von vier bis fünf Teilnehmern bilden, das nach maximal zehn Fragen den Kanton geraten haben muss oder verloren hat. Die anderen Teilnehmer sind die Zuschauer, die, wenn sie wollen, den Zettel mit dem zu ratenden Kanton lesen können.
Bei dem Spiel kommt es darauf an, mit der richtigen Fragetechnik den Kanton einzukreisen. Die erste Beispielfrage (natürlich darf nur nach einer Sprache gefragt werden, weil sie sonst nicht mit *ja* oder *nein* beantwortbar ist) und die zweite Beispielfrage sind hierfür gut geeignet, die dritte nicht, weil sie nur auf einen Kanton gerichtet ist.

Begründen

9. Der Text zeigt fast nur problematische Aspekte des Föderalismus, da es der Schweizer Journalistin in ihrem Artikel darum geht, „alte Zöpfe" in der politischen Ordnung der Schweiz zu kritisieren. Im Unterrichtsgespräch sollten aber auch die positiven Aspekte des Föderalismus in der Schweiz herausgearbeitet werden: Offenheit für individuelle und kulturelle Vielfalt, Förderung von Eigenständigkeit, Selbstverantwortung und demokratischem Bewusstsein.
Mit dem Gespräch über negative und positive Aspekte des Föderalismus bereiten Sie die folgende Aufgabe vor und ermöglichen die Aufstellung eines ausgeglichenen Kontinuums

10. Nach der kurzen Vorüberlegung in 10.a), die Sie vielleicht noch etwas erläutern sollten, gestaltet sich diese Übung sehr bewegungsreich.

Meinungsschlange:
Teilnehmer, die anfänglich damit Probleme haben, sollten Sie ermutigen und erklären, dass diese Übung nicht im Sitzen vom Platz aus zu machen ist. In Kursen mit verschiedensprachigen Teilnehmern kann der Schritt b), in dem die Teilnehmer sich aufstellen, als zentrale sprachliche Handlung verstanden werden: Die Teilnehmer verständigen sich untereinander auf Deutsch darüber, wo ihre beabsichtigte Position in dem abzubildenden Kontinuum ist. Idealerweise befragt jeder jeden über seine Position und stellt sich im Verhältnis dazu neben den ihm am nächsten liegenden Nachbarn auf. Bei Schritt c) benennt jeder Teilnehmer nochmals „offiziell" seine Position dem Plenum. Daraus ergeben sich eventuelle Korrekturen in Schritt d).

Redewendungen

11. In dieser nicht ganz leichten Aufgabe geht es um den Umgang mit Redewendungen und figurativen Wortbedeutungen in der Fremdsprache. Bei der Hypothesenbildung zu ihrer Erklärung darf man die figurative (übertragene) Bedeutung einzelner Wörter oder Wendungen nicht unberücksichtigt lassen. Beim Nachschlagen im Wörterbuch muss einmal der richtige Begriff ausgewählt werden: meist ein Nomen (also *Zopf*, nicht *alt* oder *abschneiden*). Dann muss der Eintrag aufmerksam auf mögliche figurative Bedeutungen durchsucht werden. Interessant ist hier also weniger, was ein *Zopf* ist, sondern, wofür er steht.

11. b) und c) gehen einen Schritt weiter, indem zwei Redensarten miteinander vermischt werden. Wenn die figurativen Schlüsselbegriffe für beide Redensarten vorkommen (in c) 1. *Knie* 2. *Nagel* und *Kopf*), ist das Problem auch für Fremdsprachenlerner/innen mit dem Wörterbuch lösbar. In den Sätzen c) 3., c) 4. und c) 5. fehlt jeweils der zweite für das Wörterbuch relevante Schlüsselbegriff und findet sich deshalb in den drei Zeichnungen abgebildet.

Lösungshilfen: 11. b) Gemeint ist: Die Kantone denken weniger an das Gemeinwohl als an den Eigennutz. 11. c) Zur Auflösung der einzelnen Sprichwörter vgl. Lösungsschlüssel im Kursbuch, S.189. Zur Bedeutung der Aussagen: 1. *Er ist von seinen Eltern übers Knie gelegt worden*, d.h. *er wurde geschlagen*. 2. *Sie hat genau den Nagel auf den Kopf getroffen*, d.h. *sie hat genau das Richtige gesagt (und damit auch gleichzeitig möglicherweise jemand anderen vor den Kopf gestoßen)*. 3. *Ich würde jederzeit die Hand für ihn ins Feuer legen*, d.h. *ich traue ihm voll und ganz (und würde deshalb auch alles für ihn tun)*. 4. *Wenn du das tust, wirst du ganz schön in der Tinte sitzen*, d.h. *du wirst große Schwierigkeiten bekommen*. 5. *Da ist mir aber das Herz in die Hose gerutscht*, d.h. *da habe ich Angst (oder einen Schrecken) bekommen*.

➤ **AB Kp 5,2a) + b): Idiomatische Wendungen, LHB S.147 + 148**

Außerdem gibt es zum Thema *Redewendungen* zwei weitere Arbeitsblätter. Beim Arbeitsblatt 2b) schneiden Sie Anfang und Ende der Sprichwörter aus, vermischen die Teile und teilen sie unter den KT aus. Diese müssen anschließend herumgehen und die richtigen Paare bilden. (Sie können diese Aufgabe auch einfach zur Paarbildung oder Gruppenbildung für eine andere Aufgabe verschalten.)

Mein Vaterland Österreich

5

2

> **Schwerpunkt der Einheit:** Die historisch-politische Entwicklung Österreichs einmal in einem Sachtext nüchtern historisch betrachtet und einmal in subjektiver ironischer Darstellung eines Gedichts sollen von den Teilnehmern nachempfunden und – ebenso subjektiv-spielerisch – auf den eigenen landeskundlichen Hintergrund übertragen werden.
> Bei entsprechendem Interesse der Lerner kann auch zusätzlich eine österreichische, genauer Wiener Sprachprobe aus Kapitel 15 als Ergänzung herangezogen werden: Travnicek am Mittelmeer von Helmut Qualtinger.

1. Erstellen einer Wandzeitung (vgl. auch S. 49). ➤ **AB Kp 5,1, Wandzeitung, LHB S.146**

Lesen

2. Wenn Sie die Zeit haben und wenn es sich nicht unbedingt von der unterschiedlichen Teilnehmer-struktur her empfiehlt, können Sie die hier gestellte Alternative zwischen A und B auch aufheben und alle Teilnehmer beide Aufgaben nacheinander bearbeiten lassen. Erstens erleben auf diese Weise alle Teilnehmer an ihrer eigenen Textarbeit den Unterschied zwischen dem extensiven kursorischen und dem intensiven totalen Lesestil; zweitens ist es günstiger für die Bearbeitung der folgenden Aufgaben zu dem Gedicht von H.C. Artmann, wenn alle Teilnehmer die gleichen Vorarbeiten (besonders aus B) geleistet haben.

Wenn Sie die Gruppe differenziert in A und B arbeiten lassen, sollten Sie die Ergebnisse im Plenum vorstellen lassen und dabei auch die unterschiedlichen Leseweisen unter Einbeziehung der entspre-chenden Lerntipps nochmals besprechen.

A: Gegebenenfalls sollten die Lerner *zuerst* den Lerntipp zum kursorischen Lesen zur Kenntnis neh-men und *danach* die Aufgaben a) – d) entsprechend bearbeiten; die Aufforderung im Lerntipp, die *„folgenden* Aufgaben" kursorisch zu lesen, beziehen sich auf 2. A.

Die Aufgaben sind so gestellt, dass die Lösung leichter fällt, wenn nicht intensiv, sondern extensiv gelesen wird; sollten Ihre Teilnehmer generell zu totalem Lesen neigen, könnten Sie ihnen sagen, dass sie versuchen sollten, das Lesepensum in a) und c) in maximal fünf Minuten zu schaffen und unbe-kannte Wörter einfach einmal so „stehen" zu lassen, ohne im Wörterbuch nachzuschlagen.

B: Auch hier können Sie vor c) *zuerst* den Lerntipp auf der gegenüberliegenden Seite 65 zur Kenntnis geben!

Die in den Aufgaben a) und b) geforderten Tätigkeiten bilden sozusagen die Genauigkeit des Lesens ab: in dem Nachzeichnen der Ländergrenzen und in dem Vergleich Wort für Wort zwischen Text und Karten. Noch ein Tipp zu b): So wie der ersten Strophe des Gedichts die großflächige historische Karte zuzuordnen ist, und der zweiten die geschrumpfte aktuelle Karte der Bundesländer Österreichs, ent-spricht analog auch der optische Eindruck beim Vergleich des Schriftbildes der breitzeiligen ersten Strophe mit der dünnen zweiten. In Aufgabe c) geht es um Genauigkeit der Lektüre bis in die Buch-staben („gfürchteten", „Fahrradlberg"); diese winzigen, sehr leicht zu überlesenden Abweichungen von der sonst scheinbar sachlichen Aufzählung sind wichtige Signale für die ironischen Absichten des Textes.

Schreiben

3. Diese Übung ermöglicht eine authentische schriftliche Kommunikation zwischen den Kursteilneh-mer/innen mit spielerischen Elementen. Jeder kann seine persönliche Sichtweise formulieren.

Falls die Illustration zu Irritationen führen sollte: Bei dieser Übung soll *auf einem Zettel* oben der Vor-schlag eines Teilnehmers für eine Überschrift stehen und *auf demselben Zettel* darunter sollen die Kommentare der anderen Teilnehmer stehen.

Dieser und die anderen Zettel machen die Runde in der Gruppe, und am Ende hält jeder Teilnehmer eine vollständige schriftliche Rückmeldung der Gruppe zu seinem Vorschlag in Händen.

Besprechen

4. Zwei interessante Punkte für diese Aufgabe. Klanglich: die Ähnlichkeit zwischen der lateinischen Verbform „nube" und dem deutschen „juble" und „jodle". Inhaltlich: Dem glücklichen Österreich bleibt nun nicht mehr nur das Kriegführen, sondern auch das Heiraten erspart. Alliteration: **j**uble, **j**odle. [Anmerkung: Es ist historisch nicht belegt, dass der zitierte Satz tatsächlich von Maria Theresia stammt.]

Gedicht vortragen

5. Sie sollten den Lernern zunächst Gelegenheit geben, in Kleingruppen spontane Vortragsweisen auszuprobieren. Allerdings sollten Sie diesen Versuchen assistieren, und den Lernern vermitteln, dass erst auf der Basis einer richtigen Aussprache und Akzentuierung Variationen für den interpretativen Vortrag (in Intonation und Dynamik) möglich werden.

Schreiben

6. In dieser Übung soll das Gedicht von H.C. Artmann als Modell für Parallelgedichte der Teilnehmer benutzt werden. Wie aus dem Beispiel ersichtlich, sollen sich die Teilnehmer nur locker an die Vorlage und auch nur locker an historisch gesicherte Daten halten. Die Teilnehmer können Artmanns Gedicht nutzen, um mit ähnlichen sprachlichen Mitteln eine subjektive Stellungnahme auszudrücken zu ihnen vertrauteren historisch-geographischen Entwicklungen.

Beachten Sie: Das Beispiel soll nur veranschaulichen und nicht als eigener Text analysiert werden.

Zum Verständnis einige Hinweise: Die erste Zeile bezieht sich auf die Zeit der Hanse, in der Hamburg als Nordseehafen-Verbindung für die Spitzenstadt Lübeck diente; drei Jahrhunderte nach der Anlage einer Festung als nördlicher Vorposten der Kirche, aus der sich die Stadt Hamburg entwickelt hatte, kam es zu einer gräflichen Konkurrenzgründung, die Elbinseln und Vorstädte kamen nach und nach sehr viel später dazu; „butn Dammtor" galt lange Zeit als Synonym für „am Stadtrand"; „Heimweh nach St. Pauli" war in den 60-er Jahren ein beliebtes Musical; die Ausmaße der in der ersten Strophe benannten Stadt sind winzig im Verhältnis zu der in der zweiten Strophe bezeichneten heutigen Größe; *Oimbüddel* ist eine plattdeutsche Schreibweise für den offiziellen Bezirksnamen *Eimsbüttel*.

Gebrauchsanweisung für Deutschland   **5**

3

> **Schwerpunkt der Einheit:** Die Kursteilnehmer sollen geographische und historische Informationen über deutsche Bundesländer aufnehmen und dann spielerisch und zur grammatischen Übung (Wiederholung der Adjektivflexion) verarbeiten. Weitere Informationen zum Regionalismus in Deutschland entnehmen Sie dem Textauszug des russischen Autors Maxim Gorski, der locker und satirisch dieses Thema beschreibt. Die Erarbeitung des Verständnisses dieses Textes konzentriert sich auf die <u>wesentlichen</u> Aussagen des Autors, sodass eine Überforderung der KT durch den satirischen Sprachstil vermieden wird. Am Ende der Einheit sollen die KT noch einmal die Ausbeute dieses Kapitels reflektieren und eigene Wege zu weiteren Informationen entdecken und verfolgen.

1. Erstellen einer Wandzeitung (vgl. auch S. 49).   ➤**AB Kp 5,1, Wandzeitung, LHB S. 146**

2. Einstieg über Vorwissen der Teilnehmer. Es könnte sein, dass die Teilnehmer dabei einiges an Informationen (auch: Vorbehalte) über die jüngere Geschichte zusammentragen, was sie in unserem Kapitel nicht wiederfinden. Sie sollten das als Wunsch und Anregung der Teilnehmer zur weiteren Beschäftigung für die am Ende des Kapitels vorgeschlagenen Projekte festhalten.

Lesen

3. Kursorisches Lesen wie in 5.2 (vgl. S. 52), und nur bei Interesse der Teilnehmer an bestimmten historischen Aspekten intensiveres Lesen und Festhalten der offen gebliebenen Fragen (z.B. für die Projekte in Übung 9).

Grammatik: Formen des Adjektivs

4. Die Teilnehmer lesen hier geographische Gegebenheiten aus der Karte ab und setzen sie in einen beschreibenden Text mit dem grammatischen Schwerpunkt auf Adjektivendungen um. Dies in A als Leseverstehens- und in B als Schreibaufgabe. Korrektur für A und die Übungsanweisung zu B über Lösungsschlüssel; die fertigen Texte aus B sollten Sie korrigieren, bevor sie an die anderen Teilnehmer gegeben werden.

➤ **AB Kp 5,3: Adjektivflexion, LHB S. 149 ff.**

Auf den 3 Seiten des zusätzlichen Arbeitsblattes finden Sie 1. weitere Übungsvorschläge zur Adjektivflexion und 2. eine Übersicht zu den Regularitäten der Adjektivflexion.

Bei Interesse anschließender Test zu den landeskundlichen Informationen im Plenum oder in Zweiergruppen.

Beschreiben

5. Parallele Übung zum Hörverstehen und Sprechen; hier sollten Sie zur Unterstützung bei den Partnerarbeiten zur Verfügung stehen. Die Zeichnungen als Ergebnisse sprechen einerseits für die Qualität der Verstehens-, aber auch für die der Sprechleistung. Zeichnerisches Können sollte keine Rolle spielen.

Lesen

6. Es kann nützlich sein, die Lesezeit der KT bei dieser Aufgabe auf ca. 8 Minuten zu begrenzen, damit sie üben, den Text zu „überfliegen" und dabei zu verstehen, sich aber nicht an Einzelheiten „festzubeißen". Dieses erste Lesen dient zur Grobstrukturierung des Textes und zu einer ersten Reaktion speziell für Teilnehmer mit „Deutschland-Erfahrung". Achten Sie darauf, dass bei diesen ersten Beiträgen nicht schon der Text in seinen Details besprochen wird. **▶ Ratgeber Lernen, Kursbuch, S. 175**

7. Die Lösung dieser Aufgabe macht z.T. genaueres Lesen erforderlich und bietet zugleich Hilfen zur Texterschließung an. Einige Sätze können bereits als diskussionswürdige Thesen zur folgenden Aufgabe überleiten.

Diskutieren

8. Diese Aufgabe bietet die Möglichkeit für die Teilnehmer, sich bei der Textarbeit von ihrem eigenen Interesse an bestimmten Aspekten des Textes leiten zu lassen und andere KT für diese Fragestellung zu gewinnen. Sie sollten hier so wenig wie möglich eingreifen.

Abgrenzungen

9. Auch bei diesen kleinen Projekten sollten Sie die Initiative den Teilnehmern überlassen. Laden Sie ein, aber fordern Sie nicht. Schon wenn nur ein Teilnehmer aus wirklich freien Stücken eine Zusammenfassung oder eine kleine zusätzliche Information, eine These in die Gruppe einbringt, wäre das die beste Werbung für weitere Eigeninitiativen. Unterstützen Sie bei Bedarf mit dem Hinweis auf die Redemittelübersicht im Materialienbuch bzw. mit der Ausgabe des Arbeitsblattes zur schriftlichen Ausarbeitung eines Referats (vgl. AB Kp 2,2, LHB S. 131).
Sie können hier eventuell noch einmal die <u>Einstiegscollage</u> zur Reflexion über die Ergebnisse und Erkenntnisse aus diesem Kapitel heranziehen. Nutzen Sie die Fotos, um die spezifischen Begebenheiten der drei deutschsprachigen Länder noch einmal Revue passieren zu lassen.

Materialienbuch	Kursbuch	Zusatzmaterial im LHB
Kapitel 6.1		
S. 45: **Schreib mal wieder.** Fotocollage	1. Einstieg A oder B 2. **Schreiben: Textsorte nach Wahl**	AB 1a): Formelle Briefe, S. 152 AB 1b): Offizielle Anfragen, S. 153
Kapitel 6.2		
S. 46: ZST: **Brief von Sophie Mereau an Clemens Brentano**	1. **Einstieg** 2. **Lesen**	
S. 46: ZST: **Das Blatt (Franz Hohler)** Kurzprosa		
S. 47: **Liebesbriefe am Fließband** Zeitungsbericht	3. **Schreiben: Überarbeitung eines Liebesbriefes**	AB 2: Möglichkeiten der Ausdruckserweiterung 1, S. 154 AB 3: Möglichkeiten der Ausdruckserweiterung 2, S. 155
S. 48: ZST: **Alle Liebesbriefe sind … (Fernando Pessoa)** Gedicht	4. **Schreiben A oder B**	AB 4: Einen Liebesbrief schreiben, S. 156
Kapitel 6.3		
S. 49: **Schreiben ist nicht ohne Grund schwer (Peter Bichsel).** Essay	1. Einstieg 2. **Schreiben A oder B** 3. **Lesen: Orthographie**	
S. 50: ZST: **Deutsche Sprache – eine schwere Sprache.** Zeitungsnotiz	4. **Kursorisches Lesen** 5. **Lesen: Ja / nein Antworten** 6.–7. Sprechen: Diskutieren 8. Schreiben: A oder B oder C	

Schreib mal wieder

> **Schwerpunkt der Einheit:** Schreiben in der Mittelstufe ist meist mit einem negativen Beigeschmack belegt: Die KT erfahren hier am deutlichsten ihre Defizite, Mitteilungsabsicht und Ausdrucksfähigkeit klaffen weit auseinander, Schreiben wird oft als deprimierend und als lästige Pflicht betrachtet. Außerdem können viele KT mit Recht behaupten, sie bräuchten die Fähigkeit, Deutsch zu schreiben außer für eine eventuelle Prüfung kaum in ihrem Leben. Diese Einheit gibt Gelegenheit, die generelle Bedeutung des Schreibens für das Erlernen einer Fremdsprache zu reflektieren und realisiert Lernerorientierug im Unterricht dadurch, dass sie anbietet, als Training diejenigen Textsorten zu üben, die für die KT auch in ihrem (beruflichen) Alltag wichtig sind oder die sie gerne schreiben.

Sprechen

1. A Diskussion zur Bedeutung des Schreibens heute im privaten und beruflichen Bereich. Mögliche Beobachtungen: Schreiben verliert durch Telekommunikation im privaten Bereich an Bedeutung, nicht jedoch im beruflichen Bereich (Geschäftskorrespondenz, E-Mail etc.). Schreiben als

Kulturtechnik und „Schönschreiben" sind fast völlig vergessen. Briefe zu schreiben bzw. zu empfangen und zu lesen hat aber nach wie vor einen persönlichen, emotionalen Wert, der nicht durch andere Kommunikationsmittel ersetzt werden kann.

1.B Reflexion über die Bedeutung des Schreibens für den Erwerb einer Fremdsprache.

➤ **Ratgeber Lernen, Kursbuch S. 179**

Thesendiskussion:
Kopieren Sie die Thesen aus dem Kursbuch auf den oberen Rand großer Zettel (je nach Kursstärke mehrfach). Geben Sie jedem KT einen Zettel und bitten Sie ihn, andere KT über ihre Meinung zu diesen Thesen zu befragen und die Antworten in Stichworten auf das Papier zu schreiben. Anschließend sammeln die KT mit denselben Thesen die wichtigsten Antworten und stellen diese im Plenum vor. Dann folgen die KT mit anderen Thesen und den Antworten dazu.

Schreiben

2. Lernerorientierte Auswahl der zu trainierenden Textsorten. Entweder Sie lassen die KT frei entscheiden oder Sie schalten eine Befragung/Bedarfsermittlung im Kurs vor.

Was müssen bzw. würden Sie gerne auf Deutsch schreiben können? Sammeln Sie:

das muss ich häufig schreiben:	das muss ich gelegentlich schreiben:	das würde ich gerne können:

Aufgaben, Hilfestellung und Arbeitsblätter gibt es in *Unterwegs* zu folgenden Textsorten: formeller Brief (KB S. 134, LHB Kp 6,1a), S. 152), Beschwerdebrief (KB S. 134 f.), offizielle Anfrage (LHB Kp 6,1b), S. 153), tabellarischer Lebenslauf (LHB Kp 4,4, S. 144), persönlicher Brief (KB S. 50), Liebesbrief (KB S. 73–74, LHB Kp 6,2–4, S. 154 ff.), schriftliche Ausarbeitung eines Kurzreferats (KB S. 34, LHB Kp 2,2, S. 131), Gedicht (KB 1,2 S. 27, KB 5,2, S. 66, KB 6,3, S. 77).

➤ **AB Kp 6,1a): Formelle Briefe, LHB, S. 152**
➤ **AB Kp 6,1b): Offizielle Anfragen, LHB, S. 153**

Schreiben im Unterricht:
Damit Schreiben kein frustrierendes Erlebnis wird, sollte im Unterricht nicht das Geschriebene im Vordergrund stehen, sondern vielmehr das Schreiben als Prozess in den Kursraum integriert werden. Lassen Sie die KT nicht allein mit einem Auftrag wie „Schreiben Sie einen Leserbrief zu …", sondern holen Sie die Phasen des Planens, Entwerfens und Überarbeitens in den Unterricht und würdigen Sie schließlich die „Produkte", z.B. in Form von Wandzeitungen.

Zur gefälligen Beachtung: Regeln zur Verhinderung des Schreibens in der Fremdsprache: *(nach: Krumm, Fremdsprache Deutsch 1989,1)*

1. Sorgen Sie dafür, dass jedes einzelne Wort schon von Anfang an richtig geschrieben wird, das fördert das Wort-für-Wort-Denken und führt zu schwachen Schreibern.
2. Verlangen Sie das Schreiben von unbekannten Textsorten! Geben Sie die Textbeispiele anschließend zur Korrektur! Das ist der beste Weg zur Frustration!
3. Vermeiden Sie assoziatives Schreiben und sorgen Sie dafür, dass der gesamte Text bis ins Detail vorgeplant wird! Das lässt die Schreiber resignieren!
4. Erwecken Sie den Eindruck, dass Fehler um jeden Preis vermieden werden müssen. Die Teilnehmer schränken sich dann beim Schreiben ein und, um keine Fehler zu machen, schreiben Sie nur einen Bruchteil dessen, was sie schreiben wollten oder könnten.
5. Verbessern Sie Fehler deutlich, am besten mit roter Tinte. Das verstärkt die Schreibangst!

➤ **Lerntipp „Schreiben Schritt für Schritt", KB S. 30**

Liebesbriefe am Fließband

> **Schwerpunkt der Einheit:** Diese Einheit möchte die KT dafür sensibilisieren, beim Verfassen von Texten nicht nur auf das *Was,* sondern auch auf das *Wie* zu achten. Sie lernen Ausdrucksvarianten von Verben und Adjektiven kennen und üben „stilvolles" Schreiben anhand der Textsorte *Liebes-brief.* Ausgangspunkt dafür ist die Rezeption des Textes „Liebesbriefe am Fließband", der von dem sich wieder etablierenden Berufsbild des Schreibers berichtet, da Schreiben in den industrialisier-ten Ländern im privaten Bereich ein wenig zu einer vergessenen Kunst wird.

Lesen

1. Bereiten Sie die KT zunächst auf den spielerischen Umgang mit dieser Übung vor. Die fiktive Geschichte identifiziert die KT mit „Verliebten", die sich an das erwähnte Texterbüro wenden, um sich einen Liebesbrief an ihre Angebetete schreiben zu lassen. Laden Sie deshalb die KT ein, die Reise in ein Land ohne Telekommunikation mitzumachen, indem Sie selbst den Vorspann vorlesen oder Zweier-gruppen bilden, sodass ein KT dem anderen die Passage vorliest. Aufgabe 1 mündlich oder schriftlich.

2. Lesen des sehr leicht verständlichen Textes zur Überprüfung der Hypothesen.

Schreiben

3. Kern der Einheit: Verfassen eines „besseren" Liebesbriefes als den des Texterbüros. Zur Motivation der KT folgendes Spiel: Frauen- und Männergruppen bilden. Die Männer sagen, wie viel sie für den abgedruckten Brief bezahlen würden und warum, und die Frauen sagen, wie sie auf so einen Brief reagie-ren würden und warum.

Die Aufgabe verlangt bewusst die „Überarbeitung" eines Textes, bis die Schreiber zufrieden sind. So können die KT Spaß daran bekommen, statt der ewig gleichen Ausdrucksmittel beim Schreiben auch neue sprachliche Varianten auszuprobieren und den Unterschied zwischen „vorher" und „nachher" und damit den Sinn eines Überarbeitens eigener Entwürfe schätzen zu lernen. Wichtig der Hinweis im Lerntipp auf dem Arbeitsblatt zur Kontextualisierung von Ausdrücken durch ein Stil- oder Synonym-wörterbuch. Am besten die Methode einmal gemeinsam ausprobieren. Als Beispiel für einen „poeti-schen Liebesbrief" können Sie den Brief von Sophie Mereau an Clemens Brentano im Materialien-buch auf S. 46 heranziehen.

➤**AB Kp 6,2: Möglichkeiten der Ausdruckserweiterung 1, LHB, S. 154**
➤**AB Kp 6,3: Möglichkeiten der Ausdruckserweiterung 2, LHB, S. 155**

Binnendifferenzierung:
Gute Schreiber werden keine Schwierigkeiten damit haben, den Brief umzuformulieren, schwächere Schreiber nehmen die auf dem Arbeitsblatt angebotenen Ausdrucksvarianten zu Hilfe. Bei wenig Zeit nur Bearbeitung von Aufgabe 3 des Arbeitsblattes 6,3.

4. Verfassen eines Liebesbriefes ohne Vorgaben: KT, die viel Phantasie haben, bearbeiten A oder B a), diejenigen, denen meist „nichts einfällt", bearbeiten Aufgabe B b) und verwenden als Anregung die beiden Fotos auf dem Arbeitsblatt.

➤ **AB Kp 6,4, Einen Liebesbrief schreiben, LHB, S. 156**

Schreibwerkstatt:
Die hier unter Aufgabe A beschriebene Vorgehensweise beherzigt einige der oben beschriebenen Prinzipien von Schreibdidaktik im Fremdsprachenunterricht: Zum einen enthalten die Schritte b) bis d) die Phasen des Planens, Entwerfens und Überarbeitens, zum anderen liegt der Vorteil der Partnerarbeit darin, dass der Schreiber seinen Plan artikulieren muss, während das Gegenüber Rückfragen stellen kann zu Adressat und Mitteilungsabsicht. Gerade dass man sich Gedanken machen muss über Fragen wie: „Wem schreibe ich?" und „Was möchte ich eigentlich mitteilen?"

hilft Schreibern, die meist sehr schnell und unüberlegt drauflos schreiben, ohne zu verbessern und deshalb oft unbefriedigende Ergebnisse erzielen.

Schreiben ist nicht ohne Grund schwer

Schwerpunkt dieser Einheit: Peter Bichsel schätzt die Beurteilung eines Menschen nach seiner Fähigkeit, gut und orthographisch korrekt zu schreiben, kritisch ein und behauptet, das Schreibenkönnen sei Mittel gesellschaftlicher Auslese, was man bereits an der Überprüfung der Rechtschreibung in der Schule leidvoll spüren könne. Diese Einheit beschäftigt sich einmal mit der inhaltlichen Auseinandersetzung mit diesen Thesen zur Orthographie, und gibt andererseits Hilfestellung für individuelles Verbessern der Rechtschreibung. Rechtschreibung wird hier nicht per Drill trainiert, vielmehr wird ein lockerer, spielerischer Umgang mit ihr angeregt (Freiheitsgedicht, Gegenentwurf).

1. Der Einstieg macht den Sinn von Rechtschreibung deutlich, indem semantische Unterschiede durch verschiedene Schreibweisen ausgedrückt werden. Alternativer Einstieg über den Text „Deutsche Sprache – eine schwere Sprache" im Materialienbuch auf S. 50.

2. Je nach Interesse auswählen lassen. Lösungen des Quiz im Kursbuch auf S. 190.

Viele Professoren deutscher Universitäten und Lehrer an Gymnasien beklagen die völlig unzureichenden <u>Rechtschreibkenntnisse</u> der heutigen Jugend. Im Feuilleton der Zeitungen wird eine heftige Debatte über die möglichen Ursachen geführt. Nicht zuletzt deswegen gab es 1997 eine Reform der deutschen Rechtschreibung. Dennoch wird ein gewisses Maß an Rechtschreibfehlern bei Examensarbeiten toleriert, das heißt, nur selten besteht ein Proband aus diesem Grund eine Prüfung nicht. Trotzdem wirkt es aber in offiziellen Schreiben wie beispielsweise Bewerbungsschreiben oder in Beschwerdebriefen (vgl. Kapitel 12) absolut negativ, wenn Rechtschreibfehler enthalten sind. Man sollte also die KT darüber informieren, dass es sehr wichtig ist, vor dem Absenden eines Schreibens die Orthographie gegebenenfalls kontrollieren zu lassen. (➔ Rechtschreibduden).

Lesen

3. Im ersten Abschnitt von Bichsels Text wurde lediglich auf Kommasetzung und Groß- und Kleinschreibung verzichtet, im zweiten Abschnitt kommt „phonetische" Schreibweise hinzu. Lassen Sie eventuell die KT die Texte laut lesen; so treten die Verstehensschwierigkeiten deutlich hervor.

4. Für diese Aufgabe kommt nur kursorisches Lesen in Frage. Beschränken Sie deshalb die Lesezeit!

<u>Kernaussage eines Textes herausfinden:</u>
Die KT äußern in je einem Satz oder in Stichpunkten, was sie für die Kernaussage des Textes halten. Diese Beiträge notiert ein KT an der Tafel. Gemeinsam wird nun daraus ein Satz destilliert, der die wichtigsten Informationen enthält, indem an der Tafel Unwichtiges gestrichen und Wichtiges unterstrichen wird. Oft ergeben sich die Kernaussagen auch durch Mehrfachnennung der KT.

5. Die Sätze a) – g) fassen die Aussagen des Bichsel-Textes zusammen. Lösungen im Kursbuch auf S. 190.

Sprechen

6.–7. Sicherlich werden einige KT Schwierigkeiten mit der Beurteilung haben, da sie noch nie bewusst über Rechtschreibung nachgedacht haben, sie vielmehr als vorgegebenes Regelsystem akzeptiert haben. Helfen Sie, indem Sie *Ihre* persönliche Meinung äußern.

Schreiben

8. A und C sind alternativ, B eventuell als zusätzliche Übung.

A: Bevor die KT den Lerntipp lesen, fragen Sie sie, wie sie bisher ihre Rechtschreibung verbessert haben. Sammeln Sie die Antworten und ergänzen Sie die Aussagen durch die des Lerntipps. Wichtig ist der Hinweis, dass es je nach Muttersprache ganz verschiedene Problembereiche geben kann. Ermuntern Sie die KT, sich auf die häufigsten Fehlerquellen im Deutschen zu konzentrieren.

Projekt:

Handlungsorientiertes Lernen. Geben Sie für die Recherche mindestens 90 Minuten und für die Präsentation pro Gruppe mindestens 15 Minuten Zeit. Bilden Sie in multinationalen Kursen nationale Kleingruppen oder teilen Sie jedem Unterpunkt eine Gruppe zu. Steht keine Bibliothek zur Verfügung, so kopieren Sie gegebenenfalls den KT aus dem Vorspann des Rechtschreibdudens die *Richtlinien zur Rechtschreibung, Zeichensetzung und Formenlehre.*

Materialienbuch	Kursbuch		Zusatzmaterial im LHB
Kapitel 7.1			
S. 52: **Eine Liebes-** 📷 **geschichte** Erzählung	1.–2. 3.–5. 6.–7. 8.–10. 11.–12.	**Einstieg: Sprechen** **Hören** **WS: Personen beschreiben** **Sprechen** **WS: Gefühle aus-drücken**	AB 1: Wortschatz-Übung zum Leseverstehen, S. 157
	13. 14.	Projekt: Redemittel für Gefühlsäußerungen sammeln Inszenieren oder Schreiben	AB 2: GR: Passiv, S. 158
Kapitel 7.2			
S. 55: **Unglaublich aber** 📷 **wahr?** Moderne Sagen	1. 2. 3.–4.	Einstieg: Hören **Lesen** **Sprechen: Geschich-ten erzählen**	Transkript: In der Kneipe, S. 66
S. 56: ZST: **Moderne Sagen** Sachtext	5.–8. 9.	GR: Satzgliederung **Projekt: Erzählen, Schreiben, Lesen**	AB 3: Zusatzübung zum Leseverstehen, S. 159
Kapitel 7.3			
S. 58: **Das Märchen vom Glück** Kurzgeschichte	1.–2. 3.–5. 6.–10. 11.–13.	**Einstieg: Lesen** **Sprechen** **WS: Vergleiche** GR: Irreale Vergleiche	AB 4: WS: Personen beschreiben, S. 160
	Test	1. Hören 2. Sprechen	AB 5: GR: Syntax, S. 161

Die Beschäftigung mit der Einstiegscollage im Materialienbuch auf S. 51 kann sowohl am Beginn von Einheit 1 wie auch 2 stehen.

7

1

Siegfried Lenz, Eine Liebesgeschichte

Schwerpunkt dieser Einheit ist es, einen längeren Erzähltext hörend und lesend zu rezipieren, und dabei auch die humoristische Darstellung zu verstehen; zu erzählen (mündlich und schriftlich); Wortschatz zum Beschreiben von Personen und zum Ausdruck von Gefühlen zu erwerben.

Sprechen

1. Lassen Sie drei bis vier Gruppen bilden. Die Beschäftigung mit den Personen und einigen Gegen-ständen des Textes sowie das Erfinden einer Geschichte aktiviert Wissensbereiche der KT und baut einen Erwartungshorizont auf. Es bereitet das Hörverstehen (Aufg. 3–5) vor, indem es die Vorausset-zungen für Verstehen schafft.

2. Diese Ergebnissicherung ist nicht nur Sprechübung und weitere Einstimmung auf das HV, sondern gleichzeitig reale Kommunikation. Sie können diese Aktivität (1–2) auch zum gezielten Üben des mündlichen Erzählens verwenden, indem Sie z. B. Redemittel besprechen und gezielt einsetzen lassen.

Hören

3. Die KT sollen bei diesem ersten Hören nur Unterschiede zur eigenen Geschichte wahrnehmen. Diese definierte Aufgabenstellung erleichtert die Höraufgabe.

4. Die Beschäftigung mit Schlüsselsätzen sichert zum einen das Verständnis und führt zugleich an den unter Umständen wegen des hintergründig komischen Stils schwierigen Originaltext heran.

5. Das erneute Hören gibt Gelegenheit zur weiteren Verständnissicherung. Auch diese Aufgabe wird durch den Auftrag, das Ergebnis aus Aufgabe 4 zu kontrollieren, überschaubar gemacht. Die Aufgabe ermöglicht erste Stellungnahmen zum Text.

Wortschatz: Personen beschreiben

6. Bei leistungsstarken Gruppen kann man die Aufarbeitung und Erweiterung des Lexikbereiches *personenbezogene Adjektive* direkt mit der Sammlung des bekannten Wortschatzes in der Gruppe selbst beginnen. Die Erweiterung der Wortfelder kann insbesondere in einsprachigen Gruppen auch durch Übersetzung aus der Muttersprache erfolgen. Bei gemischten Gruppen kann dies natürlich auch als Einzel- oder Gruppenarbeit mit Wörterbuch erfolgen. Stellen Sie dabei sicher – z. B. durch Bildung von Beispielsätzen –, dass die gefundenen Vokabeln korrekt angewandt werden.

7. Diese Übung ist eine Anwendung und Festigung des in 6. erarbeiteten Wortschatzes, dokumentiert aber gleichzeitig den Verstehensprozess der KT. Achten Sie im Gespräch darauf, dass unterschiedliche Charakterisierungen auf der Grundlage des Textes möglich sind.

8. Weitere Leseaufgabe und Vorbereitung der Gesprächsaufgaben (9 und 10).

Sprechen

9.–10. Sprechübungen: Generell bietet sich bei diesen Aufgaben an, die Lerngruppe in mehrere Kleingruppen zu unterteilen. Dies erhöht zum einen die Sprechzeit jedes Lernenden, zum anderen wird die Plenumsarbeit vorbereitet, diese geht dann schneller vor sich und ist unterhaltsamer. Für Lerngruppen mit unterschiedlichen Nationalitäten kommt hinzu, dass der einzelne Lerner die Äußerungen der anderen „aus den übrigen Kleingruppen" noch weniger vorhersehen kann.

Wortschatz: Gefühle ausdrücken

11. Wortschatzarbeit (Redewendungen) durch Umsetzen von Zeichnungen, Zeichen, Zuordnen bzw. Ausfüllen von Lücken.

►**AB Kp 7,1: Wortschatz-Übung zum Leseverstehen, LHB, S. 157**

12. Fortsetzen der Wortschatzarbeit durch das Einarbeiten der Antonyme.

Projekt

13. Fortsetzung der Aufgaben 9/10. Schritt b) trägt die Arbeitsergebnisse zusammen und dient der Wortschatzerweiterung.

Inszenieren oder Schreiben

14. Es werden zur Binnendifferenzierung (je nach Lerntypen oder Zielsetzung) die Alternativen *Spielen/Sprechen* und *Schreiben* angeboten.

Achten Sie darauf, dass bei solchen Interpretationsaufgaben zu Texten einerseits die persönlichen Stellungnahmen der KT mit Belegen aus dem Text begründet werden, andererseits unterschiedliche Beurteilungen und Interpretationen im Unterricht ihren Platz haben sollen. An dieser Stelle können auch wohl am besten die humoristischen Stellen im Text zur Sprache kommen.

A Zur Vorbereitung von Szene 1 sind sowohl Übung 7 auf S. 80 wie auch Übung 11 auf S. 81 sehr wichtig. Gegebenenfalls die Ergebnisse beider Übungen in einer Zweierübung als „Warm-up" in Bezug auf die Hauptpersonen Josef und Katharina einschieben. Anschließend das Spiel zu zweit vor den Zuschauern in einer Kleingruppe oder sogar vor dem Gesamtkurs. Dabei jeweils den „inneren Monolog" gewissermaßen zur Seite, etwas abgewendet vom anderen Spieler, sprechen. – Die Szene 2 gegebenenfalls von verschiedenen Kleingruppen in der beschriebenen Weise (ca. 10 Minuten) vorbereiten lassen. Anschließend wählt jede Kleingruppe ihre 2 Darsteller aus, die das Vorbereitete in Spiel umsetzen.

B Auch diese Schreibübung kann als Gruppenarbeit stattfinden.
Zur Wiederholung des Passivs können Sie das folgende Arbeitsblatt heranziehen:

➤AB Kp 7,2: GR: Passiv, LHB, S. 158

Unglaublich aber wahr: Sagenhafte Geschichten von heute

> **Schwerpunkt dieser Einheit ist es,** Geschichten zu lesen, zu erzählen, zu schreiben; einen Sachtext zu lesen; Präsens, Perfekt, Präteritum zu wiederholen.
> Der Sachtext ist inhaltlich und sprachlich etwas anspruchsvoll. Die KT sollen aber gerade die Rezeption solcher Texte in Hinsicht auf deren zentrale Aussagen trainieren, ohne dass sie sich von schwierigen Details abhalten lassen.

Hören

1. Diese Aufgabe dient vor allem der Einstimmung auf die Einheit. Gefordert ist globales Hören: Die KT sollen klären, worum es in der Geschichte geht. Eventuell Vermutungen anstellen lassen über das nicht zu verstehende Ende der Geschichte. Tatsächliche Pointe der Geschichte/des Witzes: Der Pilot sagt: „Ich habe ihm erzählt: die erste Klasse fliegt nur bis Mallorca." Der Witz dabei ist, dass im Flugzeug nicht wie im Zug die 1. Klasse abgehängt werden kann, der Passagier aber als typischer „Massentourist" zu dumm ist, das zu durchschauen.

Lesen

2. Sie können den nächsten Schritt, das Weitererzählen (Aufgabe 3), natürlicher gestalten, wenn Sie für dieses Lesen nicht das Materialienbuch selbst benutzen lassen, sondern eine Folie mit den Überschriften erstellen sowie die Geschichten dieser Seite kopieren und einzeln auf die verschiedenen Gruppen verteilen, so dass die KT aus den anderen Gruppen tatsächlich noch unbekannte Geschichten erfahren. Achten Sie darauf, dass sich möglichst gleichstarke Gruppen bilden. Alternativ können eine oder mehrere Geschichten auch auf Kassette gehört werden (man braucht dann mehrere Recorder).

3. Gesprächsübung (zum Vorgehen vgl. Kp 0.1, Aufg. 2)

4. Fakultativ: Möglichkeit, sich zu dieser Art von Geschichten zu äußern. Vermutlich sind die KT mit ähnlichen Geschichten schon in ihrer eigenen Kultur in Kontakt gekommen. Die wichtigsten Informationen zu dieser Art von Texten können dem Text auf S. 56/57 des Materialienbuchs entnommen werden.

Grammatik: Satzgliedstellung

5. Ziel dieser Aktivität ist es, die schon erworbenen Kenntnisse zu explizieren und zu systematisieren. Gegebenenfalls als Hilfe für die Zweiergruppen ein Satzbeispiel an der Tafel erklären, z. B.:

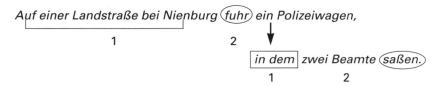

Regel: Das Verb steht im Hauptsatz an 2. Stelle, im Nebensatz am Schluss des Satzes.
Anschließend analysieren die KT weitere Sätze in den Geschichten.

6. Möglichkeit der Selbstkorrektur, der Ergänzung und der Erweiterung.

7. Nach heutiger Erkenntnis setzt Verstehen immer schon Wissen voraus. Das Lernen einer Fremdsprache baut auf dem Beherrschen der Muttersprache (und anderer Fremdsprachen) auf. Die Aufgabe gibt die Möglichkeit, sich der Beziehung der Muttersprache zum Deutschen in Bezug auf die Satzgliedstellung bewusst zu werden. Das kann eine zusätzliche Lernhilfe sein und das Berichten gibt eine weitere Gelegenheit zu „echter" Kommunikation.

8. Anwendung des in 5–7 Wiederholten und/oder Gelernten im Puzzle einer weiteren sagenhaften Geschichte.

Projekt

9. Die drei Aufgaben können zur Binnendifferenzierung (Sprechen/Schreiben/Lesen) parallel im Unterricht oder als Hausaufgabe bearbeitet werden.

A a) Regen Sie eine systematische Vorbereitung an:
    1. Sammeln von Ideen bzw. notwendigem Vokabular (mit Wörterbuch).
    2. Bringen Sie Ihre Ideen in eine sinnvolle Ordnung. Formulieren Sie die wichtigen Sätze aus.
    3. Sprechen Sie sich das Ganze anschließend vor.
  b) Da in multikulturellen Gruppen die meisten KT auf sich allein gestellt sein werden, bedarf dieses Erzählen meist einer umfangreicheren Vorbereitung, die am besten im Rahmen einer Hausaufgabe zu leisten ist. Das Erzählen erfolgt dann in der nächsten Stunde in Gruppen. In einer multikulturellen Gruppe können die anderen KT, für die die Sage neu ist, weitere Fragen stellen, z. B. zu den historischen Grundlagen der Sage, was sie Typisches über die Kultur des Landes, der Region etc. verrät.
    Bei Gruppen mit einer Muttersprache/Ausgangskultur wird das Erzählen dagegen ohne Vorbereitung möglich sein, wenn die Gruppe sich auf eine Sage einigen kann und diese als Kettenübung (Einer beginnt mit einem Satz. Jeder KT steuert einen Satz bei) gemeinsam mündlich durchführt

B Auch hier können Sie eine Vorbereitung wie in A a) anregen.

➤**AB Kp 7,3: Zusatzübung zum Leseverstehen, LHB, S. 159**

C Diese Aktivität verbindet die Lektüre mit einer weiteren Gelegenheit zum Erzählen.

7

3

Erich Kästner, Das Märchen vom Glück

> **Schwerpunkt dieser Einheit ist es,** einen erzählenden Text zu lesen und seine zentralen Aussagen zu verstehen; lexikalische und grammatische Strukturen für Vergleiche zu bearbeiten.

Lesen

1. Einstieg durch „Simulation" einer typischen Lesesituation: Man blättert in einem Buch oder einer Zeitschrift, bleibt aus irgendeinem Grund bei einem Text hängen und beginnt zu lesen, denkt sich in den Text hinein und ist am Fortgang interessiert.

2. Dieses Hineindenken, das gewissermaßen Voraussetzung für jedes Textverstehen ist, können Sie dadurch fördern, dass Sie vor dem Lesen der Textabschnitte über den Fortgang der Geschichte im Plenum oder in Gruppen spekulieren lassen.
a) Eine Möglichkeit, umfangreichere Texte in relativ kurzer Zeit im Unterricht lesen zu lassen, ist, den einzelnen Lerner nur einen Teiltext lesen zu lassen. Der Gesamttext entsteht im gegenseitigen Berichten. Bei ungeübten Lesern/Lernern können Sie an dieser Stelle mithilfe des Lerntipps auf S. 86 thematisieren, welche formalen und/oder inhaltlichen Gegebenheiten in den Texten Aufschluss über die richtige Reihenfolge geben.
b) Die gemeinsame Vorbereitung eines Textabschnitts erleichtert die Lektüre. Das in der Gruppe vorhandene Wissen wird umverteilt.

Sprechen

3. Echtes Zuhören möglich, da Informationslücke vorhanden.

4. a) Die tabellarische Erfassung von Information soll die im Text enthaltene Information übersichtlich und damit die Struktur des Textes durchsichtig machen.
b) Achten Sie darauf, dass den KT klar ist, dass es sich um eine Geschichte mit Rahmenhandlung handelt. Zur Unterstützung des zukünftigen Leseverhaltens können Sie, wenn nicht schon vor Aufgabe 2 erfolgt, im Anschluss an Aufgabe 4 die Textstrukturen und ihre Hilfe für das Textverstehen thematisieren (s. Lerntipp).

5. Nachdem der Text auf diese Weise erarbeitet wurde, werden die KT ihn nun in Gänze mit einem größeren Verständnis und schneller lesen, als wenn sie ihn zu Beginn ganz hätten lesen müssen. Sie sollten dazu die authentische Textfassung gemeinsam erstellen, z. B. zusammenkleben und als Wandzeitung oder in Einzelkopien für die KT zugänglich machen. Benutzen Sie die Fragen a) und/oder b), um dieser Lektüre ein sinnvolles Ziel zu geben: Sie helfen das Verständnis des Textes zu erschließen.

Wortschatz: Vergleiche

6. Das Auffinden weiterer ungewöhnlicher Vergleiche in dem Text bereitet die Teilnehmer auf die folgende Aufgabe 7 vor, bei der eigene Vergleiche gebastelt werden sollen.
Zu finden wären folgende Beispiele:

Textanfang:	Zeile 1f:	*Sein Schopf sah aus, als habe es darauf geschneit.*
	Zeile 3f:	*... schüttelte den Kopf, dass ich dachte, gleich müßten Schneeflocken aus seinem Haar aufwirbeln.*
	Zeile 4f:	*Das Glück ist ja schließlich keine Dauerwurst, von der man sich täglich eine Scheibe herunterschneiden kann.*
	Zeile 6f:	*Obwohl gerade Sie so aussehen, als hinge bei Ihnen der Schinken des Glücks im Rauchfang.*
Textteil B:	Zeile 14f:	*Er sah aus wie der Weihnachtsmann in Zivil.*
	Zeile 15f:	*Augenbrauen wie aus Christbaumwatte*
Textteil F:	Zeile 8:	*Mir war zumute wie einem Kessel kurz vorm Zerplatzen.*

7. Die Teilnehmer sollen aus dem Material im Schaltkasten, das sie auch selbst ergänzen können, ungewöhnliche Vergleiche nach eigenen Ideen zusammensetzen und – wenn sie möchten – ihre Ergebnisse der Gruppe erklären. Bedenken Sie dabei, dass die Ergebnisse nicht falsch sein können. Es kann zwar sein, dass gefundene Vergleiche so ungewöhnlich sind, dass man sie schwer nachvollziehen kann, aber gerade in solchen Fällen sollten Sie unter dem Aspekt von „dichterischer Freiheit" nicht unbedingt auf einer Erklärung bestehen (Beispiel: *Seine Angst ist wie ein dunkler Vater*).

Vergleiche in Redensarten

8. Die Teilnehmer könnten spaßeshalber im ersten Anlauf versuchen, die Ausdrücke selbst zu kombinieren und einzusetzen; nach dem Beispiel von Satz a) können dabei lustige Ergebnisse herauskommen, wobei es natürlich in diesem Anlauf nicht auf Richtigkeit ankommen kann. Die Ergebnisse sollten Sie dann im zweiten Anlauf mithilfe eines Wörterbuchs überprüfen lassen (nach Langenscheidts Großwörterbuch bleiben z. B. nur drei Paare *bleierne, dummen, heiße* und *Ente, Jungen, Kartoffel,* nach Wahrig sogar nur *bleierne* und *Ente* offen); auch die Ergebnisse dieser Prüfung werden manche Teilnehmer durchaus verblüffen und erheitern.

9.–10. Die Redensarten zu erklären und inhaltliche Entsprechungen oder auch (ganz) abweichende Wendungen in der Muttersprache zu finden, ermöglicht interkulturelle Vergleiche und die Wahrnehmung der verschiedenen Sichtweisen auf Wirklichkeit.

Grammatik: Irreale Vergleiche

11. Das Layout der Beispielsätze ist so gestaltet, dass der Zusammenhang von Konjunktion und Verbstellung ins Auge fällt. Es muß außerdem für die KT deutlich werden, dass nach den Vergleichen, die etwas *Scheinbares, nicht Reales* zum Ausdruck bringen, das Verb im Konjunktiv stehen muss. Sollten Sie hier Wissenslücken bei den Teilnehmern feststellen, können Sie die Regelzusammenfassung gemeinsam in der Grammatik-Übersicht nachschlagen (Materialienbuch, S. 144). Gegebenenfalls auch noch einmal die Bildung von Konjunktivformen klären (vgl. MB S. 141).

12. Diese Übung gibt den Teilnehmern Gelegenheit, die in Übung 11. erkannten Regeln anzuwenden.

13. Auch in diesem Spiel ist eine solche Übung versteckt. Sie sollten deshalb durchaus auf der Spielregel bestehen, dass beim Raten nur anerkannt wird, was in *als*- oder *als ob*-Sätzen formuliert wurde.

➤AB Kp 7,4: WS: Personen beschreiben, LHB, S. 160

Als zusätzliche Testaufgabe können Sie eine Syntax-Übung auf dem Arbeitsblatt 5 durchführen lassen.

➤AB Kp 7,5: GR: Syntax, LHB, S. 161

Transkript zum Hörtext: In der Kneipe

– „Kennt ihr den? Flug nach Ibiza?
Sitzen tut er im Flugzeug und zwar in der ersten Klasse. Kommt die Stewardess zu ihm und sagt: ‚Entschuldigen Sie, Sie haben doch für die zweite Klasse bezahlt, wieso sitzen Sie hier in der ersten Klasse, Sie müssen sich gefälligst in die zweite Klasse setzen.‘ Nein, er bleibt stur, und er will mit der ersten Klasse fliegen. Sie ist völlig überfordert und geht zu ihrer Kollegin und sagt: ‚Sag mal, ich hab' da 'n Problem mit dem Typen, der sitzt da in der ersten Klasse, hat aber nur für die zweite Klasse bezahlt. Vielleicht schaffst du das?‘ Die geht hin, nein, er bleibt stur: er will in der ersten Klasse sitzen. Darauf gehen sie zu ihrem Chef, dem Piloten, und sagen: ‚Du, pass mal auf, wir haben da hinten ein echtes Problem, da sitzt einer, der hat nur für die zweite Klasse bezahlt, sitzt aber in der ersten Klasse. Du musst uns irgendwie helfen.‘ Er schaltet den Autopiloten ein, geht nach hinten. Ja, und kurze Zeit drauf steht der Typ auf und setzt sich brav in die zweite Klasse. Die Zwei fragen: ‚Wie hast du das gemacht?‘ " …
– „Heike? Heike? Wir bekommen noch vier Helle.“
(Antwort geht unter. Gelächter)

Materialienbuch	**Kursbuch**		**Zusatzmaterial im LHB**
Kapitel 8.1			
S. 61: **Über Hamburger und**	1.–2.	**Einstieg**	
Höflichkeit	3.–4.	**Lesen**	
Glosse	5.	**Wortschatz**	AB 1: Höfliche Formulierun-
	6.–8.	**Gespräch**	gen, S. 162
	9.–11.	**Grammatik: Modal-**	
		partikeln	
Kapitel 8.2			
S. 62: **Du oder Sie? Dejans**	1.–2.	**Sprechen**	
Ratschläge	3.	**Notieren**	
Bericht	4.	**Lesen**	AB 2: Leseverstehenstest zu
S. 63: **„Sagen Sie doch ein-**	5.	**Sprechen**	„Dejan", S. 163
fach Du zu mir."	6.–8.	Sprechen	AB 3: Leseverstehenstest zu
Zeitschriftenartikel			„Sagen Sie doch einfach …",
			S. 164
Kapitel 8.3			
S. 64: **Es, es, es und es.**	1.–3.	**Hören**	
🎞 Volkslied	4.–6.	**Diskussion**	
	7.–9.	Grammatik: es	

Über Hamburger und Höflichkeit

> **Schwerpunkt dieser Einheit:** Die Teilnehmer sollen die ironische Ebene des Textes verstehen. Dazu sammeln sie entsprechende Textsignale und üben sich im Umgang mit den schwierigen Modalpartikeln. Auf der inhaltlichen Ebene setzen sie sich interkulturell mit dem Thema Höflichkeit auseinander.

1. Einstieg in die Textsorte *Glosse.* Die Teilnehmer sollen die in dem Textausschnitt enthaltene Information sehr kurz zusammenfassen. Falls Ihre Teilnehmer bei dieser Aufgabenstellung dazu neigen, zu stark „am Text zu kleben", können Sie auch den Textausschnitt vorlesen, statt ihn lesen zu lassen.

2. Es wird sich zeigen, dass bei den meisten Zusammenfassungen die ironischen Textelemente zunächst ausgespart bleiben. Die auf diese Weise isolierten ironischen Textelemente lassen sich dann in ihrem Informationswert und als rhetorische Figuren in Ruhe betrachten:
– Rhetorische Frage: *„Was machte es da schon, … ?"* – Rhetorische Antwort: Gar nichts.
– Metonymie: *„… seine Zähne nicht auseinander bekam …"* für: „nicht antwortete"; der Ausdruck erzeugt die Assoziation von Verbissenheit.
– Die Beantwortung der obigen Frage: „es machte mir gar nichts" weist schon darauf hin, dass es dem Erzähler möglicherweise sogar sehr viel macht.
– Der Schreiber äußert als mögliche Entschuldigung: *„Vielleicht … Zahnlücke? Wer weiß."* Der Leser weiß, dass dieser Entschuldigungsgrund tatsächlich *nicht* gegeben ist.
– Scheinbares Bedauern (=tatsächlich spottet der Sprecher): „der Arme". Er bedauert ihn nicht wirklich.

Lesen

3. Die ausführliche Bearbeitung der Aufgabe 2. mit der gesamten Kursgruppe wird beispielhaft für die Gruppenarbeit wirken: Die Arbeitsgruppen ermitteln zunächst die Textinformation, um die ironischen Elemente zu isolieren und zu untersuchen. Die Bewertung und der Austausch dieser Bewertungen unter den Gruppen soll zu einer authentischen Kommunikation in der Kursgruppe führen.

Einige Textbeispiele:
Z. 15: *Vielleicht leidet der Arme unter einer Zahnlücke? Wer weiß?* Toyo Tanaka glaubt sicher nicht ernsthaft an diese Zahnlücke, er hält den Taxifahrer vielmehr für unhöflich ... Z. 29: *... und ich durfte die Koffer in seinem Auto verstauen.* Das *durfte* ist hier ironisch, da es eigentlich zum Job des Taxifahrers gehört, das Gepäck einzuladen. Ebenso Z. 30 der Ausdruck *liebenswürdigerweise*.

4. Es gibt drei Einzelpersonen: den Grenzbeamten bei der Passkontrolle, den Taxifahrer, der nicht bei der Unterbringung des Gepäcks hilft, und den schlecht gelaunten Kellner. Weiter gibt es Verkäuferinnen, die nicht nach den Wünschen fragen, und solche, vielleicht dieselben, die Dank für das Wechselgeld erwarten. Schließlich gibt es viele, die das Lächeln des Erzählers nicht erwidern. Und im Allgemeinen gibt es Ausländer, die die deutsche Unhöflichkeit übernommen haben.

Wortschatz

5. Als Zusatzübung können Sie an dieser Stelle die kritische Betrachtung nur scheinbar höflicher Floskeln auf das AB1 vorschalten, um die entsprechende Sensibilität und die Phantasie der Teilnehmer anzusprechen.
Natürlich ist es einfacher, für die in konkreten Situationen vorkommenden Personen höfliche Äußerungen zu finden. Mögliche Zuordnungen: linke Spalte im Kasten: Grenzbeamter; mittlere Spalte: Taxifahrer; rechte Spalte: Kellner, Verkäuferinnen.
Vielleicht macht es Ihren Teilnehmern aber auch Spaß, allgemeinere Situationen zu konkretisieren und mit freundlichen verbalen Äußerungen zu füllen: z. B. Wie bleibt man als Ausländer immun gegen das Virus der Unhöflichkeit? Wie könnte man sich verhalten? Oder: Wie kann man verbal freundlich auf das Lächeln des Erzählers reagieren?

➤ **AB Kp 8,1: Höfliche Formulierungen, LHB, S. 162**

Gespräch

6.–8. Es gibt insgesamt sechs verschiedene Situationen, die in Dreiergruppen besprochen werden sollen, sodass genügend unterschiedlicher Stoff für einen echten Austausch in Aufgabe 8. zu erarbeiten ist. Sie sollten die Teilnehmer bei der Strukturierung ihrer Gespräche nach den Fragestellungen in Aufgabe 7.a) – c) unterstützen und bei den Gesprächen selbst nach Bedarf assistieren. Bedenken Sie, dass die Interpretation und Bewertung von Höflichkeit nicht nur kulturell, sondern z. B. auch nach sozialem Umfeld, Alter oder individuell differieren kann.

Dennoch gilt, zumindest für den deutschsprachigen Raum, dass die vier Situationen in Aufgabe 6. jeweils massive Verstöße gegen ungeschriebene (oder z. B. im „Knigge" [= das bekannteste deutsche Buch für Benimmregeln im Umgang miteinander] aufgeschriebene) Höflichkeitsnormen enthalten: *Situation 1:* Es ist zwar nicht üblich, dass ein Jugendlicher als erster einer Frau die Hand gibt, aber es ist sehr unhöflich, eine ausgestreckte Hand zu ignorieren. *Situation 2:* Hätte der Herr der Dame den Vortritt gelassen, wäre es nicht zu dem Zusammenstoß gekommen. *Situation 3:* Der Theaterbesucher hat kein Recht zur Beschwerde, vielmehr hätte es seine Frau, denn er hat nicht auf sie gewartet und ihr nicht in den Mantel geholfen. *Situation 4:* Die junge Frau sollte nicht sitzen bleiben, sondern der alten Dame ihren Platz anbieten. Wenn die alte Dame den Sitzplatz nicht annehmen möchte, sollte die junge Frau dennoch aufstehen und sich zu ihr stellen.

Die auf Seite 60 des Materialbuchs abgebildeten Situationen *Handkuss* und *aufgehaltene Autotür* fallen positiv aus dem inzwischen üblichen Rahmen von Höflichkeit in Deutschland. Besonders in Westdeutschland hat auch eine gewisse Auffassung von Emanzipation der Frau die Höflichkeit teilweise aus dem Alltag verbannt. Der Handkuss – zumal in der abgebildeten Situation mit zweien salopp gekleideten jungen Leuten – kommt in Deutschland und der Schweiz so kaum vor und dürfte – außer in Österreich – nur noch bei gehobenen gesellschaftlichen Anlässen anzutreffen sein. Weibliche (und männliche) Beifahrer öffnen sich ihre Autotür meist selbst; die freundliche Geste auf dem Foto ist selten geworden. Interessant, dass es sich hier um die Werbeanzeige einer Initiative in Deutschland, der

„Arbeitsgemeinschaft Deutscher Tageszeitungen ‚Kavalier der Straße'", handelt, die in verschiedenen deutschen Tageszeitungen erschien und als Initiative den generell niedriger werdenden Pegel der Höflichkeit in Deutschland signalisiert.

Für die Schreibaufgabe in Übung 8. sollte jede Dreiergruppe eine gemeinsame Formulierung finden, die entweder von der Kleingruppe zusammen verfasst oder aus drei Einzelteilen (z. B. Darstellung der Unhöflichkeit, alternativer Verhaltenserwartung und Bewertung der Dreiergruppe) kombiniert werden kann. Die Texte sollen gemeinsam im Plenum vorgestellt und gegebenenfalls verteidigt werden.

Grammatik: Modalpartikeln

9.–11. Diese Aufgabensequenz zu dem schwierigen Kapitel der Modalpartikeln geht in Übung 9. von Sätzen aus, die dem Text entnommen sind.

Binnendifferenzierung:
Sie können je nach Kenntnisstand Ihre Teilnehmer auffordern, in Partnerarbeit
a) die im Text verwendeten Partikeln einzusetzen und deren Bedeutung entweder selbst abzuschätzen oder in der Grammatik (Materialienbuch S. 146) nachzuschlagen, oder
b) Partikeln nach eigenen Überlegungen (ohne Orientierung am Originaltext) in die Sätze einzufügen, dann deren Bedeutung einzutragen, die Lösungen hinterher in der Kursgruppe zu vergleichen und dabei die Grammatikübersicht zur Korrektur zu benutzen (bei dieser Variante sind keineswegs alle vom Text abweichenden Lösungen falsch).

In Übung 10. wird an einem Kernsatz demonstriert, welche Bedeutungsvarianten u. a. durch die Modalpartikeln geleistet werden.

Binnendifferenzierung:
a) Sie können hier, wiederum in Partnerarbeit, Ihre Teilnehmer die richtige Buchstaben-Ziffer-Kombination mit oder ohne Hilfe der Grammatikübersicht herausfinden lassen oder
b) Sie verzichten auf die Übungsform und bieten die Bedeutungsvarianten in dieser Übung in einem kleinen Lehrervortrag an, den Sie dann auch noch mit weiteren Beispielen anreichern können.

Die Sätze in Aufgabe 11. sollen für weitere Beispiele zur Verwendung der Modalpartikeln Stoff anbieten. Sie sollten möglichst frei variiert und ergänzt werden.

Du oder Sie?

> **Schwerpunkt dieser Einheit:** Die Teilnehmer sollen auf ihrem eigenen kulturellen Hintergrund die verschiedenen Formen der Anrede im deutschen Sprachraum reflektieren, näher kennen lernen und sich in der Kursgruppe darüber austauschen.

Sprechen

1.–2. Die Teilnehmer reflektieren in diesen beiden ersten Aufgaben die verschiedenen Anredeformen in ihrer Muttersprache und erschließen sich damit ein Verfahren für die Erarbeitung der Anredeformen im Deutschen.
Die Teilnehmer sollten die Aufgabe 1. in Zweier- oder Dreiergruppen erarbeiten und sich je Gruppe auf ein bis zwei Aspekte des Gesamtthemas konzentrieren. Geben Sie für diese Aufgabe eine Zeit vor, die so eng bemessen ist, dass nicht alle Gruppen das Thema erschöpfend diskutieren können, damit auch bei einer Teilnehmergruppe aus *einem* Herkunftsland noch ein echter Austausch über die unterschiedlichen Gruppenergebnisse möglich ist.

8

2

Kontaktpflege -➤   Benimm dich

Sie sollten darauf achten, dass die Teilnehmer keine fertigen Formulierungen notieren, die dann in Aufgabe 2. „vorgetragen" (also: abgelesen) würden. Ermuntern Sie die Teilnehmer, indem Sie sie in den arbeitenden Gruppen aufsuchen und die (bisherigen) Ergebnisse ihrer Arbeit erfragen, auch im Plenum möglichst frei vorzutragen.

Wenn es sich vom Zeitplan und von der Dynamik der Gruppen her anbietet, können Sie vor Übung 2. die Übung 8., das Wortfindungsspiel, einschieben, weil es eine gute Vorübung für möglichst freies Sprechen sein kann.

In diesem Sinne sollten Sie dann bei Aufgabe 2 die Aufmerksamkeit der Zuhörer auf gelungene (auch originelle) Anwendung von Wortfindungs- und Kompensationsstrategien lenken und diese entsprechend honorieren.

Notieren

3. Die Aufgabe verläuft analog zu den Aufgaben 1. und 2.: Entsprechend ist das vorgeschlagene Schema wie die Teilaufgaben 1. a) – c) strukturiert, sodass die Teilnehmer ihre dortigen Ergebnisse für ein kontrastives Gegenüberstellen nutzen können. Das in 3. d) vorgeschlagene gemeinsame Formulieren ist deshalb sinnvoll und ergiebig, weil Sie hier die Gelegenheit haben, den Vorgang der Textentstehung – Idee, Entwurf, Korrektur und Beschluss – durch Ihre Moderation bewusst und reflektierbar zu machen; gleichzeitig wird in diesem Text der gruppeneigene Kenntnisstand festgehalten, *bevor* in Aufgabe 4. die beiden Texte zum Thema gelesen werden.

Lesen

4. Sie haben hier die Möglichkeit, in einem offenen Plenumsgespräch den Austausch auf tatsächlich neue (nicht in dem gruppeneigenen Text aus Aufgabe 3. d) enthaltene) Informationen zu beschränken. Dabei kann es sein, dass dieses Gespräch bereits die folgende Aufgabe 5. oder Teile daraus vorwegnimmt.
Je nach dem Niveau Ihrer Kursgruppe empfiehlt es sich, die beiden Arbeitsblätter zur Überprüfung und Förderung des Leseverstehens heranzuziehen.

➤ **AB Kp 8,2: Leseverstehenstest zu „Dejans Ratschläge", LHB, S. 163**
➤ **AB Kp 8,3: Leseverstehenstest zu „Sagen Sie doch …", LHB, S. 164**

Sprechen

5. Diese Aufgabe können Sie als Check-Liste nutzen, ob in der vorherigen Aufgabe 4. die wesentlichen Aspekte der Texte ausgeschöpft wurden. Auch diese Aufgabe können Sie als offenes Plenumsgespräch führen, oder sie lassen Paare bilden mit jeweils einem Leser von Text a) und einem von Text b) und lassen dann die Paare entscheiden, ob sie noch ein Plenumsgespräch führen wollen.

6. Diese Aufgabe könnte einigen Teilnehmern willkommenen Anlass für freies Erzählen bieten. Lassen Sie Viewergruppen bilden, die sich ihre Geschichten erzählen, die lustigste aussuchen und nur diese im Plenum der Kursgruppe zum Besten geben. Bei diesem Verfahren kann mehr erzählt werden, und das Plenum ist entlastet.

7. Achten Sie auch hier darauf, dass die Dialoge frei vorgespielt werden. „Abgelesene" Dialoge sind oft langweilig für die Zuhörer und bringen dem Sprecher keinen Fortschritt im mündlichen Ausdruck. Variante: Sie können als Zusatzaufgabe die Zweiergruppen jeweils die gewählte Szene a) als Pantomime, deren Thema anschließend von den anderen erraten wird, und dann erst b) als Miniszene darstellen lassen.

8. Das Spiel übt für die alltäglichen Wortfindungsprobleme Strategien des Umgangs mit dieser Dauerproblematik in einer Fremdsprache, weil die Teilnehmer nicht anders verfahren können, als durch die üblichen Kompensationsstrategien den Begriff zu umgehen und ihn dennoch zu vermitteln. Um diesen Zusammenhang bewusst zu machen, muss natürlich der Lerntipp gelesen und geklärt werden. Diese Übung (und Reflexion durch den Lerntipp) stützt eine Teilfertigkeit des mündlichen Ausdrucks, die für die vorangegangenen Aufgaben sehr wichtig ist. Nach Bedarf kann das Spiel deshalb auch weiter an den Anfang dieser Einheit gerückt werden (z.B. vor Beginn der Unterrichtseinheit oder vor Aufgabe 2.)

Es, es, es und es ...

8

3

> **Schwerpunkt dieser Einheit:** Die Teilnehmer sollen eine traditionelle, kritische Textversion mit einer modernen, bereinigten Version eines deutschen Volkslieds vergleichen und darüber Streitgespräche führen. Beim Gespräch beobachten und reflektieren die Teilnehmer das Verhalten beim Sprecherwechsels.

Zur Vorbereitung auf die folgenden Höraufgaben sollten die Teilnehmer zunächst die landeskundliche Information auf der Kursbuchseite 96 oben zur Kenntniss nehmen und daran eventuell die Frage knüpfen, ob es Ähnliches im eigenen Land gegeben hat.

Hören

1.–2. Die Teilnehmer können nach dem ersten eher globalen Hören in der Kursgruppe ihre bisherigen Verstehensinseln zusammentragen und von dort aus den Inhalt des Gesamttextes grob wiedergeben. Die zweite Höraufgabe ist selektiv auf die Kernsätze der zweiten, dritten und vierten Strophe gerichtet. (In der dritten Strophe sollten Sie den Begriff *Kreide* (im Sinne von *Rechnung/Schuld;* gemeint ist: der Wirt hat die Auslagen des Handwerksburschen doppelt berechnet) vorher erklären.)
Damit wäre die für den folgenden Vergleich der beiden Fassungen notwendige Verstehensleistung erbracht, und es könnte auf eine weitere Interpretation des Liedtextes verzichtet werden. Je nach der Zeit, die Ihnen zur Verfügung steht, und nach dem Interesse der Teilnehmer können Sie natürlich auch die restlichen Strophen ähnlich erarbeiten.
Sollten Sie die selektive Höraufgabe als zu schwierig für Ihre Lerngruppe einschätzen, können Sie diese vorentlasten, indem Sie die unter der folgenden Aufgabe 3 stehende zweite landeskundliche Information und die moderne bereinigte Textversion an den Anfang stellen.

3. Die schriftliche Wiedergabe des Liedtextes im Materialienbuch kann im Unterricht gelesen oder natürlich auch gesungen werden. Auf jeden Fall können die Teilnehmer ihn bei eigenständigem Lernen zur Selbstkontrolle nutzen.

Diskussion

4.–5. Es wäre günstig, wenn sich zwei annähernd gleich große Gruppen bilden würden. Falls sich für einen der beiden Standpunkte nur wenige entscheiden oder gar niemand, müsste dieser Standpunkt fiktiv eingenommen werden (das fördert die Lebendigkeit der Diskussion zwischen zwei konträren Positionen).

Gesprächs-Normen
Die Information zum Sprecherwechsel gibt im deutschsprachigen Raum geltende Normen bei Gesprächen zwischen gleichberechtigten Partnern wieder. Obwohl nicht immer befolgt, werden diese Normen von deutschsprachigen Gesprächspartnern prinzipiell anerkannt und im Zweifel auch für sich reklamiert.
Zum Verständnis dieser Information wäre eine lohnende Fragestellung, welche Normen für den Sprecherwechsel im eigenen Land gelten, ob dort z.B. die Norm gilt, dass erst dann ein anderer sprechen darf, wenn der momentane Sprecher signalisiert hat, dass er fertig ist, und wenn ja, wie solch ein Signal aussieht, wie „dem andern ins Wort fallen" bewertet wird usw.

6. Die Information zum Sprecherwechsel soll zur Vorbereitung einer bewussten Gestaltung des Diskussionsverhaltens (z. B. der Anwendung der genannten verbalen und nonverbalen Signale) dienen sowie zur Vorbereitung auf die Beobachtertätigkeit und zur anschließenden interkulturellen Reflexion von Gesprächsverhalten.

Grammatik: Das Pronomen *es*

7.–8. Die KT sollten möglichst erst einmal allein versuchen, die Fragen a) – d) zu beantworten und dann das angegebene Grammatikkapitel 8.2 in der Übersicht im Materialienbuch S. 151 zu Rate ziehen, um die verschiedenen Funktionen und Positionen des *es* in den Beispielen zu klären.

9. Diese Aufgabe appelliert an das inzwischen erworbene sprachliche Wissen der Lerner. Wo dies nicht ausreicht, sollten Sie assistieren.

Testen Sie sich selbst.

Hier sollen die Kursteilnehmer/innen einen persönlichen Brief in der Du-Form in einen gemäßigt formellen Brief in der Sie-Form umschreiben. Zur angemessenen äußeren Form vergleiche auch S. 134 im Kursbuch.

Materialienbuch	Kursbuch		Zusatzmaterial im LHB
Kapitel 9.1			
S. 66: **Reiselust im Stau und anderswo** Aphorismen	1. 2.–3. 4. 5.–6. 7.–8. 9.	Einstieg: Sprechen WS: Wortfeld *Reisen* **Lesen** **GR: Begründen, einschränken, kontrastieren** **Schreiben: Klassen-korrespondenz** **Sprechen: Reisebe-richt oder Rollenspiel**	AB 1: GR: Indefinitpronomen, S. 165
Kapitel 9.2			
S. 67: **Nur reisen – Nicht irgendwo ankommen** 📷 Hör- und Textcollage	1.–4. 5. 6.–7. 8.	**Hören: Orientieren-des Hören** **Hören: Sich Verste-hensinseln schaffen** Sprechen: Diskussion **Sprechen oder Schreiben: Rollen-spiel/Werbeanzeigen**	Transkript zum Hörtext: Nur reisen – nicht irgendwo ankommen, S. 78
Kapitel 9.3			
S. 68 f.: **Und Gott besah sich seinen Apfelbaum** Satire	1.–2. 3. 4. 5. 6. 7.–9. 10.–12.	**Lesen: Lücken ergän-zen** Sprechen **Lesen: Hypothesen-geleitetes Lesen** WS: Überzeugen Interpretieren GR: Partizip Präsens, Partizip Perfekt **Planspiel**	AB 2: ZST: Vertreibung aus dem Paradies, S. 166 AB 3: Lesen: Detaillierte Text-arbeit, S. 167 AB 4: GR: Genitiv, S. 168 AB 5: Argumentationskarten für das Planspiel, S. 169
S. 70: ZST: **Abstecher ins Paradies** Zeitungsinterview S. 71: ZST: **Zugauskunft** Szenischer Dialog			

Reiselust im Stau und anderswo

Der Schwerpunkt dieser Einheit liegt im Bereich der mündlichen Kommunikation. Die Sprach-handlung *Argumentieren* ist geknüpft an das Thema *Reisen*, zu dem jeder KT ungeachtet seiner Ausgangskultur und seines Erfahrungshintergrunds Stellung nehmen kann. Dazu dienen neben den Redemitteln zum *Begründen, Einschränken* und *Kontrastieren* Kausal-, Konzessiv- und Adver-sativsätze und entsprechende Adverbien. Diskussionsgrundlage sind Aphorismen bzw. Zitate zum Thema *Reisen*.

9
1

Sprechen

1. Zusätzlich zu den Illustrationen auch Stellungnahmen zu den zwei Kurztexten (Zitat von Morand und Zeitungsbericht auf S. 65 im Materialienbuch) sammeln lassen.
<u>Alternativer Einstieg</u>: Der Cartoon im Materialienbuch S. 66 bereitet einen kritischen Umgang mit dem Thema vor: Vergrößern und Folie davon auf OHP schrittweise aufdecken, über den dazu passenden Text Vermutungen anstellen lassen, Textvorschläge neben Projektion an die Tafel schreiben, erst dann ganz präsentieren.

Wortschatz: Wortfeld *Reisen*

2.–3. Zurufe aus der Gruppe an der Tafel sammeln. Anschließend übertragen die KT in Einzelarbeit die für sie neuen Begriffe von der Tafel und aus dem Lexikonartikel auf ein Blatt Papier/eine Karteikarte/ins Vokabelheft. Dabei sollen die Merkzettel im Kursbuch nur eine Anregung sein. Der linke Merkzettel ist ein Beispiel für logische Zusammenstellungen, der rechte für die assoziative Anordnung (vgl. auch Bernd-Dietrich Müller, Fernstudieneinheit 8: Wortschatzarbeit und Bedeutungsvermittlung, Langenscheidt 1994, S. 9 ff.) Lesen Sie mit den KT vor dem Notieren der Wörter den Lerntipp, um den Sinn dieser Art von Wortschatzarbeit zu klären. Zeit oder Menge der Wörter vorgeben!

Lesen

4. Sie können den Umfang der Aufgabe reduzieren, indem Sie drei Gruppen bilden und je einer Gruppe eine Textspalte zum Lesen geben.

Grammatik: Begründen, einschränken, kontrastieren

5. Dass sich die KT in der Kleingruppe auf drei Zitate einigen müssen, bietet einen natürlichen Gesprächsanlass, in den Sie nicht eingreifen sollten. Erst wenn die Auswahl der Kursgruppe präsentiert wird, sollen die angegebenen Redemittel und syntaktischen Strukturen mündlich, keinesfalls schriftlich, verwendet werden. Die KT der anderen Gruppen nehmen unmittelbar Stellung zur Präsentation der ersten Gruppe, erst dann stellt die zweite Gruppe ihre Zitate vor. Als Merkhilfe notieren die KT jeweils ein Redemittel der Begründung und des Widerspruchs auf einen Streifen Papier, legen ihn vor sich auf den Tisch und verwenden es beim Argumentieren.

6. Um die Lust aufs Argumentieren nicht zu nehmen, diese Übung erst nach der Diskussion durchführen. Übernehmen Sie das Raster eventuell als Folie an der Tafel, notieren Sie die Zurufe, ergänzen Sie zur Ausdruckserweiterung weitere Nennungen aus der Kursgruppe; die KT überprüfen und ergänzen dann mithilfe der Grammatikübersicht auf S. 133 ff.

AB Kp 9,1: Fakultativ. Indefinitpronomen braucht man für allgemein charakterisierende Äußerungen, beispielsweise zur Beschreibung des Reiseverhaltens im Herkunftsland. Neben der semantischen Klärung sollte auf das Paradigma von „man" hingewiesen werden.

➤ **AB Kp 9,1: Indefinitpronomen, LHB, S. 165**

Schreiben

7. Helfen Sie, wenn nötig, bei Übersetzungen der Sprichwörter/Redewendungen/Zitate aus der Muttersprache. Auch hier steht der mündliche Austausch im Vordergrund, denn die Sammlung von Redewendungen (Tafel/Folie/Kopie) bietet Anlass, sich über kulturelle Unterschiede in der Bewertung des Reisens zu unterhalten.

8. Im Mündlichen schwächere KT haben hier die Möglichkeit, sich zu einem Thema schriftlich zu äußern. Außerdem geht es um Festigung der in 6. neu erlernten Strukturen, da beim Schreiben mehr Zeit zum Nachdenken zur Verfügung steht.

Klassenkorrespondenz
Die Kursgruppe teilt sich auf in Kleingruppen zu 4 – 5 Teilnehmern. *Variante A:* Jeder KT schreibt einen Satz zum gestellten Thema auf ein Blatt Papier und schiebt dieses seinem Nachbarn im Uhrzeigersinn weiter. Dieser liest die Äußerung und nimmt schriftlich in einem weiteren Satz dazu Stellung. Bedingung ist jeweils, dass auf die vorhergehenden Äußerungen eingegangen wird. Anstelle einer Äußerung kann auch eine Frage stehen, z. B.: „Was hältst Du von …?" Am Ende liest und korrigiert die Kleingruppe alle in ihrer Gruppe entstandenen „Briefe".
Variante B: Vorgehen wie oben, nur entsteht pro Kleingruppe nur ein „Brief", der am Ende mit den anderen Kleingruppen ausgetauscht wird. In beiden Fällen Anzahl der Äußerungen festlegen oder Zeitlimit setzen.

9. Fakultativ; die KT wählen selbst eine der beiden Aufgaben aus. Allgemeine Hinweise zum Rollenspiel: LHB, S. 12 f.

Nur reisen – nicht irgendwo ankommen

Schwerpunkt dieser Einheit: Orientierendes Hören und die Strategie, sich beim Hören Verständnisinseln zu schaffen. Angewendet werden diese Hörtipps in einer Hörfunksendung, bei der Jugendliche über ihre Erfahrungen auf InterRail-Reisen befragt werden. Die authentischen Aussagen sind zu einer Collage geschnitten und teilweise mit atmosphärischen Bahnhofsgeräuschen unterlegt. Sie repräsentieren ein breites Spektrum deutschsprachiger Dialekte und Sprachfärbungen.

Die Aufgabensequenz 1 – 3 bildet ein Beispiel für den Umgang mit authentischen fremdsprachigen Hörtexten.

Hören

1. Spielen Sie den Beginn der Sendung an, sodass die KT die Bahnhofsgeräusche, die Durchsagen am Bahnhof, das Stimmengewirr sowie den Interviewcharakter der Sendung wahrnehmen. Achten Sie darauf, dass beim ersten Hören der Titel der Sendung nicht abgespielt wird. Die KT lesen dann den Lerntipp „orientierendes Hören" und kommentieren, ob sie mit dieser Art des Vorgehens Erfahrungen haben und ob sie sich vorstellen können, dass es das Hören in der Fremdsprache erleichtert. Dann 1. b) und c) durchführen.

2. Vorwissen nutzen und Hypothesen bilden.

InterRail ist eine Art des Reisens für Jugendliche unter 26, die in den siebziger Jahren in Europa populär wurde und auf die US-amerikanischen *Hobos,* die auf fahrende Güterzüge springenden Landstreicher, zurückgeht. Die Idee entspringt dem Wunsch nach Freiheit, Spontaneität und Eigenverantwortlichkeit, denn so ein Ticket ermöglicht, ohne Vorplanung spontan jeden mit dem Zug erreichbaren Ort anzufahren. InterRailer reisen nicht, um sich zu erholen, sie wollen etwas erleben, andere Jugendliche kennen lernen und so einfach und billig wie möglich reisen, d. h. gegebenenfalls auf dem Boden in der Bahnhofshalle oder im fahrenden Zug schlafen. Gepriesen wird oft das Gemeinschaftsgefühl unter den InterRailern, die sich gegenseitig weiterhelfen. Kritisiert werden diese jungen Rucksacktouristen aber in vielen Ländern, da sie wenig Geld im Land lassen und oft durch Verunreinigung der Straßen und Strände auffallen.

3. Machen Sie die KT darauf aufmerksam, dass es bei diesen zwei Hördurchgängen nur darum geht, kursorisch zu hören und den Grundtenor von **einigen** Aussagen bzw. Stellungnahmen zu erfassen. Thematisieren Sie gegebenenfalls die Technik des Notizenmachens, indem Sie den dritten Jugendlichen mehrmals hören lassen und als mögliche Notiz dazu anbieten: *Nur reisen – nicht irgendwo ankommen* oder *Reisen ist faszinierend.*

4. Auswertung des kursorischen Hörens:

Hörverstehen kontrollieren

Lassen Sie die KT auf jeden Fall aufstehen und Partner suchen, die sich auf dieselben Aussagen konzentriert haben. So vermeiden Sie die traditionelle Präsentation und die richtig/falsch-Bewertung durch die Lehrperson, stattdessen korrigieren und ergänzen sich die KT gegenseitig. Sammeln Sie anschließend an einer Pinnwand auf Zetteln oder an der Tafel die Notizen zu den einzelnen Aussagen. Korrigieren Sie eventuell sprachlich und inhaltlich.

5. Eventuell auch vor Aufgabe 3. Fragen Sie die KT, wie sie beim kursorischen Hören vorgegangen sind bzw. vorgehen und schlagen Sie Ihnen, wenn Sie es nicht bereits so gemacht haben, die Strategie der Bildung und Erweiterung von Verstehensinseln vor. Die KT lesen dazu den Lerntipp auf S. 103 und bearbeiten dann die drei Beispielnotizen aus dem Kontext und dem eigenen schon vorhandenen Allgemeinwissen.

Diskussion

6. Inhaltliche Auseinandersetzung mit dem Thema. Nutzen Sie die Mitschriften aus Aufgabe 4. Ergänzen Sie sie, wenn noch grobe Lücken bestehen, durch nochmaliges Hören. Anschließend sortieren die KT die Zettel an der Pinnwand in *pro* und *contra*.

7. Lassen Sie Leerzettel von KT mit eigenen Erfahrungen, Beobachtungen oder Stellungnahmen eventuell mit einer anderen Farbe beschriften und ergänzen Sie das Tafelbild/die Pinnwand. Die KT erläutern ihre Auswahl der Argumente bzw. ihre eigenen Nennungen.

Sprechen oder Schreiben

8. Fakultativ: Für die Diskussion wenden die KT die in Einheit 9.1 erworbenen Redemittel an. Als Stimulus für das Rollenspiel teilen Sie den Kurs in eine Gruppe „jugendlicher Reisewilliger" und eine Gruppe „besorgter Eltern".

9

3

Und Gott besah sich seinen Apfelbaum

Schwerpunkt dieser Einheit: Hypothesengeleitetes Lesen eines relativ schwierigen satirischen Textes, der sich kritisch mit dem Thema *Tourismus* auseinandersetzt. Neben der altertümlichen Sprache liegt die Schwierigkeit des Textes darin, dass er nur auf der Grundlage der biblischen Geschichte der Vertreibung aus dem Paradies zu verstehen ist.
Die Beschäftigung dieses Textes mündet in ein Planspiel zum Thema *Tourismus,* bei dem die KT selbst Standpunkte erarbeiten und diese gegen andere vertreten. Sollte der Schwerpunkt auf Textarbeit gelegt werden, so bietet das Lehrerhandbuch Arbeitsblätter zum Genitiv und zur detaillierten Textarbeit.

Lesen

1.–2. Lesen des ersten Textabschnitts und Bearbeiten des Lückentextes. Achten Sie darauf, die Nennungen nicht mit *richtig* oder *falsch* zu bewerten, sie müssen lediglich plausibel sein. Es gibt also durchaus verschiedene Lösungsmöglichkeiten.

Sprechen

3. Fakultativ; zur Aktivierung des Vorwissens oder für Kursgruppen, in denen die Genesisgeschichte der Vertreibung aus dem Paradies unbekannt ist. Lesen Sie gegebenenfalls den KT die Bibelstelle vor oder teilen Sie für die eigene Lektüre das Arbeitsblatt 2 aus. Die KT ordnen die Bilder erst dann und rekonstruieren die Geschichte anhand der Stichwortkette.

➤ **AB Kp 9,2: ZST: Vertreibung aus dem Paradies, LHB, S. 166**

Lesen

4. Nach dem Exkurs zur Paradiesgeschichte nochmals auf den letzten Satz des dritten Abschnittes (Z. 25) eingehen, um den roten Faden nicht zu verlieren. Nun äußern die KT in den drei vorgeschlagenen Schritten Vermutungen über den Fortgang der Handlung, bevor sie die angegebenen Textstellen lesen. Diese Vermutungen sollten unbedingt an der Tafel oder auf Folie festgehalten werden, um einen späteren Vergleich zu ermöglichen.

<u>Binnendifferenzierung</u>:
Verwenden Sie für detaillierte Textarbeit das AB 3, lassen Sie die KT selbst wählen, welche Aufgabe sie bearbeiten wollen. Präsentation der Ergebnisse auf Folie.

➤ **AB Kp 9,3: Detaillierte Textarbeit, LHB, S. 167**

Wortschatz: Überzeugen

5.–6. Inhaltliche und sprachliche Vorbereitung für das Planspiel, Lösungen im Kursbuch, S.192 f.

Grammatik: Partizip

7.–9. Schwerpunkt ist die Klärung der semantischen Bedeutung der Partizipien durch die Zuordnung der Kategorien *aktiv-passiv* und *gleichzeitig-vorzeitig* (Übung 7), um auf die Umformungsübung (Übung 9) vorzubereiten. Die Form der Partizipien ist eigentlich Wiederholung von Grundstufengrammatik (Übung 8).

AB Kp 9,4: Genitiv. Auch hier selbstentdeckende Grammatikarbeit, die für den Genitiv als Stilmittel dieses bewusst in altertümlicher Sprache geschriebenen Textes sensibilisiert. Aufgaben 2. und 3. rufen die Flexion des Nomens und des Adjektivs in Erinnerung, Aufgaben 1. und 4. dienen der Ausdruckserweiterung. Verzichten Sie nicht auf die interaktive Aufgabe 5. Korrigieren Sie die Beispielsätze, geben Sie gegebenenfalls den Kontext oder die Stilebene an.

➤ **AB Kp 9,4: GR: Genitiv, LHB, S. 168**

Planspiel

10.–12. In der von uns vorgeschlagenen Simulation besteht der zu lösende Konflikt darin, dass in einer kleinen Gemeinde im Bayerischen Voralpenland ein Feriendorf errichtet werden soll, ein Vorhaben, bei dem es viele konkurrierende Interessengruppen in der Bevölkerung gibt.

<u>Planspiel selbst gestalten</u>
Reizvoll kann es auch sein, den Kursort der Lernergruppe für die Simulation heranzuziehen. Allerdings ist diese Version zeitaufwendiger, da Sie dann sowohl örtliche Informationen und Materialien bereitstellen, als auch einen Konfliktfall konstruieren müssen. Vielleicht gibt es aber auch an Ihrem Kursort einen vergleichbaren konkreten „Fall".

Vorbereitung (ca. 90 Minuten): Die KT informieren sich über die Gegebenheiten vor Ort und über das geplante Vorhaben (Aufgabe 10.). Anschließend informieren sie sich über die verschiedenen Interessensgruppen der Bevölkerung und entscheiden, zu welcher Gruppe sie gehören wollen (Aufgabe 11.).

Nun bilden sie entsprechende Kleingruppen und sammeln Argumente für ihren Standpunkt. Der KL legt auf die Tische der jeweiligen Gruppen verdeckt die Argumentationskärtchen und sagt den KT, dass sie gegebenenfalls Argumente aus diesem Stapel Kärtchen ziehen können.

➤ **AB Kp 9,5: Argumentationskarten für das Planspiel, LHB, S. 169**

Durchführung (ca. 30 Minuten): Die KT können Vertreter ihrer Gruppen wählen oder gemeinsam in die „Stadtratsitzung" gehen. Hier stellen sie ihre Meinung dar und versuchen, die anderen Gruppen zu überzeugen. Wenn gefordert, kann der Gemeinderat eine unparteiische Person wählen, die die Sitzung leitet und Redezeiten vergibt. Es muss allerdings eine weitgehend einvernehmliche Lösung gefunden werden. Das Ergebnis wird in Form eines Plans mit Beschreibung veröffentlicht, d.h. in der „Gemeinde" ausgehängt (vgl. Hinweise zum Planspiel, LHB, S. XX).

Hinweise:
Es empfiehlt sich, für die Sitzung eine zeitliche Begrenzung festzulegen (ca. 30 Min). Der KL tritt nach Möglichkeit nach der Verteilung der Argumentationskärtchen völlig in den Hintergrund, d.h. dass vor „Start" alle Verfahrensfragen geklärt sein sollten. Der KL tritt in dieser Phase auch nicht sprachlich korrigierend auf. Falls es in der Diskussion hitzig zugeht, sollte einer der KT schlichten.

Transkript zum Hörtext:
Nur reisen – nicht irgendwo
ankommen …
Jugendliche auf Reisen mit InterRail
von Ekkehard Kühn

Ansage:
Hamburg Altona, hier ist Hamburg Altona, Gleis 11 …

Jugendlicher:
Wir waren in der Stadt drinnen und haben uns ein bisschen umgesehen. Und wir fahren jetzt nach Marseille ans Meer.

Ansage:
Auf Gleis 11 wird bereitgestellt Schnellzug 231 nach Paris, planmäßige Abfahrt 22.25 Uhr.

(Geräusch eines einfahrenden Zuges)

Sprecherin:
Europa für eine Fahrkarte, unter 26 muss man sein!

Jugendlicher:
Ich wollte einfach reisen, also nicht irgendwo ankommen. Ich fand es einfach faszinierend zu sagen: Ich bin jetzt in Lissabon und, ja, morgen bin ich in Madrid, übermorgen bin ich – was weiß ich – in Wien oder sowas, das hat mich einfach fasziniert …

Sprecherin:
Der Weg ist das Ziel, Reise-Freiheit!

Ansage:
Paris Nord, hier ist Paris Nord. Alle Reisenden bitte aussteigen. Vergewissern Sie sich, ob Sie nichts im Zug vergessen haben …

Jugendliche:
1. Es ist schon eine große Freiheit, wir können uns einfach morgens in den Zug setzen und wieder in die nächste Stadt fahren.
2. Nur hier sitzen am Bahnhof und den Leuten a bissel zuschauen, das ist irgendwie ein Gefühl der Freiheit. Keiner kann einem Vorschriften machen, man kann tun und lassen, was man will. Man kann sagen, wenn es mir hier nicht gefällt, dann fahre ich in die nächste Stadt. Ich kann sofort meine Sachen packen und woanders hinfahren. (…)

Jugendliche:
3. Das kommt ganz drauf an, wie wir Lust haben! So. Wir machen alles spontan! Vielleicht machen wir auch einen Abstecher in die Türkei oder so. (…)
4. Also: man sagt: Hier ist es ganz schön, aber es kann Orte geben, die noch schöner sind. Was Neues sehen, was vielleicht anders ist!
5. Ich denke, mit der Spontaneität ist das so'ne Sache! Weil, ja, die wird so viel gepriesen, auch bei InterRail! Also, man kann hin, wo man will und wann man will und wenn man gerade Lust hat. Irgendwie, denke ich, bringt das wirklich nichts. (…)
6. Das sieht normalerweise so aus: Es ist überall dasselbe, praktisch! Die größten Sehenswürdigkeiten, man macht ein paar Fotos, ja, und dann reicht's. Die ganzen Museen so durchwandern, das haben wir von vorneherein nicht vorgehabt. (…)
7. Wir kommen aus Norddeutschland und sind als erstes nach Paris gefahren. Dann sind wir von Paris aus nach Portugal gefahren. Und in Portugal waren wir in der Stadt Porto, in Lissabon und unten in Lagos. Von Portugal nach Madrid gefahren, in Spanien, und von Madrid aus nach Gibraltar und dann wieder hoch und nach Alicante in Spanien und nach Barcelona. Und dann sind wir an der Côte d'Azur ein bisschen längs nach Marseille und dann weiter nach Italien: nach Rom, nach Neapel

und nach Venedig. Dann sind wir runtergefahren nach Griechenland, wo wir erst in Thessaloniki gehalten haben, und sind dann nach Athen gefahren, ja und nach Olympia auch noch. Und dann sind wir noch nach Ungarn gefahren, nach Budapest, und dann sind wir über Wien, und in Basel waren wir dann, und dann sind wir nach Paris gefahren. (…)

8. Man lebt eigentlich nur nach den Zugabfahrtszeiten. Es heißt: mein Zug fährt dann und dann; dann muss ich mich danach richten. Und wenn mein Zug spät ankommt, muss ich mich danach richten. Und wenn der morgens spät ankommt, dann bin ich eventuell der letzte in der Jugendherberge, und dann ist das Bett auch schon wieder weg!

9. Er hier hat 'ne Nachtfahrt stehend von Nizza nach Rom hinter sich gebracht, nach Florenz hinter sich gebracht. Ja, sogar mit Reservierung! Aber die wurde einfach vergessen von der SNCF.* (…)

10. Es überwiegt wohl das flüchtige Kennenlernen! Man tauscht halt die Adressen aus und dann sagt man: Ja, wir sehen uns dann wieder und sowas. Man hat halt dann Tausende von Leuten getroffen und sich unterhalten und die Adressen ausgetauscht. Und, ach Gott, ich hab' dann halt den Leuten ein paar Mal geschrieben, manchmal,

© Ekkehard Kühn, Bayerischer Rundfunk, München

o.k., das war's dann eigentlich. Ich hab' dann auch jemanden besucht, mich hat nie jemand besucht. Fand ich schade, aber es ist halt so.

11. Wenn man mit InterRail fährt, ist es leider schon vorgezeichnet, dass man die großen Städte anfährt. Man schafft's einfach nicht, so Landschaften kennenzulernen, da fährt man durch! Wenn Du hältst, dann fahren da am Tag zwei Züge und Du kommst nicht dazu, dir noch 'was anderes anzugucken. Das ist auch das Traurige daran, weil man kommt automatisch dahin, wo schon tausend andere Touristen auch sind.

12. Es drängt sich das Gefühl auf, InterRail habe eigentlich mit Urlaub und Ferien nicht viel zu tun.

13. Man muss sagen, man sieht halt unwahrscheinlich viel.

14. Aber Erholung ist nicht drin! Also hinterher braucht man noch 'ne Woche, um sich auszuruhen.

15. Auszuschlafen.

Ansage: Der Schnellzug Nr. 235 nach Hamburg fährt ab, bitte Türen schließen, Vorsicht bei der Abfahrt!

(abfahrender Zug)

*SNCF: Französische Eisenbahngesellschaft

Materialienbuch	Kursbuch		Zusatzmaterial im LHB
Kapitel 10.1			
S. 72: **Wir lernen heute:**	1.–3.	**Einstieg: Sprechen**	AB 1: Mit und ohne Ehering,
heiraten	4.–5.	Wortschatz: Heiraten	S. 170
Glosse	6.–8.	**Lesen**	
	9.	**Projekt**	
	10.	**Lesen**	
	11.	Grammatik: Passiv mit Modalverben	
Kapitel 10.2			
S. 78: **Gerhard Schöne:**	1.–2.	**Hören**	
📼 **Glück oder Unglück**	3.	**Sprechen**	
Lied	4.	**Hören**	
	5.	**Sprechen**	
	6.	Singen	
	7.	Projekt	
	8.–10.	Grammatik: Satzgliedstellung	
	11.–12.	Wortschatz: Diminutive	
Kapitel 10.3			
S. 79: **Zeit zum Flirten**	1.	**Einstieg: Sprechen**	
Zeitungsbericht	2.	**Lesen**	
	3.–5.	**Grammatik: Textkohärenz**	
	6.	**Projekt**	
	7.	Diskussion	

10
1

Wir lernen heute: heiraten

> **Schwerpunkt dieser Einheit:** Die Teilnehmer/innen sollen einen satirischen Text verstehen, dessen ironische Haltung nachvollziehen und fortsetzen. Daneben befassen sie sich mit traditionellen Hochzeits-Bräuchen.

Sprechen

1. Moderieren Sie ein Gespräch über die auf den beiden Fotos dargestellten Lebensformen der Großfamilie und eines „Singles". Zur Aktualität der verschiedenen Lebensformen liefert das Schaubild statistische Anhaltspunkte.
Sie können zu dem Schaubild eine Reihenübung zur mündlichen Formulierung statistischer Aussagen anschließen, wie z. B.: „Es gibt ungefähr doppelt so viele Haushalte *ohne* Kinder wie *mit* Kindern" etc. Für eine entsprechende schriftliche Übung können Sie das Zusatzarbeitsblatt verwenden.

➤ **AB Kp 10,1: Mit und ohne Ehering, LHB, S. 170**

2. Aus Übung a) können Sie eine interaktions- und bewegungsreiche Aufgabe machen, indem Sie die Teilnehmer/innen paarweise beauftragen, jeweils eigene Daten zu erheben, und diese selbst statistisch auszuwerten. Eine zusätzliche Aufgabe könnte darin bestehen, dass die Zweiergruppen ihre Erhebungsergebnisse in unterschiedlicher Weise grafisch darstellen (z. B. in unterschiedlichen Formen von Torten- oder Balkendiagrammen), um damit die ihrer Meinung nach wichtigen statistischen Aussagen hervorzuheben.

Nach der Schätzung zu c) könnten eventuell später durch die Teilnehmer/innen die tatsächlichen Verhältnisse recherchiert und zum Vergleich mit den ersten Schätzungsergebnissen in den Kurs eingebracht werden.

3. Diese Aufgabe ist eine Einstimmung auf die folgenden Übungen und sollte geprägt sein durch spielerisch-humorvolle Haltung bei allen Beteiligten. Die KT können sich also durchaus fiktiv und nicht unbedingt tasächlich zuordnen. Wenn Sie spielerisch an die Sache gehen, dürften kaum irgendwelche Tabus die Stimmung drücken. Sollte sich ein spielerischer Umgang mit dem Thema in Ihrer Kursgruppe nicht durchführen lassen, sollten Sie erwägen, diese Übung zu überspringen. Wichtig ist, dass hier keine „authentische" Stellungnahme erfolgen muss.

Wortschatz: Heiraten

4.–5. Leichte Übungen für Einzel- oder Partnerarbeit zur Vorentlastung der folgenden Verstehensaufgabe.

Lesen

6. Diese Aufgabe versucht, eine Lesereaktion der Teilnehmer auf den Text zu stimulieren, die mit der ironischen Haltung des Textes Schritt hält. Es soll den Teilnehmern ermöglicht werden, in satirischer Weise auf den satirischen Text zu reagieren. Vergleiche dazu auch die Bemerkung in Aufgabe 3. Falls Sie bei der Auswertung feststellen, dass zu viele KT die ironischen Aussagen des Textes überhaupt nicht verstanden haben, sollten Sie eventuell Aufgabe 8. vorziehen.

7. Dagegen ist diese Aufgabe eine eher herkömmliche Textverstehensaufgabe, die aber durch die Aufgabe

8. wieder den Bezug zu den satirischen Aussagen des Textes herstellt.

Projekt

9. Zu den Projektvorschlägen finden sich auf den Seiten 74 - 76 des Materialienbuchs Anregungen und Illustrationen, die auch für freie Gespräche genutzt werden können. Wenn möglich, sollten die KT zu a) – c) auch Illustrationsmaterial mitbringen.

Lesen

10. Dies ist eine Überleitung zu der zweiten Satire. Aufgabe b) soll für alle Fälle eine „Übersetzung" der Satire in „Klartext" bringen, die Sie aber nicht im Plenum überprüfen, sondern eher ganz weglassen sollten, wenn Sie keine Zweifel über die Verstehenskapazität Ihrer KT haben.

Grammatik: Passiv mit Modalverben

11. Übung zur Erarbeitung der Stellungsregeln bei komplexen Passiv-Formen; die Teilnehmer sollten zu zweit arbeiten, und Sie sollten eine Plenumsphase an der Tafel oder auf OHP anschließen, in der Sie die Ergebnisse besprechen.

12. Hier könnten Sie – wenn nötig – als Erleichterung die sinntragenden Verben (s. Lösung auf S. 193 im Kursbuch) vorgeben, sodass die Teilnehmer nur noch die Stellungsregeln befolgen und die notwendigen Formen der Funktionsverben einfügen müssen.

Gerhard Schöne: Glück oder Unglück

Schwerpunkt dieser Einheit: Die Teilnehmer sollen das Lied von G. Schöne verstehen, gegebenenfalls auch singen, sich mit der inhaltlichen Aussage auseinandersetzen und eine Stellungsregel bei der Ellipse in gesprochener Sprache kennenlernen.

Hören

1.a) Ermuntern Sie die Teilnehmer, nicht groß nachzudenken, sich nicht zu sehr um Formulierungen, Grammatik usw. zu kümmern, sie sollen einfach „drauflos reden".
Mit dieser Partner-Übung sprechen sich die Teilnehmer frei. Gleichzeitig machen sie sich und ihrem Nachbarn/der Nachbarin den Stand ihres Textverständnisses bewusst und erweitern ihn gegebenenfalls um den des Nachbarn. Geben Sie ca. 2 Minuten Zeit. (Zur Auflockerung können Sie sich z. B. eine Eier-Uhr mitnehmen, die nach 2 Minuten klingelt.)

2. Arbeitsteiliges Verfahren zur wörtlichen Aufnahme des Refrains und zur Fixierung von Kernwörtern der ersten vier Strophen. Einige Ihrer Teilnehmer werden im Laufe dieser Übung vielleicht schon mit- oder nachzusingen versuchen.
Anschließend Auswertung der Ergebnisse in Dreiergruppen mit je einem A-, B- und C-Teilnehmer oder in der gesamten Kursgruppe.

Sprechen

3. Die KT können mit dieser Aufgabe noch vor Bearbeitung der letzten Strophe das „Wende-Prinzip" durch eigene Erlebnisberichte nachempfinden. Vielleicht können Sie zu solchen Erzählungen durch eigene oder fiktive Erlebnisse anregen (– als junger Mann von der Verlobten verlassen – Trost bei anderer Frau gefunden – 30 Jahre glückliche Ehe; verpasstes Flugzeug – abgestürzt)?
Als methodische Variante zur Plenumsarbeit empfehlenswert: Je fünf KT in Gruppen erzählen ihre entsprechenden Erlebnisse und wählen das interessanteste Erlebnis aus, das dann im Plenum vorgetragen wird.

Hören

4. Als Anregung für eine Gegenposition könnte die Überlegung nützen, dass eine zu große Bereitschaft der Menschen, sich mit allen, z.B. auch gesellschaftlichen, Gegebenheiten zu arrangieren, eventuell notwendige Schritte zur Befreiung, Besserung, Erneuerung unterdrücken kann.

Sprechen

5. Sie können die Teilnehmer auffordern, sich einzeln oder zu zweit eines der Sprichwörter auszusuchen und eine fiktive oder erlebte Situation zu schildern, auf die das Sprichwort passt. Anschließend können sich die Teilnehmer zu Gruppen zusammenfinden, die sich mit demselben Sprichwort beschäftigt haben, sie können sich über mögliche Abweichungen in ihrem Verständnis des Sprichwortes austauschen und ihre Ergebnisse dann in der Gesamtgruppe veröffentlichen.

Singen

6. Manchmal werden sangesfreudige Teilnehmer durch sing-unlustige Kursleiter gehemmt. Gehen Sie in sich: Sollten Sie zu denjenigen gehören, die nicht gerne singen, lassen Sie es sich nicht anmerken! Vermutlich ist unter Ihren Teilnehmern mindestens ein Gesangstalent, das Sie für diese Übung zum Animateur der Kursgruppe befördern sollten. Und nun: lassen auch Sie sich mitreißen!

7. Sie sollten in mehreren Kurssitzungen den KT Gelegenheit geben, gefundene Tonaufnahmen und ihre Textniederschrift vorzustellen. Weitere Beispiele hier in Unterwegs: Kp 4,1 und 8,3.

Grammatik: Satzgliedstellung

8.–9. Nach kurzer Erläuterung der Tabelle (unter 4. sind infinite Verbteile und Ergänzungen einzutragen) im Plenum können Sie die Teilnehmer allein oder zu zweit arbeiten lassen und eventuell auf eine anschließende Plenumsphase verzichten.

10. Vielleicht gibt es irgendwann eine Kursfeier. Nutzen Sie diese Aufgabe zur Vorbereitung: Je vier bis sechs Teilnehmer erzählen sich Witze, entscheiden, welche davon ein Teilnehmer mit Unterstützung der anderen vortragsreif einübt, um ihn dann auf der Kursfeier im Rahmen eines Unterhaltungsprogramms zum Besten zu geben.

Wortschatz: Diminutive

11.–12. Die Nebenbedeutungen der acht Wörter im Diminuitiv (Wortbox Übung 12) können die Kursteilnehmer arbeitsteilig recherchieren und ihre Ergebnisse z.B. schriftlich als Aushänge an einer Pinnwand veröffentlichen. Sie sollten dann eine kurze Umlaufphase im Kurs veranstalten, in der die Teilnehmer alle Ergebnisse lesen und eventuell notieren können, und in der auch Zeit für eventuelle Rückfragen vorhanden ist.

Zeit zum Flirten

> **Schwerpunkt dieser Einheit:** Die Teilnehmer sollen sich mit dem Problem der Koedukation auseinandersetzen. Bei der Textanalyse steht im Vordergrund das grammatische Problem der Textkohärenz.

Sprechen

1. Diese Aufgabe dient der Einstimmung auf das Thema. Sie können die Paar-Gespräche kurz ins Plenum einmünden lassen, indem Sie erfragen, ob jemand auch Erfahrungen mit der für das eigene Schulsystem untypischen (geschlechtsgetrennten/gemeinsamen) Form gemacht hat oder sich diese andere Form sehr gewünscht hätte und davon im Plenum erzählen mag. Zur Abwechslung könnten Sie auch mal den jeweils anderen Partner im Plenum erzählen lassen, was er von seinem Gesprächspartner erfahren hat.

Lesen

2. Je nach Zeit, die Sie für diese Aufgabe verwenden wollen, können Sie die Zusammenstellung der fehlenden Kohärenzmittel einzeln oder zu zweit erarbeiten lassen, oder Sie lassen Gruppen von fünf Teilnehmern sich die Arbeit teilen, sodass je ein Teilnehmer einen Satz untersucht.

Grammatik: Textkohärenz

3. Beim Vergleich im Plenum sollten Sie darauf achten, dass nicht nur die Wirkung von Konnektoren auf der lexikalischen Ebene untersucht wird, sondern auch auf der Satzebene, z.B. die stärkere Kohärenz durch Satzverbindung oder Satzgliedfolge. Es muss deutlich werden, dass durch die Konnektoren die logischen Zusammenhänge der einzelnen Aussagen viel deutlicher herausgehoben werden. Auch die Wirkung der Apposition im ersten Originalsatz als Straffung und Strukturierung sollte klar werden.

4.–5. Diese Übungen sind zur Einzelarbeit geeignet. Sie sollten ausreichend Zeit einräumen, damit hier die KT an ihren Texten „feilen" und deshalb auch gründlich die Wirkung der verschiedenen Textfassungen besprechen und vergleichen können.

Projekt

6. Bei dieser Aufgabe lernen Ihre Teilnehmer/innen durch Lehren. Sie können vielleicht einen Teil Ihrer üblichen Unterrichtsvorbereitungszeit so planen, dass Sie Teilnehmer einladen, eine solche Übung gemeinsam mit Ihnen vorzubereiten. Den Teilnehmern, die diese Einladung annehmen, machen Sie damit Mut, bei nächster Gelegenheit auch selbstständig an so eine Aufgabe heranzugehen.

Diskussion

7. Die Gruppen sollten eine Liste anlegen, auf der zu den eigenen Argumenten auch jeweils mögliche Gegenargumente der anderen Gruppe verzeichnet sind.
Um möglichst viele an der folgenden Diskussion zu beteiligen, können die Gruppen Zuständigkeiten einzelner Teilnehmer/innen für bestimmte Argumente vergeben, sodass der Vortrag der jeweiligen Gruppe im Plenum wie eine Art Staffettenlauf funktioniert und auch die Verteidigung der Standpunkte von den jeweils Zuständigen übernommen wird.

Testen Sie sich selbst.

1. Bei dieser Übung handelt es sich um einen fortlaufenden Text, bei dem die angegebenen Formen der Modalverben im Passiv richtig ergänzt werden sollen.
2. ist eine Wiederholung zum Grammatik-Thema *Textkohärenz* aus Einheit 3.

Materialienbuch	Kursbuch		Zusatzmaterial im LHB
Kapitel 11.1			
S. 80: **Skurriles.**	1.–3.	**GR: Wahrscheinlich-keiten**	
Fotocollage	4.	Schreiben	
	5.–7.	**Sprechen**	
	8.	**Schreiben oder Sprechen**	
	9.	**Projekt**	AB 1: WS: Erzählen S. 171
Kapitel 11.2			
S. 82: **Lotto-Millionäre.**	1.	Einstieg: Hören	Transkript zum Hörtext 1:
Zeitungsmeldungen	2.	**Lesen**	Dialog, S. 89
	3.	**Sprechen**	
	4.	Inszenieren	AB 2: Redemittel, S. 172
Kapitel 11.3			
S. 84: **Einsteins Augäpfel im**	1.	**Einstieg: Sprechen**	
Marmeladenglas	2.	**Lesen**	
Zeitungsmeldungen	3.–9.	**GR: Indirekte Rede, Hören**	Transkript zum Hörtext 2: Gerichtsprotokoll, S. 89
	10.	**Projekt**	AB 3: Leseverstehen, S. 173
S. 85: **Detlef Michel: Filet ohne Knochen.** Satire			

Skurriles

> **Schwerpunkt dieser Einheit** ist es, Bilder zu beschreiben, Vermutungen und Wahrscheinlichkeiten auszudrücken, Geschichten zu Bildern zu erzählen und Äußerungen anderer wiederzugeben.

Grammatik: Wahrscheinlichkeiten

1. In der Kursgruppe können Sie zur Äußerung von Vermutungen z.B. dadurch anregen, dass Sie mit dem Foto im Kursbuch arbeiten oder ein Foto auf Folie kopieren, den Overheadprojektor zuerst sehr unscharf, dann nach und nach schärfer einstellen und dabei die KT immer wieder nach dem Bildinhalt fragen.

2. Aufgabe in folgenden Schritten: a) Entdeckung der sprachlichen Mittel zum Ausdruck subjektiver Äußerungen, b) Systematisierung und c) Erweiterung. Damit es tatsächlich dazu kommt, ausreichend Zeit für die Sammlung weiterer Textbeispiele einräumen.

3. Weitere Analyse, die die Alternativen *Adverb* oder *Modalverb* zum Ausdruck von Vermutungen bewusst machen soll.

Schreiben

4. Spielerische Anwendung der in 1–3 erarbeiteten Kenntnisse in einer Kriminalgeschichte. Gehen Sie bei Schritt b) anschließend nach der inhaltlichen Arbeit noch einmal zügig die verschiedenen gewählten Sprachmittel durch, analysieren und korrigieren Sie, wenn nötig.

Sprechen

5. Diese Aktivität ist ein Beispiel dafür, wie sich ein Aspekt von Lernerorientierung im Kleinen verwirklichen lässt: Jede/r KT beschäftigt sich mit dem selbst gewählten Bild.
Folgende <u>Varianten</u> geben den TN mehr Gelegenheit zur sprachlichen Interaktion:

<u>Interaktive Arbeit mit Bildmaterial</u>
A Kopieren Sie die Bilder aus dem Materialienbuch (S. 80/81) oder andere Fotos, die Sie besitzen, und zerschneiden Sie sie, z. B. für 15 Personen 3 Bilder in 5 Teile, für 16 Personen 4 Bilder in 4 Teile, für 17 Personen 3 Bilder in 4 Teile und 1 Bild in 5 Teile usw. Jeder KT bekommt einen Ausschnitt. Die KT laufen durch den Raum, suchen Gesprächspartner und beschreiben sich gegenseitig ihre Bildsegmente, ohne sie zu zeigen. Danach entscheiden sie, ob die Teile zu demselben Bild gehören. Wenn ja, setzen sie die Suche nach den weiteren Teilen gemeinsam solange fort, bis das Bild komplett ist. Im „negativen" Fall geht es einzeln weiter.

B Es werden Gruppen gebildet. Jedes Gruppenmitglied erhält ein/zwei (quadratische/rechteckige) Teile eines Bildes, die auf der Rückseite nach dem Zufallsprinzip gekennzeichnet sind. Niemand darf die Teile der anderen Gruppenmitglieder einsehen. Zur Orientierung hat die Gruppe ein Blatt, auf dem schematisch die Zusammensetzung des Bildes aufgezeichnet ist. Die Aufgabe besteht darin, das Bild zusammenzusetzen. Jeder KT beschreibt dazu seine/n Teil/e des Bildes. Aufgrund des Gehörten entscheidet die Gruppe, in welcher Weise die Teile zusammenpassen.

6. Gelegenheit zur authentischen Kommunikation, insbesondere bei Schritt a). Überprüfen Sie bei Schritt b) in den einzelnen Gesprächen behutsam, wie die verschiedenen Redemittel eingesetzt werden. Gegebenenfalls anschließende Ergänzungen, Erklärungen bzw. Korrekturen im Plenum.

7. Vorbereitung von Aufgabe 8.

Sprechen oder Schreiben

8. A Bildbeschreibung und Geschichten erzählen im <u>Wirbelgruppenverfahren</u>
Schritt 1: drei (oder vier) Gruppen mit *gleicher* Teilnehmerzahl bilden, z. B. A, B, C (D) mit je 4 (oder 5) Teilnehmern; Schritt 2: es werden neue drei (oder vier) Gruppen gebildet, wobei dann in die erste Gruppe jeweils ein KT aus allen Gruppen des ersten Arbeitsschritts, in die zweite ebenso jeweils ein anderer KT aus den bisherigen Arbeitsgruppen und schließlich auch in der dritten bzw. vierten Arbeitsgruppe jeweils 1 KT aus den bisherigen Gruppen mit den anderen zusammenkommt. Das ermöglicht eine optimale „Umwälzung" der Informationen aus allen Untergruppen.

B <u>Korrekturdurchlauf bei von KT selbstverfassten Texten</u>
Manche KT empfinden es als unangenehm, ihren geschriebenen Text an andere weiterzugeben, weil sie sich durch mögliche Fehler bloßgestellt fühlen. Bieten Sie in solchen Fällen die vorherige Durchsicht durch die KL mit anschließender Erstellung einer bereinigten Fassung durch die Verfasser an. In Gruppen, die gut miteinander können und bei denen diese Vorbehalte nicht existieren, kann man das Verfahren umkehren, d. h. den Korrekturdurchgang nicht durch die KL, sondern als Leseauftrag von den KT durchführen lassen. Die korrigierten Texte werden anschließend an die Verfasser zurückzugeben.

Projekt

9.–10. Gelegenheit zur weiteren Anwendung des im Unterricht Praktizierten, jetzt mit dem Unterschied, dass das Thema bzw. der Gegenstand vollständig von den KT bestimmt werden.
Sie können auch, als etwas gelenktere Aufgabe, die Übung auf dem Arbeitsblatt 1 durchführen lassen. Dort rekonstruieren die KT ein Gespräch, das nur in Ausschnitten bzw. als Gerüst vorliegt.

➤ **AB Kp 11,1: WS: Erzählen, LHB, S. 171**

Lotto-Millionäre

> **Schwerpunkt dieser Einheit** ist es, durch kursorisches Lesen von Zeitungsartikeln zum Erzählen und durch Nachspielen der Szenen in kleinen Inszenierungen zum freien Sprechen anzuregen.

Hören

1. Einstieg in das Thema der Einheit mittels einer kleinen Hörszene, bei der man nur den ersten Teil der erzählten Geschichte versteht, und anschließendem Gespräch über den möglichen Ausgang.

Lesen

2. Nach dieser Einstimmung sollen die KT die Texte kursorisch lesen. Vergessen Sie nicht, dem Lesen vorher ein Ziel zu geben durch die Frage aus dem Kursbuch, ob Glück und Reichtum immer „gerecht" verteilt wird.

Sprechen

3. Fortsetzung des Themas durch ein „Alltags"-gespräch. Dabei ergibt sich die Möglichkeit, den irrealen Konditionalsatz zu wiederholen und/oder zu üben. Verweisen Sie gegebenenfalls auf den entsprechenden Abschnitt in der Grammatikübersicht. Konjunktivformen können gegebenenfalls auf S. 141 im Materialienbuch wiederholt werden.

Inszenieren

4. Weitere Sprechübung. Generelle Hinweise zum Inszenieren vgl. S. XX in der Einleitung. Lassen Sie auch bei Variante C die Gruppe sich auf die Situation dadurch einstimmen, dass sie zuerst die Personen (Alter, Beruf, Hobby, Verhältnis zueinander, finanzielle Verhältnisse, Grund für das Lottospiel usw.) beschreiben. Weiter gibt es hier die Möglichkeit, durch Aufnahme von Nebenrollen mehrere Personen in das Spiel zu integrieren, z.B. als neugieriger Nachbar oder als wirklicher Hausierer oder als …
Binnendifferenzierung: Bei schwächeren Gruppen können Sie auch Dialogteile als Stütze zur Verfügung stellen. Auch hier sollte man bei der Inszenierung ein Auswendiglernen des Textes vermeiden, sondern, wie schon zu C dargestellt, auf das spontane Stegreifspiel hinführen. Neben der Möglichkeit, sich verbal über die einzelnen Personen zu verständigen und sie so lebendig werden zu lassen, besteht auf dem Arbeitsblatt eine weitere Möglichkeit, sich durch die Zeichnung eines Porträts vom Glücksboten und von der Lottogewinnerin auf das folgende Stegreifspiel vorzubereiten.

➤AB Kp 11,2: Redemittel, LHB, S. 172

Einsteins Augäpfel

> **Schwerpunkt dieser Einheit** ist es, sprachliche Mittel zur Wiedergabe von Äußerungen anderer zu wiederholen und zu erweitern (Redewiedergabe) und die Motivation für Zeitungslektüre außerhalb des Unterrichts zu schaffen.

Sprechen

1. Einstieg in den Text durch Aktivierung verschiedener Hypothesen der KT, ausgehend von einer Überschrift, die Gelegenheit zum Sprechen gibt.

Lesen

2. Je nachdem, wie Sie Ihre Lernenden einschätzen, kann ein Erklären dessen, was mit „Überfliegen" gemeint ist, bei der Durchführung dieser Aktivität hilfreich sein (= schnelles Durchgehen eines Textes, ohne bei unbekannten Wörtern stehen zu bleiben, um in diesem Fall die Richtigkeit der in Aufgabe 1 zusammengestellten Vermutungen zu überprüfen).

Grammatik: Indirekte Redewiedergabe

3. Einstieg in das Grammatik-Thema *Indirekte Rede* über die Rekonstruktion des ursprünglichen Dialogs.

4. Nach Zusammenstellung der Texthinweise für die *Redewiedergabe* können Sie die KT feststellen lassen, welche Aussagen auf die britische Zeitung „Guardian" und welche eher auf die „AZ" (Abendzeitung) zurück gehen. Lösung: „Guardian": Z. 3–15; 28–30; 37–40; „AZ": Z. 1–3; 15–27; 30–37; 40–48.

Hören

5. Der Hörtext, ein Ausschnitt aus einer Gerichtsverhandlung, liefert weitere Verben, die eine Redewiedergabe einleiten können. Er hat inhaltlich mit dem Einstein-Text der Einheit nichts zu tun und kann somit eventuell auch schon zu Beginn der Einheit als Einstieg behandelt werden.

6. Diese Aufgabe beschäftigt sich mit einem weiteren Aspekt der Redewiedergabe, nämlich dass sich der Sprecher ein wenig oder stark von der wiedergegebenen Aussage distanziert. Im Falle des „AZ"-Artikels kann er z. B. nicht für die Richtigkeit der Aussagen garantieren.

7. Eigentlich stellt diese Aufgabe eine Wiederholung von Bekanntem dar. Ist das Thema für Ihre Gruppe eine Wiederholung, so können Sie sie in Einzel- oder Paararbeit durchführen lassen, ansonsten ist Plenum vorzuziehen. Lassen Sie sich dann die richtigen Lösungen von der Gruppe diktieren. Gegebenenfalls die Grammatikübersicht heranziehen.

8. Diese Aufgabe bietet Gelegenheit, bisher Bekanntes oder in dieser Einheit Erarbeitetes zur Festigung zu systematisieren.
Bei der Auseinandersetzung mit der Indirekten Rede verwirrt es KT häufig, dass die in Grammatik und Lehrbüchern dargestellten Regeln von Deutschsprechenden und deutschsprachigen Medien oft nur bruchstückhaft eingehalten werden. Machen Sie darauf aufmerksam. Verweisen Sie auf die Unterschiede von mündlichem und schriftlichem Sprachgebrauch sowie auf die Funktionalität und Redundanz grammatischer Mittel: nicht die Einhaltung der Regel ist das Ziel, sondern die zutreffende Übermittlung von Bedeutung. – Für die Redewiedergabe stehen drei verschiedene Mittel zur Verfügung: 1. redeeinleitende Verben wie z. B. *angeben, berichten, aussagen* etc. mit einem folgenden Nebensatz, in dem das Verb sowohl im Indikativ wie auch im Konjunktiv stehen kann; 2. die Konjunktivform z. B. *habe, sei, wolle* etc. oder eine Ersatzform von *würden*; 3. die Modalverben *sollen* und *wollen*: *er soll behauptet haben* etc. Das Vorhandensein eines dieser Mittel reicht im Prinzip aus.

9. Nochmalige gelenkte Anwendung.

Projekt

10. Das Projekt gibt Gelegenheit, die Mittel der Redewiedergabe ein weiteres Mal, diesmal eigenständig, anzuwenden (A, C) und sowohl bei der Recherche als auch bei der Präsentation ausgiebig Texte zu rezipieren (Leseverstehen in B, C; Hörverstehen in C). Präsentiert werden dann (selbst geschriebene oder gesuchte) Texte. Auf diese Art und Weise könnte ein gemeinsamer „Reader" erstellt werden, der die Leseinteressen der Lerngruppe dokumentiert. Zum eventuellen Korrekturdurchlauf bei von KT selbst verfassten Texten (s. o. LHB Kp 11,1, S. 86).

➤**AB Kp 11,3: Leseverstehen, S. 173**

Transkript zum Hörtext 1:
Dialog

Sie: (*ruft*) Du, Erwin, jetzt kommen die Lotto-Zahlen im Fernsehen

Er: (*ruft*) Ja, gut, schreib mal auf.

Sie: 7 – 13 – 28 – 9 – 31 – 4. Du, sag mal, da sind doch unsere Geburtstage dabei. (*ruft*): Hast du mal den Tippschein?

Er: (*ruft*) Der ist in meiner Brieftasche. In der Jacke. Innen.

Sie: (*sucht*), (*ruft*) Nee, in der Brieftasche ist nichts.

Er: (*kommt*) Ach du Schande! Dann hab ich ihn weggeschmissen! Ich hab heut' meine Brieftasche ausgemistet. Die ganzen alten Zettel und so. Da muss der Lotto-Schein auch dabei gewesen sein.

Sie: Oh, Mann, ausgerechnet! Wo doch unsere Geburtstage dabei sind. Das war'n bestimmt sechs Richtige!

Sie: Oh, Mann, ausgerechnet! Wo doch unsere Geburtstage dabei sind. Das war'n bestimmt sechs Richtige!

Er: Ja, ja, bestimmt. Ich tipp doch nicht unsere Geburtstage!

Sie: Was? Warum denn nicht? Was tippst *du* denn? Mann, das wär'n sechs Richtige gewesen!

Er: Mann soll keine Geburtstage ankreuzen, weil man dann nicht alle Zahlen ausnutzt. Man soll nach Zufall tippen. Das Glück kommt zufällig und nicht nach Geburtstagen.

Sie: Ja, das sieht man. Wir könnten jetzt Millionäre sein, mein Lieber! Aber du …

Transkript zum Hörtext 2:
Wolf Euba, Aus einem Gerichtsprotokoll

1. Sprecher: Das Wort hat der Amtsrichter Dr. Kleinmichel.

Richter: Herr Zeuge, ich bitte Sie, die folgenden Fragen wahrheitsgemäß zu beantworten.

Zeuge: Aber selbstverständlich, Herr Richter.

Richter: Also erst einmal, seit wann kennen Sie denn den Angeklagten schon?

Zeuge: Den Schorschi? Ja den kenn ich schon … ja also seit drei Jahr kenn ich den scho … mindestens.

Richter: Und woher?

Zeuge: Mei, woher. Aus'm „Grünen Baum", wissen S' schon, die Wirtschaft an der Ecke Maiglöckchen / Schlüsselblumenstraße, des is halt unser Stammkneipe, da treffen wir uns jeden Freitag zum Schafk…

Richter: (*unterbricht ungeduldig*) Jaja. Schon gut. Und sonst hatten Sie keinen Umgang mit dem Angeklagten?

Zeuge: Umgang?

Richter: Na ja, ob Sie ihn sonst auch noch manchmal treffen?

Zeuge: Naa. Also kaum, Herr Richter. Wissen Sie, der Mann ist mir viel zu … ja wie soll ich sagen … viel zu ordinär.

(Protokoll:)
2. Stimme: Der Zeuge gibt an, er kenne den Angeklagten schon seit mindestens drei Jahren. Er treffe sich mit ihm regelmäßig in der Wirtschaft „Zum Grünen Baum". Im übrigen habe er mit ihm keinen Umgang, weil ihm dieser Mann zu ordinär sei.

Richter: So, Herr Zeuge, jetzt erzählen Sie uns einmal, was an jenem Morgen des 23. passiert ist.

Zeuge: Also, des war so, Herr Richter. (*sehr bemüht hochdeutsch*) Der Schorsch, also der Herr Bremsbichler stand an der U-Bahnhaltestelle, er hat scho a bissl dasig ausgschaugt, also ich mein, er sah etwas …

Richter: Benommen aus?

Zeuge: Jawohl genau. Benommen hat er ausg'schaut. Und ganz blass war er und zittert hat er am ganzen Leib.

(Protokoll)
2. Stimme: Der Zeuge führte aus, Herr Bremsbichler sei an der U-Bahnhaltestelle gestanden. Er habe etwas benommen ausgesehen. Auch sei er ganz blass gewesen und habe am ganzen Leib gezittert.

Richter: Schön, Herr Zeuge, jetzt sagen Sie uns mal, wie's dann weiterging.

Zeuge: Ja also … auf einmal haben den Bremsbichler zwei Männer angesprochen. Und die ham, also die haben … ich wollt sagen, die sagten: „Wir kommen von der Polizei".

(Protokoll)
2. Stimme: Der Zeuge sagte aus, auf einmal hätten ihn zwei Männer angesprochen. Sie hätten gesagt, sie kämen von der Polizei.

aus: Wolf Euba, Ja, wenn's nur grad rang, Bayerischer Rundfunk München

Materialienbuch	Kursbuch		Zusatzmaterial im LHB
Kapitel 12.1			
S. 87: **Geschäftsbesuch.**	1.	Einstieg	
Kurzprosa	2.	Grammatik: Konditio-nalsätze	
	3.	**Lesen**	
	4. – 5.	**Sprechen**	Zusatzarbeitsblatt 0: Argu-mentieren, S. 174
	6.	Wortschatz	
	7. – 8.	Stilfragen	
Kapitel 12.2			
S. 88: **Wut am Steuer?**	**1. – 2.**	**Lesen**	
Nerven bewahren!	3. – 4.	Gesten	
Zeitungsberichte	**5. – 6.**	**WS: Schimpfen**	
Kapitel 12.3			
S. 89: **Des Freundes Brief**	**1. – 2.**	**Hören**	Transkript zum Hörtext: Des Freundes Brief, S. 93
📼 Hörszene: Satire	3.	**Schreiben oder Sprechen**	
S. 90: ZST: **Endstation**	4.	**WS: Formeller Brief**	AB 1, 2, 3, 4: Rechnungen, Verwarnung, S. 175 – 177
Karlsruhe.	5.	Diskussion	
Zeitungsreportage			

12
1

Geschäftsbesuch

Schwerpunkt dieser Einheit: Die Teilnehmer beschäftigen sich anhand des Textes „Geschäftsbe-such" mit den Auswüchsen eines übertriebenen Bürokratismus, der in den deutschsprachigen Ländern – aber natürlich nicht nur dort – anzutreffen ist. In den Übungen spielen die KT die büro-kratische Verhandlungssituation nach und erproben mögliche andere Verhaltensmuster für die beteiligten Personen.

1. Die Aufgaben 1 und 2 sollten die Teilnehmer einzeln lösen. Assistieren Sie nur auf Anfrage.

GR: Konditionalsätze

2. Bei Problemen mit Aufgabe 2 können die Teilnehmer/innen in der Grammatik-Übersicht zum Kon-ditionalsatz (GR 3.2, Materialienbuch S. 135) nachschlagen.

Lesen

3. Gegebenenfalls den Ausdruck „Tagespassierschein" klären, der typisch für Behörden oder Institu-tionen ist, deren Sicherheit gegebenenfalls gefährdet ist. Die Partnerarbeit erleichtert in diesem Fall das Leseverstehen. Wenn möglich, sollten Sie den Paaren je eine Kopie des Textes geben, falls sie in das Materialienbuch nichts eintragen mögen. Sprecherwechsel: J: Z. 1–3; 7–9; 10–11; 16–17; 18–19; 21; 22–23; 23–24; 25–26; 26–27; 27–29; 29–30; 31–32; 32–33; 33–34; 34–35; K: Z. 4–7; 9–10; 11–15; 17–18; 19–21; 21–22; 23; 24–25; 26; 27; 29; 30–31; 32; 33; 34; 35. Am besten lassen Sie die Textstellen von J und K in zwei verschiedenen Farben markieren. Das bringt visuell den „Schlagabtausch" zwi-schen beiden „Kontrahenten" noch deutlicher zum Ausdruck. – Die unvollständigen Sätze sind in Z. 15 und 17.

4. Lassen Sie die Partner entscheiden, ob sie ihre Erlebnisse für interessant genug halten, um auch in der Kursgruppe erzählt zu werden. Eventuell diese Aufgabe erst nach 5. an das Ende der Übungssequenz setzen.

5. Wenn die KT motiviert sind für eine intensivere Beschäftigung mit dem Text, sollten Sie zunächst das Arbeitsblatt O verteilen. Die Fragen in Übung 4 sollten Sie nach einer stillen Nachdenkphase für die Teilnehmer im Plenum behandeln, nachdem Sie die Zusatzaufgaben zu den Argumentationsstrategien auf dem Arbeitsblatt erarbeitet haben.

➤ **AB Kp 12,0: Argumentieren, LHB S. 174**

Vielleicht stoßen Sie hier auf kulturelle Unterschiede, aufgrund derer Ihre Teilnehmer womöglich von Anfang an eher auf ein Durchsetzen der eigenen (bzw. rollengemäßen) Interessen verzichten.
Vielleicht stoßen Sie bei b) auf ein reiches Arsenal an Möglichkeiten zum Interessenausgleich. Wenn nicht, können Sie vielleicht selbst den einen oder anderen Vorschlag als Anregung machen (es könnte ein Vorgesetzter telefonisch befragt werden; Johann könnte seinen Personalausweis als Pfand hinterlegen; er könnte dem Pförtner ein Ehrenwort geben ...).
Eine zweite Möglichkeit wäre, in spontanem szenischen Spiel andere Möglichkeiten für den Verlauf auszuprobieren (vgl. auch Arbeitsblatt O, Aufgabe 3). 2 KT könnten das in der Mitte des Plenums vorspielen. Je nachdem könnten die Zuschauer während des Dialogs jeweils rechts hinter den „Pförtner" oder hinter „Johann" treten und die jeweilige Person argumentativ unterstützen. Sie können dann auch wieder in die Zuschauerrunde zurückgehen und andere können sie ersetzen (generell zum Rollenspiel vgl. S. 12 f.).

6.–8. Diese Aufgaben sind wieder für Einzelarbeit geeignet. Die Teilnehmer/innen sollen bürokratische Ausdrucksweisen kennenlernen und in alltägliche Formulierungen „übersetzen" lernen. Die in den Beispielen aufgeführten Formulierungen bringen in besonderer Weise den Verordnungscharakter zum Ausdruck.

Wut am Steuer? Nerven bewahren! **12**

2

> **Schwerpunkt dieser Einheit:** Die Teilnehmer sollen sich – natürlich nur zu Studienzwecken und aus interkulturellem Interesse – mit Schimpfen, Beleidigungen und vulgären Ausdrücken im Deutschen befassen. Ziel ist es, zu lernen, sich verbal oder nicht verbal in einer fremden Sprache und Kultur zur Wehr zu setzen.

1. Der Text ist im Wesentlichen mit der Lösung dieser Aufgabe erfasst. Wenn die Aufgabe vor dem Lesen zur Kenntnis genommen wird, ist der Lerner ausreichend thematisch eingestellt und wird selektiv an den Text herangehen. Die beschriebene Geste ist im Deutschen sehr obszön und bedeutet: „Arschloch".

2. Hier können Sie thematisieren, dass in diesen Fällen die Delikte über bloße „Beleidigung" hinausgehen und mit Körperverletzung verbunden sind. Die Strafen sind offenbar nicht nach Tabelle, sondern bezogen auf das individuelle Einkommen bemessen.

Gesten

3. Erfahrungsgemäß haben Teilnehmer mit dieser Aufgabe, wie überhaupt mit dieser Einheit einen diebischen Spaß. Sie sollten ihnen diesen Spaß gönnen. „Einen Vogel zeigen" (= die abgebildete Geste) bedeutet in deutschsprachigen Ländern, jemanden für verrückt erklären.

4. Sollte es Ihrer Kursgruppe schwer fallen, auf die Fragen einzugehen, könnten Sie z. B. bei Gelegenheit gemeinsam einen deutschen Kurzfilm ansehen und dabei auf die Gestik und Mimik der Figuren achten und sie im Kontext zu erklären versuchen.

Wortschatz: Schimpfen

5.–6. Halten Sie sich bei dieser Übung ruhig etwas im Hintergrund, zeigen Sie aber Einverständnis und wo möglich Mit-Wissen und Interesse.
Es wirkt sich mit Sicherheit positiv für die Nähe zu der zu erlernenden Sprache aus, wenn die Lerner sich auch einmal nach Herzenslust mit dem Intim- und Schambereich dieser Sprache beschäftigen dürfen. Achtung: Die mit einer Bombe 💣 gekennzeichneten und in Klammern gesetzten Beispiele sind „unter der Gürtellinie" und sehr aggressiv.

12

3

Des Freundes Brief

> **Schwerpunkt dieser Einheit:** Die Teilnehmer sollen die äußere Form und die Redemittel für den offiziellen Brief im Deutschen kennen lernen und anwenden und über die Angemessenheit eines offiziellen Briefes als Form zwischenmenschlicher Auseinandersetzung urteilen.

Hören

1. In Aufgabe a) geht es darum, zu rekapitulieren, was auf der Ebene des Dialogs passiert, d. h. die Interaktion zwischen Oskar und seiner Frau nachzuvollziehen. Mit seinen „Schreibübungen", die allesamt im Papierkorb landen, hat Oskar sich seine widersprüchlichen Gefühle gegenüber dem Freund von der Seele geschrieben. Offensichtlich geht es ihm am Ende besser, unabhängig davon, ob der letzte Brief den Adressaten je erreicht. Insofern kann man gegebenenfalls im Kurs die „Moral der Geschichte" besprechen, inwieweit solche Schreiben der eigenen Psychohygiene helfen können, auch wenn man sie doch besser nicht an den Adressaten abschickt.
Hierzu könnten Sie z. B. auch ein spontanes Rollenspiel aus dem Stegreif anregen, das vielleicht zwei bis drei Anläufe nach dem Muster von Briefentwurf/Diktat und zerrissenem Brief wiedergibt.
In b) sollen die Teilnehmer ihre Phantasie des Ereignisses oder des Konflikts zwischen Oskar und seinem Freund formulieren, die zu der brieflichen Reaktion geführt haben. Hier ist Vieles denkbar: Vom geringfügigen und überbewerteten Missverständnis über wirkliche Kränkung bis hin zum schweren Vertrauensbruch. Hier wäre ein kleines Rollenspiel z. B. zwischen Oskar und seinem Freund denkbar, das im Plenum vorgeführt werden könnte (zu Rollenspielen vgl. S. 12 f.).

2. Einzelarbeit während des Hörens, Abgleichen im Gesamtkurs.

Schreiben oder Sprechen

3. Die differenzierte Aufgabenstellung ermöglicht eine Zuordnung der Teilnehmer/innen zu einfacheren und komplexen Tätigkeiten. Für A gibt das Materialienbuch die Auflösung (natürlich erst hinterher).
Für B können die Teilnehmer an Aufgabe 2 anknüpfen. Sie können die folgende Liste von Adjektiven als Hilfe geben:

versöhnlich, nicht nachvollziehbar, kryptisch, inhaltsleer, unvollständig, poetisch, schwülstig, versponnen, sentimental, ordinär, beleidigend, wutschnaubend, verklausuliert, bandwurmartig, undurchdringlich, unübersichtlich, zu hoch gegriffen, vergalloppiert, nicht überzeugend, förmlich, unkonzentriert, widersprüchlich, zerstreut.

Für Aufgabe C sollten vorher der Lerntipp und das Muster zum formellen Brief erarbeitet werden.

WS: Einen formellen Brief schreiben

Lerntipp und Muster zum formellen Brief:
Sie sollten kurz das Brief-Muster auf S. 134 in der Kursgruppe durchgehen und dabei auch den Lerntipp zu Anrede und Grußformel auf S. 133 berücksichtigen. Die Aufteilung des Blattes mit Reihenfolge und Ausrichtung der einzelnen in dem Muster bezeichneten Textpositionen entspricht der Deutschen Industrie Norm (DIN 5008) für Maschineschreiben.

4. Diese Norm sollte bei den zu verfassenden Briefen durch die Teilnehmer auch handschriftlich in etwa eingehalten werden. Die im Kursbuch erwähnten Postsendungen finden Sie auf dem Zusatzarbeitsblatt, das Sie als Kopien den Zweiergruppen austeilen können.

➤**AB Kp 12,1–4: Rechnungen, Verwarnung, LHB, S. 175–177**

Die entstandenen Briefe sollten Sie im Plenum penibel mit dem Muster vergleichen, und auch den eigentlichen Brieftext sollte die Gruppe mit Ihrer Hilfe so kritisch betrachten, dass ihr auch geringere Ausrutscher als der im Brief-Muster nicht entgehen. Dabei kommt es sowohl auf sprachliche Fehler an als auch auf zwischenmenschliche und stilistische Fauxpas. Offizielle Briefe, insbesondere Beschwerdebriefe, sollten fehlerfrei sein.

Diskussion

5. Sie sollten mit allen Kleingruppen überlegen und besprechen, welche Reaktionsmöglichkeiten auf die jeweilige Situation sie sehen, und nur in dem Fall, dass sie eine schriftliche Beschwerde für unverzichtbar halten, sollten Sie die Teilnehmer so beraten, dass auch die möglichen Konsequenzen ihrer Formulierungen für die Person, über die sie Beschwerde führen, mitbedacht werden.
Vielleicht ist Ihren Lernern ein solcher Brief auch völlig fremd; er würde ihnen als Denunziation oder Rachefeldzug erscheinen. Dann sollten Sie nicht versuchen, sie von der „deutschen" Institution *Beschwerde* zu überzeugen.

Transkript zum Hörtext:
Karl Valentin, Des Freundes Brief
(1940)

Mann: So – Cäcilie – wir werden diesem sauberen Herrn einen Brief schreiben, der sich gewaschen hat! – – Nimm einen Briefbogen! – Hier ist die Tinte – und schreibe, was ich Dir diktiere!

Frau: Was ham mir denn heut für an Datum?

Mann: Nix Datum, der is ja gar koan Datum wert!

Frau: Was soll ich schreiben?

Mann: Datum: den so und so vielten …

Frau: Also, ich schreib: „Sehr geehrter Herr".

Mann: Nix geehrter Herr, geehrter weglassen …

Frau: Na hoaßt's ja bloß „Sehr Herr".

Mann: Dös is wurscht – – – Schreib jetzt: Es ist schon kaum unglaublich, daß sie sich erdreisteten, einen Freund, wie wir zu Ihnen sind, vielmehr waren, in so einer unverschä…, na so könna ma net schreib'n – – – nimm an neuen Briefbogen!

Frau: Dieselbe Überschrift?

Mann: Ja – schreib: Wenn Sie mir binnen – – wenn Sie mir binnen – –, hast Du's g'schrieb'n?

Frau: Ja –

Mann: Na – so könna ma a net schreib'n; „Binnen" is eine ganz alte Schreibart. – Nimm an neuen Briefbog'! – Hast'n? Schreib: Nix, gar keine Überschrift. – Hinsichtlich Ihres gegen uns erzeugten Benehmens Ihrerseits, wo es sich um Familieneinmischungsdifferenzen handel*te*, – handel*ten*, werden Sie zukünftigerseits gegenseitigen Erachtens – Intrigen ignoriert –, keinesfalls –, na, da kennt er sich net aus – nimm an neuen Briefbogen!

Frau: Ja mei, mir ham fei bloß mehr a paar Dutzend Briefbogen daheim!

Mann: Die reichen schon – – – schreib: „Glauben denn Sie, Sie hundsgemeiner Sauhund, daß Sie …"

Frau: Um Himmelswillen, Oskar, so dürf ma ihm net schreib'n, der verklagt Di ja sofort wegen Beleidigung!

Mann: Stimmt – ja – dös is etwas zu derb! – Nimm an neuen Briefbog'n!

Frau: Dös is jetzt schon der 5. Briefbog'n, den mir wegen dem Dreckkerl verpatzt ham!

Mann: No no no, Cäcilie, tu Dich etwas mäßigen in Deinen Ausdrücken, schließlich sind wir ja bessere Leute! – Wir müssen ihm so schreiben, daß er sich sagt: nach dem Brief nach zu schließen, können das keine gewöhnlichen Menschen sein.

Frau: Ja – ganz richtig! Schöne Zeilen sollen wir ihm servieren, denn schließlich war er ja doch Dein ehemaliger Freund und Du hast schon schöne Stunden mit ihm verlebt.

Mann: (*in weinerlichem Ton*) Ja, o mei, da derf i gar net drandenken, da könnt i glei weinen …

Frau: Na na Oskar, vergiß Dich nicht!!!

Mann: Schreib: Mein lieber, guter, alter Freund! Die Wunde, die mir das so jäh zerrissene Freundschaftsband, welches sich einst um uns ge-

© Karl Valentin, Des Freundes Brief, RA Fette, München

schlungen hat, verursacht hat, blutet heute noch. Auch Du, lieber alter Freund, wirst es nie vergessen, als wir in lauer Sommernacht im Hofbräuhauskeller unter duftenden Kastanienbäumen unsere Maßen schlürften, und wir dann in der Sternennacht schwer beladen, aber selig, heimtorkelten. Ein Strauß himmelblauer Vergißmeinnicht sollen das Zeichen unserer Freundschaft wieder … halt, halt, halt, na na nix, ja dös war ja der reinste Liebesbrief! –

Frau: Ja dös hab i mir a grad denkt!

Mann: Zerreiß sofort den Schmarrn!

Frau: (*Zerreißt den Brief*). Jetzt wird's aber bald Zeit, daß Du Dich entschließt, was wir ihm eigentlich schreib'n. I hab ja noch a andere Arbeit auch.

Mann: Jetzt weiß ich, was ich ihm schreib: – kurz und bündig! Nimm an neuen Briefbog'n und schreib: „Geehrter Herr! Ich beschließe nun mein Schreiben und erachte die ganze Angelegenheit für erledigt. – Hochachtungsvoll! – Oskar Milek"

Materialienbuch	**Kursbuch**		**Zusatzmaterial im LHB**
Kapitel 13.1			
S. 92: **Grenzenlos glücklich.**	1.–2.	**Orientierendes Hören**	Transkript zum Hörtext: Inter-
📷 Rundfunkinterview	3.–5.	**Selektives Hören**	view mit dem Pendler René,
	6.	**Kursorisches Hören**	S. 100
	7.	**Wörterbucharbeit**	
	8.	**Sprechen**	
	9.	**Gespräch**	AB 1: Idiomatische Wendun-
			gen, S. 178
S. 93: ZST: **Ohne Gepäck.**			
Kurzgeschichte			
Kapitel 13.2			
S. 95: **Zwei Fahrer.**	1.	**Einstieg**	AB 2: Rollenkarten, S. 179
Parabel			AB 3: Textrekonstruktion,
	2.	**Lesen**	S. 179
	3.	Sprechen: Erzählen	AB 4: Negation, S. 180
	4.	**Sprechen: Diskussion**	AB 5: Präpositionen, S. 181
Kapitel 13.3			
S. 96: **Ich denke, ich bin**	1.	**Einstieg:**	
meiner Zeit voraus		**Bildbeschreibung**	
Zeitungsreportage	2.–3.	**Lesen**	
	4.–5.	Wortschatz	
	6.	**Diskussion oder**	AB 6: Rollenkarten für das
		Planspiel	Planspiel, S. 182
S. 98: ZST: **Aussteigen.**			
Erzählung			

Grenzenlos glücklich

13

1

> **Schwerpunkt dieser Einheit:** Die Teilnehmer sollen sich durch Hören eines Rundfunkinterviews in den Alltag eines Arbeiters hineinversetzen, der täglich über sechs Stunden seiner Freizeit für den Weg zu seiner Arbeitsstelle aufwenden muss. Außerdem bekommen sie in dem Interview landeskundliche Informationen zur Situation im vereinten Deutschland in den ersten Jahren nach der Wende.

Hören

Möglicher Einstieg in diese Einheit: Bei KT, die gewisse geographische Kenntnisse über Deutschland haben, kann man mit der Gruppe deren bisherige Kenntnisse zur Karte auf S. 138 im KB sammeln: „Wo ist das?" usw.

1. Sie sollten für die gesamte Kursgruppe (z. B. auch mithilfe des Textes im Materialienbuch auf S. 92) die Begriffe *Pendler* (jemand, der weit entfernt von seinem Arbeitsplatz wohnt) und *Quelle* (eines der größten deutschen Versandhäuser) klären und die Situation, die der Reporter in dem Bus vorfindet, um das Hören des Interviews vorzuentlasten.

3. Zur Erleichterung, und um Zeit zu gewinnen, können Sie noch vor dem Hören folgendes Schema an die Tafel bringen:

Name des Interviewten	Wohnort	Alter	Firma	Wie lange beschäftigt?

Sie können dann z. B. fünf Teilnehmern je ein Stück Kreide in die Hand drücken und jedem die Zuständigkeit für eine der fünf Rubriken zuweisen, die sie während des Hörens der ersten Äußerung des Interviewten ausfüllen sollen. Bei Verstehensproblemen könnten Sie diese erste Äußerung wiederholen, bis alles geklärt ist.

Die Wende

Im ersten Interview-Abschnitt fällt der Begriff Wende. Damit ist die politische Veränderung in der DDR im Jahr 1989 gemeint, die zur Vereinigung der beiden deutschen Staaten geführt hat. Nach der Wende sind in den sogenannten neuen Bundesländern (= der ehemaligen DDR – hierzu gehört auch Thüringen) viele Betriebe geschlossen und Arbeitsplätze abgebaut worden; den arbeitslos Gewordenen blieb großenteils keine andere Möglichkeit, als in den alten Bundesländern (= der westdeutschen Bundesrepublik) Arbeit zu suchen und – bei Erfolg – dorthin zu ziehen oder zu pendeln.

Vielleicht haben einige Ihrer Teilnehmer weitergehende geographische Interessen. Hier links eine Skizze, in der für die Region die Bundesländergrenzen eingetragen sind. (vgl. Karte im Materialienbuch S. 42).

Zusatzaufgaben für diese Teilnehmer könnten sein,

- mithilfe dieser Skizze in die Karte im Materialienbuch ein Rechteck einzutragen und damit den Ausschnitt der Karte im Kursbuch S. 138 zu kennzeichnen,
- in die Ausschnittkarte im Kursbuch die Ländergrenzen zwischen Thüringen und Bayern (und eventuell Hessen und Baden-Württemberg) zu übertragen.
- Interessant vielleicht: die Landesgrenze zwischen Thüringen, Bayern und Hessen entspricht der ehemaligen Staatsgrenze zwischen der DDR und der BRD. Diese ehemalige Grenze könnte in die Karte im Materialienbuch eingetragen werden. (Ehemaliges Staatsgebiet der DDR: heutige Länder Mecklenburg-Vorpommern, Brandenburg mit Ostberlin, Sachsen-Anhalt, Sachsen, Thüringen)

Natürlich können Sie für diese Aufgabe auch eine Originalkarte aus einem Atlas verwenden.

4. Sie sollten zunächst vielleicht einige prinzipielle Fragen zum „Telegrammstil" klären: Diese Art verkürzter Sätze mit Auslassungen ist nicht etwa falsches, fehlerhaftes Deutsch, sondern sie entsprechen bestimmten Ellipsenregeln. Ähnlich wie bei der freien Erstposition (vgl. Kursbuch, Kp 10.2, S. 116) werden nur redundante Satzteile ausgelassen. Aus dem Kontext können die redundanten Pronomen, Funktions- und Hilfsverben und sonstigen Konnektoren problemlos erschlossen werden, weil sie durch Sprecher und Hörer immer auch sozusagen mitgedacht werden.

5. Das ist eine typische Aufgabe für Einzelarbeit. Der ausgefüllte Stundenplan macht das Lebensproblem von Herrn Dittmar deutlich.

6. Auch hier: typische Einzelarbeit. Aus den Hörergebnissen zu a), b), c) und e) lässt sich die – für die Teilnehmer vielleicht erstaunliche – Einstellung des Interviewten zu seinem Leben erkennen. Die vielleicht nicht ganz eindeutige *ja/nein*-Zuordnung bietet – vor allem in b) – möglicherweise Anlass zu zusätzlichen Überlegungen der KT.

7. Wörterbucharbeit, die auch aufgeteilt und in den Ergebnissen ausgetauscht werden kann.
Vielleicht sollten Sie in der Aufgabe noch den Begriff *Zapfenstreich* (hier: *Zeitpunkt, zu Bett zu gehen*) hinzufügen.

8. Die Besprechung dieser Aufgabe im Plenum sollten Sie nutzen, um die Ergebnisse der Einzelarbeiten, besonders aus den Aufgaben 5. und 6. einzubringen und dabei auf die Kernfrage des Problems zu kommen: die täglich knapp 2 1/2 Stunden Freizeit des Pendlers.

Gespräch

9. Diese Aufgabe ist in ihrer Offenheit so angelegt, dass Sie nur noch beratend und auf Anfrage in den Prozess eingreifen sollten. Beobachten Sie, was Ihre KT aus der Aufgabe machen, und seien Sie gespannt auf die entstehenden Aushänge und Gespräche.
Ein zusätzliches Arbeitsblatt regt, ausgehend von idiomatischen Wendungen, die KT dazu an, eigene Geschichten zum Thema „ungleiche Freunde" zu erfinden und sie erzählend, schreibend oder szenisch darzustellen (vgl. zum Rollenspiel S. 12 f.).
➤**AB Kp 13,1: Idiomatische Wendungen, LHB, S. 178**

Zwei Fahrer

13

2

┌───┐
Schwerpunkt dieser Einheit: Die Teilnehmer sollen eine kurze Parabel (also ein *Gleichnis*) zum Thema *Autofahren* verstehen und Entsprechungen zu dem geschilderten Fahrverhalten in anderen Lebensbereichen suchen.
└───┘

1. Für die Teilnehmer, die sich für das Rollenspiel entschieden haben, finden Sie zwei Rollenkarten als Zusatzmaterial auf dem Arbeitsblatt.
➤**AB Kp 13,2: Rollenkarten, LHB, S. 179**

Die Diskussionsgruppe wird lebendiger, wenn die Teilnehmer sich aufteilen und auf je einen der Standpunkte stellen und gegeneinander argumentieren.
Lassen Sie die Teilnehmer ihr Rollenspiel bzw. ihre Diskussion ausführen und geben Sie kurz im Plenum Gelegenheit zu berichten, was sie dabei empfunden und von den anderen Teilnehmern wahrgenommen haben. In einer deutschen Diskussionsgruppe mit Autofahrern wäre eventuell typisch eine sehr schnelle Zuweisung von Recht und Schuld im Autoverkehr.
Vor (oder, wenn Sie es den Teilnehmern leicht machen wollen, nach) der Leseaufgabe 2. können Sie das Zusatzarbeitsblatt zu Textrekonstruktion und zu Großschreibung und Interpunktion bearbeiten lassen.
➤**AB Kp 13,3: Textrekonstruktion, LHB, S. 179**

Lesen

2. Bei der Aufgabe 2 a) kommt es darauf an zu klären, dass keiner der beiden Fahrer in dem Brecht-Text einem der beiden in Aufgabe 1 B angedeuteten Fahrer-Typen entspricht. Bei Brecht sind beide Fahrer weder aggressiv noch rechthaberisch und verstoßen weder gegen Vorschriften noch behindern sie den Verkehr durch zu große Vorsicht. Die beiden in den Rollenkarten zu 1 A angedeuteten Fahrweisen liegen da schon näher an den zwei von Brecht beschriebenen Fahrern. Bei Interesse können Sie nach dem Lesen Vermutungen über Brechts Beurteilung der beiden Fahrer anstellen.

In den Diskussionen benötigen Sie immer wieder sprachliches Material zum Widersprechen, Abstreiten, Negieren. Dazu können Sie an dieser Stelle ein zusätzliches Arbeitsblatt zum Thema *Negation, Widersprechen, das Gegenteil behaupten* bearbeiten lassen.

➤**AB Kp 13,4: Negation, LHB, S. 180**

Erzählen

3. Entscheiden Sie, ob es für Ihren Kurs besser ist, die Aufgabe a) in Partnerarbeit vorzubereiten oder in Einzelarbeit.

Für das Erzählen können Sie als Hilfe anbieten, dass analog zum Brecht-Text begonnen wird: „Ich kenne einen Kollegen, der die Geschäftsabläufe in unserer Firma gut kennt. Er ist imstande, in kurzer Zeit viel Arbeit wegzuschaffen …"

4. Bei dieser Aufgabe könnte sich die Gelegenheit ergeben, die Brechtsche Parabel als allgemeine gesellschaftliche Idee über Individualismus und Konkurrenz im Gegensatz zu Kollektivität und Gemeinsinn zu betrachten.

Ein Beispiel für Kollektivität und Gemeinsinn ist der <u>Flug von Zugvögeln</u>. Zugvögel wechseln nach aerodynamischen Gesichtspunkten ihre Position innerhalb des Verbands, sodass günstige und ungünstige Positionen abwechselnd gleichmäßig von jedem einzelnen Vogel eingenommen werden. Damit wird ein rationeller Einsatz der Körperkräfte möglich, der das Erreichen des Zieles sichert. Deshalb fliegen Zugvögel im Verband.

Zum Thema *Verkehr* gibt es ein zusätzliches Arbeitsblatt mit einer Übung zu Präpositionen und Artikeln.

➤**AB Kp 13,5: Präpositionen, LHB, S. 181**

13
3

Ich denke, ich bin meiner Zeit voraus

> **Schwerpunkt dieser Einheit:** Die Teilnehmer sollen eine lange und damit nicht ganz einfache Reportage über einen sendungsbewussten „Apostel autofreier Städte" lesen und verstehen und sich mit seinem Verhalten auseinandersetzen.

„Freie Fahrt für freie Bürger"
Hartmanns Aktionen wirken auf viele Deutsche extrem polarisierend. Vielen ist das Auto „heilig", eine Beule oder ein Kratzer im Lack können zu heftigen Auseinandersetzungen führen. Dagegen gibt es immer mehr umweltbewusste Gegner des Autoverkehrs, die großes Verständnis für Michael Hartmann aufbringen. Wahrscheinlich wird auch unter Ihren Teilnehmern heftig für und wider diskutiert werden.

1. Sie sollten in der Kursgruppe klären, welche Bedeutung Ihre Teilnehmer mit dem Bild auf S. 142 im Kursbuch verbinden. Unterstützen Sie gegebenenfalls die Klärung der Situation durch Aufgabe a) und b), damit sie anschließend das Rollenspiel durchführen können.

Lesen

2.–3. Hier geht es um kursorisches Lesen. Die Teilnehmer können im Rückbezug auf die Bildsituation die grundlegenden Zusammenhänge für das Textverstehen klären: Das Foto zeigt Michael Hartmann, der mitten auf einer Straßenkreuzung steht und dadurch die vorbeifahrenden Autos zum Halten bzw. Schrittfahren zwingt.

Binnendifferenzierung
Sie können das Lesepensum auch durch die anschließende Aufgabengestaltung zum selektiven Lesen unter den Teilnehmern aufteilen. Diese Aufgabe lässt sich analog auch mit anderen Texten durchführen.
Im Folgenden lesen Sie eine sehr kurze Zusammenfassung des Zeitungstextes, die in fünf Abschnitte aufgeteilt und auf Zettel übertragen worden ist. Kopieren Sie diese und schneiden Sie die Zettel aus, sodass Sie (gut gemischt) jedem Teilnehmer einen Zettel geben können.
Die Teilnehmer sollen nun
a) die Textstellen aus dem Zeitungsartikel im Materialienbuch auffinden, die zu den jeweiligen Aussagen auf den Zetteln passen;
b) die Partner finden, die den gleichen Zettel bekommen haben, mit diesen ihre Lösungen vergleichen, sich dann wieder trennen und
c) jeweils vier andere Partner finden, die vier verschiedene andere Zettel bekommen haben, deren gefundene Textentsprechungen nachvollziehen und gemeinsam für die fünf Zettel eine textkohärente Reihenfolge finden;
d) im Plenum die Gruppenergebnisse aus c) vergleichen.

Zettel **A**
Der Münchner Michael Hartmann steigt seit 1988 aus Protest gegen den Autoverkehr über Autos, die verkehrswidrig auf dem Fußweg geparkt sind.

Zettel **D**
Wegen Sachbeschädigung, Nötigung und in erster Instanz wegen „gefährlichen Eingriffs in den Straßenverkehr" wurde der Überzeugungstäter verurteilt.

Zettel **B**
Seit 1989 geht Hartmann auch auf den Fahrbahnen städtischer Autostraßen spazieren.

Zettel **E**
Trotzdem will er weiterhin sein Leben dem Kampf gegen den Autoverkehr widmen.

Zettel **C**
Der „Autogeher" wurde wegen seiner Aktionen psychiatrisch untersucht und für normal befunden.

Wortschatz

4. Die Formulierung „über Autos gehen" bekommt durch die Anlehnung an die gängige Redewendung „über Leichen gehen" eine zusätzliche makabere und gesellschaftskritische Konnotation, die weit über die wörtliche Ebene, d.h. das Gehen, Klettern über Autos, hinaus geht.

5. Die beiden vorgegebenen Wortfamiliendiagramme helfen, die entsprechenden Begriffsfelder des Textes zu erschließen.
In **A** sind alle notwendigen Wörter bereits aus dem Text herausgeholt und angegeben; für **B** müssen die fehlenden sieben Begriffe noch dem Text entnommen werden.
Aufgabe **C** kann auch textunabhängig ausgeführt werden.

Diskussion oder Planspiel

6. Für die Beobachtung der Diskussion (**A**) sollten die Teilnehmer (noch einmal) die Information zum Sprecherwechsel in Kp 8.3 Kursbuch, S. 97 zur Kenntnis nehmen und für die Arbeit mit einem <u>Beobachtungsbogen</u> verwenden. Er könnte etwa folgendermaßen angelegt werden:

Sprecher	A	B	C	D
Anzahl der Wortbeiträge				
Sprechdauer ca.				
unterbricht (wie oft?)				
wird unterbrochen (wie oft?)				
wehrt sich gegen Unterbrechung				
spricht ruhig ungeduldig zornig				

Für das Planspiel (**B**) finden Sie auf dem zusätzlichen Arbeitsblatt fünf Rollenspiel-Anweisungen, die Sie 5 Kleingruppen zur Vorbereitung des Spiels austeilen können. Achten Sie darauf, dass die einzelnen KT vor Beginn der Arbeit am gemeinsamen Schreiben Gelegenheit bekommen, sich kurz in ihrer Spielidentität in ihrer Kleingruppe vorzustellen: Name, Geschlecht, Alter, berufliche Tätigkeit.

➤ **AB Kp 13,6: Rollenkarten für das Planspiel, LHB, S. 182**

Transkript zum Hörtext: Matthias Knappe, Achim Bogdan, Grenzenlos glücklich. Interview mit dem Pendler René

[Einleitung]

Jede Nacht das gleiche Bild: Mehrere Busse mit der Aufschrift QUELLE fahren durch die Dörfer im thüringischen Grenzland und sammeln verschlafene, verknitterte Gestalten auf, setzen sie morgens in Nürnberg und Fürth ab und fahren sie nachmittags zurück. Dazwischen liegt eine Arbeitsschicht. Damit auch ja die gestern beim Versandhaus bestellte genoppte Lammnappalederjacke morgen in Clausthal-Zellerfeld ankommt. Ein Interview mit den Buspendlern aus dem Osten zu führen ist allerdings nicht so einfach. Obwohl ich vom Busfahrer schon in der Früh angekündigt wurde, „die freu'n sich schon auf Sie", sagt er mir, ist dies eine harte Nuss. Die meisten der in der Mehrzahl weiblichen Quelle-Mitarbeiter fallen augenblicklich in einen nächtlichen Tiefschlaf. Die Wachbleibenden vorne verweisen mich an die Wachbleibenden hinten im Bus. Die hinten an die vorne. Erst hinter Erlangen finde ich einen Gesprächspartner.

Teil 1 des Interviews

Ungefähr Viertel nach drei ist es jetzt. Stimmt's? Wir sind mit dem Bus unterwegs, in einem Bus von Quelle aus Fürth, und der Bus fährt heute noch nach Meiningen und Schmalkalden, das liegt im jetzigen Thüringen und in der ehemaligen DDR. Neben mir sitzt ein Arbeiter von Quelle, ein Angestellter. Kannst du dich vielleicht mal kurz vorstellen, wie du heißt?

• Ja, also, ich bin der René Dittmar, ich bin aus Wasungen, das ist bei Meiningen, bin 29 Jahre, und arbeit jetzt schon, ja, knapp vier Jahre bei der Quelle.

○ *Wie hat's denn angefangen mit dir und der Quelle, weißt du's noch?*

• Ja, wie hat's angefangen? Ja, kam die Wende, ehemaliger Betrieb zugemacht, über die Zeitung mich beworben bei der Quelle, Zusage gekriegt für 'ne Aushilfstätigkeit, 'n viertel Jahr gearbeitet und dann Stammvertrag gekriegt. Und, na, seitdem läuft's.

○ *Was machst du genau?*

• Ich bin im Hauptlager und Schlichter, im Hauptlager. Das ist jetzt: Warenannahme und ins Verteilerlager liefern und für Nachsendungen, und das ist alles mit dabei, so …

○ *Jetzt nehmen wir mal heute früh: Wann bist du in der Früh gestartet heute und wann …*

• Also ich bin aufgestanden um zwei, bisschen frisch gemacht, gegessen, und zwo Uhr vierzig ist der Bus abgefahren. Die Schicht geht los um sechs und geht bis dreiviertel drei.

○ *Also, du bist jeden Tag insgesamt sechs, sechseinhalb Stunden im Bus unterwegs?*

• Ja, sechs Stunden ungefähr.

○ *Wie würd'st du dein Busfahrer-Arbeiterleben irgendwie jemandem beschreiben? Was ist das für ein Leben?*

• Ha, na ja gut, was ist das für ein Leben? Viel hat man nicht davon, also Arbeit, Fahrt, heim, essen, schlafen, aufstehn, Arbeit…. Das ist so ungefähr, was so geht die Woche, mehr geht nicht. Also, wenn man da jetzt noch bis abends um zehn oder halb elf fernsehschaut oder so, das ist also nicht drin, also spätestens um acht, halb neun ist da „Zapfenstreich".

Teil 2 des Interviews

○ *Also wie schaut's jetzt aus, wenn du jetzt zum Beispiel heut abend heimkommst, was ist dann geplant?*

• Ja, da wird mich meine Frau vom Bus abholen, gehn wir vielleicht, heut ist langer Donnerstag, vielleicht noch arbeiten äh, arbeiten, Quatsch!, einkaufen, und naja, gut, vielleicht doch noch mal 'ne Stunde Fernsehen oder so, das ist immer noch drin, aber, oder 's wird noch 'n bisschen erzählt, was so'n Tag über abgelaufen ist, vielleicht noch mal 'n Kumpel besucht 'ne halbe Stunde oder so auf'n Sprung, aber sonst …

○ *Was sagen denn deine Freunde dazu? Zu deinem Job?*

• Naja, schön, dass du 'n Job hast, erstmal, ne, also das ist erst mal wichtig, und, wenn man dann so abends mal, das Wochenende mal zusammensitzt beim Grillen oder so, man erzählt das, wie das eben so abgeht, da können sich die andern das nicht vorstellen, also: „Ach, das gibt's doch nicht!", und „Naja", und aber mit der Zeit finden die sich mit der Zeit …, wenn man das so erzählt, soundso viele Stunden im Bus, und naja, da wird auch gefragt: „Was machst du im Bus?" und „Was macht ihr im Bus?" und da, schlafen, na, ruhen, ich mein, schlafen ist es ja nicht.

○ *Also, der Fahrer hat mir vorhin gesagt, die Leute, die nicht, überhaupt nicht schlafen können während der Fahrt, die stehen's auch nicht durch.*

• Kann sein, ja, ich mein, irgendwo verschleißt man irgendwie dann doch schon, wenn man das jetzt nicht kann, im Bus schlafen, nä?

○ *Was hast du denn jetzt für Zukunftspläne, was deinen Job hier angeht? Willst du das hier weitermachen auf lange Zeit?*

• Na ja gut, so lange, bis man halt was anderes findet. Wo jetzt das Geld stimmt, wo man sich 'n bisschen vielleicht verbessern kann, verschlechtern auf keinen Fall, weil, dann kann man auch wieder zur Quelle fahr'n, wenn man sich verschlechtert. Ich mein, die Arbeit selbst in der Quelle ist schon nicht schlecht, also, der Job, den ich jetzt hab, wolln wir's mal so sagen.

○ *Wenn du jetzt so für dich selber Bilanz ziehst die letzten fünf Jahre, es ist ja jetzt bald fünf Jahre her seit der Maueröffnung, wie würde die Bilanz ausfallen, was würdest du da denken und sagen?*

• Ok, das, was ich mir vorgenommen hatt', das hab ich geschafft, ich hab Arbeit, hab mein Einkommen, und das Haus stand ja sowieso erstmal im Vordergrund, neues Auto, 's klar, ja, das war's auch, …

○ *Was für eins?*

• Ja, ich fahr 'n Suzuki, ja, und das musste auch sein, weil wir hatten zwar auch 'n Trabi, aber, na gut, der hat seinen Geist aufgegeben dann früher oder später, nichts hält ewig, nä?

○ *Hast du eigentlich schon jemals dein Busfahrdasein irgendwie generell mal in Frage gestellt? Dass du so viel Zeit im Bus verbringst?*

• … in Frage gestellt, hmmm, ja, es muss sein, sonst kommt man nicht auf Arbeit, nä?

Materialienbuch	Kursbuch		Zusatzmaterial im LHB
Kapitel 14.1			
S. 102: **Meeressäuger lösen ihre Schlafprobleme.** Sachtext	1.	Einstieg: Sprechen	
	2.–4.	Lesen	
	5.–6.	Sprechen	
S. 103: **Das listige Gesindel.** Sachtext	7.–11.	GR: Ursachen, Folgen, Ziele nennen	AB 1: Kausalbeziehungen, S. 183
	12.–14.	WS: Adverbien	
	15.	Sprechen Projekt	
Kapitel 14.2			
S. 105: **Plädoyer gegen Ohropax.** Hörfeature und Textcollage		Einstieg: Sprechen	Transkript zum Hörtext: Plädoyer gegen Ohropax, S. 107
	1.–5.	Hören	
	6.–7.	Schreiben	
	8.–9.	Sprechen	
		Projekt: Hören	AB 2: Wortschatz *Hören*, S. 183
			AB 3: Adressen deutschsprachiger Radiosender, S. 184
Kapitel 14.3			
S. 106: **... Nicht nur scharfe Zähne.** Sachtext	1.	Einstieg: Assoziieren	
	2.–3.	Lesen	
	4.–5.	Sprechen	
	6.	Lesehilfe	
	7.	Arbeit mit dem Wörterbuch	
	8.	Lesen	
	9.–13.	WS: Zusammengesetzte Wörter	AB 4: Wortschatz: Zusammengesetzte Wörter, S. 184
S. 107: ZST: **Bestialisch. Die Lebensgeschichte eines Hais.** Erzählung			

Zur Einstiegscollage im Materialienbuch S. 100/101: Das Foto unten links zeigt einen Mann bei Ausgrabungen aus der Römerzeit, rechts oben wird ein medizinischer Test vorgenommen, rechts Mitte zeigt Schaubilder vom menschlichen Gehirn. Das Foto auf S. 106 zeigt einen Zitronenhai.

14 Tiere
1

> **Schwerpunkt dieser Einheit** ist ein realitätsnaher Umgang mit der Textsorte *Sachtext* (kursorische Lektüre, Weitergabe der entnommenen Informationen); Wiederholung und Erweiterung der Ausdrucksmittel für die Angaben von *Ursache, Folge* und *Ziel;* Wiederholung und Erweiterung des Wortschatzes an *Adverbien.*

1. Diese Aufgabe bietet einen alternativen Einstieg entweder über ein Gespräch zur Einstiegscollage im Materialienbuch S. 100/101 und zu persönlichen Erfahrungen (**A**) oder ein Ratespiel (**B**). Falls sich KT sowohl für A als auch für B finden, am besten jeweils die Aufgabe in getrennten Kleingruppen ausführen lassen.

Lesen

2. Das Auswählen hat zweierlei Funktion: Zum einen ist das ein authentischer Anlass für orientierendes Lesen und dient damit dem Aufbau einer authentischen Kommunikationssituation. Zum anderen gibt es die Möglichkeit, dass Lernende den Lerngegenstand mitbestimmen („Lernerorientierung im Kleinen").

3. a) Weiterer Beitrag zur Schaffung einer realen Kommunikationssituation (Artikulation des eigenen Interesses) und Gelegenheit zur echten Kommunikation.
b) Gelegenheit zum Sprechen und zur Vorbereitung des individuellen Textverständnisses (Austausch von Wahrgenommenem und Aktivierung von Vorwissen).
c) Weiterer Schritt im Aufbau einer authentischen Kommunikationssituation (Erzeugung eines Erkenntnisinteresses). Aufgabe 3 sollte nach dem ersten Lesen durchgeführt werden.

4. Diese Aufgabenstellung verlangt selektives Lesen. Lektüre und Verstehen erfolgen kontextorientiert und werden durch die vorangegangenen Aktivitäten vorentlastet. Der Austausch der Antworten schafft wieder Gelegenheit zum Sprechen. Die offen gebliebenen Fragen der Kleingruppe sollten Sie auf einem Blatt Papier notieren lassen.

Sprechen

5. Letzter Schritt zu den für die Textsorte *Sachtext* typischen Sprachhandlungen. Nach dem Entnehmen und Verarbeiten jetzt das Weitergeben von Informationen, in diesem Fall mündlich. Lassen Sie in Zweiergruppen arbeiten.

6. Zusätzlicher Gesprächsanlass (a), Vorbereitung lernerorientierter außerunterrichtlicher Sprachanwendung (b). Diese Aufgabe je nach Interesse und Motivation der KT im Zusammenhang mit dem Projekt möglichst ausweiten, da sie viel Raum für selbstständiges Lernen der KT schafft. Aufgaben 6 a) + b) am besten im Plenum erarbeiten.

Grammatik: Ursachen, Folgen, Ziele nennen

8.–11. Die Übungssequenz zu den sprachlichen Mitteln des Deutschen zur Angabe von *Ursache, Folge* und *Ziel* beginnt mit einem kleinen Text, der die verschiedenen logischen Bezüge und deren zugehörige sprachliche Ausdrucksmittel zusammen präsentiert und schließt daran verschiedene Übungen an, in denen das Grammatikthema geübt werden kann. Wichtig ist, dass im Unterrichtsgespräch über den kleinen Text in Übung 7 deutlich wird, dass in der Beschreibung einer Ursache-Folge-Relation je nach der Perspektive des Sprechers unterschiedliche Ausdrucksmittel gewählt werden können. Je nachdem kann entweder mehr die *Ursache,* die *Folge* oder das *Ziel* eines Sachverhalts oder Geschehens zum Ausdruck gebracht werden. (Hier: im Satz des Jungen wird mit *damit* das Ziel des Pustens zum Ausdruck gebracht; im Satz der Ameise wird durch *weil* die Beschreibung des Grundes, der Ursache eingeleitet; im Satz 3 des Beobachters wird mit *sodass* die Folge, in Satz 4 durch *weil* die Ursache und in Satz 5 mit der Konjunktion *damit* das Ziel des Pustens angesprochen.)
Übung 8. und 9. erweitern das Repertoire der KT durch weitere sprachliche Mittel für diese drei logischen Bezüge, Übung 9 ordnet dann diese verschiedenen Begriffe nach dem Modell der Grammatikübersicht auf S. 133 im Materialienbuch. Die hier angestrebte Systematisierung unterscheidet nicht nur die verschiedenen semantischen Aspekte, sondern auch die verschiedenen Wortarten. So kann herausgearbeitet werden, nach welcher Konjunktion die Verbstellung wie im Hauptsatz, nach welcher die Verbletztstellung steht. Außerdem hilft diese Übung, vor allem auch mit dem entsprechenden Passus in der Übersicht im Materialienbuch, den eigenen Wortschatz zu erweitern. Zwei Anwendungsübungen, eine in mehr traditioneller Zuordnungsform, die andere als Gruppenspiel werden dann in 10. und 11. angeboten. (Achten Sie bei 11. darauf, dass die KT tatsächlich die Bewegung im Raum nützen. Sie selbst gehen unterstützend von einer Zweiergruppe zur nächsten und achten darauf, dass kleine Texte formuliert werden. Erhalten Sie aber gleichzeitig eine entspannte, spielerische Atmosphäre.)

11. Spielerische lernerzentrierte Anwendung. Nehmen Sie selbst auch an der Aktivität teil. Lassen Sie die KT Ihre drei Satzanfänge fortsetzen. So verschaffen Sie sich selbst einen Überblick über die spontane aktive Beherrschung der grammatischen Struktur.

➤ **AB Kap. 14,1: Kausalbeziehungen, LHB S. 183**

Wortschatz: Adverbien

12. In Version B wurde auf alle Adverbien verzichtet. Deshalb liest sich diese Version nicht so flüssig. Mit der Gegenüberstellung beider Versionen sollen die Lernenden die Funktion von Adverbien entdecken, die Bedeutung der übergeordneten Satzteile noch genauer zu differenzieren.

13. Wortschatzerweiterung durch das Einarbeiten von Synonymen zu den Adverbien aus Text B.

14. Wortschatzarbeit durch Auseinandersetzung mit weiteren Adverbien (hier auch noch andere Lösungen als im Lösungsschlüssel denkbar: z. B. 1. offensichtlich, 10. offensichtlich usw.)

Sprechen

15. Weiterer Gesprächsanlass.

Projekt: Ein Thema recherchieren und präsentieren

A: An individuellen Interessen orientierte Recherche;
B: Verschiedene Alternativen der Sprachanwendung: nur Rezeption in a), Rezeption, Textproduktion und Präsentation in b), Textproduktion und Präsentation in c).
Beide Vorschläge (**A** und **B**) dienen dem außerunterrichtlichen Lernen in der Form der selbstbestimmten authentischen Anwendung von Sprachkenntnissen. Das Einbringen der Ergebnisse in die Gruppe dient dem freien Sprechen. Es kann bei interessierten Teilnehmern auch zum systematischen Üben von Referieren genutzt werden (vgl. auch S. 11 f. zu implizitem Lernen).

Plädoyer gegen Ohropax

> **Schwerpunkt dieser Einheit** ist es, einen Hörtext im Wesentlichen zu verstehen, sich über das Hören und speziell das Hörverstehen in der Fremdsprache und die Möglichkeiten zum Training des Hörverstehens auszutauschen. Der Hörtext ist inhaltlich anspruchsvoll und relativ lang; der Umgang mit dem Text ist aber so angelegt, dass Mittelstufenlerner ihn bewältigen können.

1. Einstiegsalternativen:
A Da die Lektüre nur der Einstimmung auf das Thema und die kommenden Aufgaben dient, ist es nicht notwendig, sehr detailliert auf den eher schwierigen Text einzugehen. Sammeln Sie das, was die KT verstanden haben, bzw. weitere Assoziationen, Fragen, Stellungnahmen zur Textaussage.

B Aktivierung eines Erwartungshorizontes für das Thema *Hören* durch eine Geräuschcollage, zu der die KT Vermutungen über das Geschehen äußern können.

C Aktivierung eines Erwartungshorizontes für das Thema *Hören* durch Austausch des bei den KT vorhandenen expliziten Wissens und/oder Auswertung der Informationen im Lexikontext im Materialienbuch auf S. 105.

Hören

2. Dieser an sich recht anspruchsvolle Hörtext ist den KT in der vorgeschlagenen Weise zumutbar, da zunächst mit einer Aufgabe zum globalen Verständnis begonnen wird. Einhören in die Sendung durch Hören des ersten Abschnitts. Unterstützen Sie die Lerner, indem sie anschließend nicht mehr verlangen als die hier gestellte Frage. Wenn Sie sich darauf beschränken, reduzieren sich die Schwierigkeiten des Textes erheblich. Diese Beschränkung soll den KT auch zeigen, dass sie mit ihren bisherigen Kenntnissen schon Erhebliches leisten, d. h. bei schwierigen Texten schon das Wichtigste verstehen können. Sollte sich die Klasse nicht auf eine Lösung einigen können, so kann die Entscheidung, welche der Möglichkeiten zutrifft, als weitere Höraufgabe für die Abschnitte 1–7 genommen werden.

3. (Abschnitte 1–7)
a) kursorisches Hörverstehen: Weisen Sie Ihre KT darauf hin, dass sie bei diesem Schritt zu jedem Abschnitt nur ein Wort aus dem Text notieren sollen, das ihnen wichtig erscheint, und dass es noch nicht um ein Zusammenfassen geht.
b) kursorisches Hörverstehen: Hier sollen die Stichwörter durch weitere Notizen ergänzt werden, die wesentliche Punkte festzuhalten versuchen.

4. Die Korrektur und Ergänzung der entnommenen Informationen bieten einen weiteren authentischen Gesprächsanlass. Das Ziel der Partnerarbeit sollte jeweils sein, die Notizen auf die zentrale Aussage zu fokussieren.

5. Das Ergänzen der bisherigen Notizen bietet den Kontext für selektives Hörverstehen und erfordert jetzt auch die Konzentration auf Detailaussagen.

Schreiben

6. Das gemeinsame Erstellen einer Zusammenfassung sichert zum einen den Verstehensprozess: Eventuelle individuelle Verständnisschwierigkeiten oder -lücken können durch andere KT beseitigt werden. Zum anderen ist es wieder ein authentischer Gesprächsanlass. Die Verständnissicherung, die gleichzeitig authentisches Sprechen und Zuhören ermöglicht, können Sie fortsetzen, wenn Sie die Zusammenfassung austauschen und besprechen lassen. Das Transkript zum Hörtext (S. 107 f.) können Sie am Ende der Aktivitäten zur Selbstkorrektur, oder auch als häusliche Leseverstehens-Aufgabe ausgeben.

7. wie 6, jetzt im Plenum.

Sprechen

8. Weitere Perspektiven des Themas *Hören:* a) Rückgriff auf individuelle Erfahrungen; b) Selbstexperimente. Hier sollten Sie ausreichend Zeit für den anschließenden Erfahrungsaustausch einräumen.

9. Diese Aufgabe überträgt das Thema *Hören* im Rahmen des Lernertrainings auf das Lernen und Anwenden von Fremdsprachen.
a) Anknüpfungspunkt ist die mutter- und fremdsprachliche Praxis der KT sowie ihre bisherige Lernerfahrung und ihre Lernziele; b) Erfahrungsaustausch und Sprechanlass; c) Erfahrungsaustausch in Bezug auf Lernmöglichkeiten und weiterer Sprechanlass; d) desgleichen im Plenum.

➤ **AB Kap. 14,2: Wortschatz** *Hören,* **LHB S. 183**

Projekt

Das Projekt dient der Anwendung der Übungsformen und der Reflexionen aus dem Unterricht auf eine außerunterrichtliche Höraktivität. Gleichzeitig können die inhaltlichen Interessen der KT Berücksichtigung finden (Lernerzentrierung).

➤ **AB Kp 14,3: Adressen deutschsprachiger Radiosender, LHB S. 184**

14

3

(Sich) Informieren, erklären - ➤ Aus Forschung und Wissenschaft

Nicht nur scharfe Zähne

> **Schwerpunkt dieser Einheit** ist es, Strategien kennen zu lernen oder zu trainieren, um einen
> schwierigen Sachtext zu lesen und zu verstehen, Wortbildungsmechanismen zu erkennen und
> anzuwenden und ein einsprachiges Wörterbuch zu benutzen.

1. „Klassischer" Einstieg in den Themenbereich als Einstimmung auf die Rezeption des Textes. Wenn
Sie diese Assoziationsübung ausweiten, d. h. nach den ersten spontanen Beiträgen das Sammeln ver-
längern und ausrichten wollen, können Sie zusätzliche Wortschatzarbeit betreiben. Mögliche Aufgabenstellung: *Sammeln Sie in Partner-/Gruppenarbeit weitere Wörter z. B. zu Gefühlen, Meer, Leben,
Körper o. ä. Ordnen Sie die Wörter nach Bedeutung bzw. nach Wortart.*

Lesen

2. Die KT sollen sich einen ersten Überblick über den Text verschaffen. Die anschließende Partnerarbeit will das erste Verständnis absichern und erweitern sowie Gelegenheit zum Sprechen bieten. Sollte sich herausstellen, dass schon bei diesem ersten Durchgang der Text im Wesentlichen erfasst
wurde, so sollten Sie dies ansprechen als Beispiel dafür, wie man mit beschränkten Sprachkenntnissen selbst aus schwierigeren Texten die zentralen Informationen entnehmen kann.

3. Totales Lesen: Je nach Einschätzung Ihrer Gruppe können Sie als zusätzliche Hilfe vor die Aufgabe
3 eine Übungsphase zum totalen Lesen einschalten (vgl. Aufgabe 6).

Sprechen

4. Gemeinsames Erarbeiten des Textes und Vorbereitung der Aufgabe 5. Dieses Vorgehen kombiniert
Sprechtraining mit Leseverstehenstraining.

5. Die Gesprächsübung stellt eine für Fremdsprachen-Lernende typische Situation dar: Sie kennen in
der Muttersprache bzw. aus dem Berufsleben komplizierte Sachverhalte und müssen/wollen darüber
in der Fremdsprache trotz eines noch beschränkten Wortschatzes sprechen.

6. Diese Aufgabe ist ein Vorschlag zur schrittweisen Reflexion und Übung des zielorientierten Lesens.

Zielorientiertes Lesen
Bei Fremdsprachenlernern, vor allem weniger geübten, können Sie häufig feststellen, dass sie
nicht geneigt sind, Risiken einzugehen und sich nur auf das Wort-für-Wort-Verständnis verlassen,
obwohl sie in der Muttersprache zielorientiert und ökonomisch zu lesen vermögen. Zielorientiert zu
lesen heißt, sich mit einem Text nur soweit zu beschäftigen, wie es das individuelle Leseziel erfordert, und ökonomisch zu lesen bedeutet, sich zum schnellst- und größtmöglichen Verständnis des
Textes soweit wie möglich auf Vorkenntnisse zu stützen und Erschließungstechniken zu nutzen.

7.–9. Diese drei Arbeitsschritte schließen die Arbeit mit dem durchaus schwierigen Sachtext über
Haie ab. Lassen Sie den KT in Aufgabe 7. und 8. ausreichend Zeit, ihre bisher schon eingeübten Strategien bei der Wörterbucharbeit und beim totalen Lesen (vgl. auch S. 175) einzusetzen. Lassen Sie am
besten – je nach Lernniveau – beide Aufgaben in Zweier- bis Vierergruppen lösen. Bei 8. empfiehlt sich
anschließend die Veröffentlichung der „zusammengestrichenen" Textprodukte aus den Kleingruppen
z. B. in Form von nebeneinander aufgehängten Wandzeitungen. Gegebenenfalls Austausch über den
Vergleich der einzelnen Bearbeitungen im Plenum. Alternativ können die Bearbeitungen Grundlage
für die Textwiedergabe in 9. sein.
Sie sollten in dieser Arbeitsphase möglichst wenig korrigierend, eventuell nur stützend und assistie-
rend eingreifen. Wichtig ist, dass Sie sich selbst ein Bild darüber verschaffen, wer im Kurs in welchen
Bereichen der Verstehenserschließung bzw. der Wortschatzarbeit noch Lücken aufweist.

Wortschatz: Zusammengesetzte Wörter

10.–13. Je nach dem Ergebnis Ihrer Evaluation während der Arbeit des Kurses in 7.–9. sollten Sie Übungsangebot 10.–13. bzw. das zusätzliche Arbeitsblatt als Möglichkeiten für Binnendifferenzierung nutzen. Es empfiehlt sich allerdings vorher, den generellen Einführungstext im KB S.156 in einem gemeinsamen Unterrichtsgespräch zu klären.

Nicht wenige Verstehensprobleme im Deutschen hängen mit dem ausgiebigen Gebrauch der Wortbildungsmechanismen zusammen. Die im KB vorgeschlagenen Aktivitäten möchten dies und den möglichen Umgang damit ins Bewusstsein der Lerner bringen. Wichtig ist zu zeigen, dass in vielen Fällen die Wörter relativ einfach und logisch zu knacken sind (Diese nicht-lexikalisierten Formen stehen meistens nicht im Wörterbuch oder werden nicht erklärt). Zusammengesetzte Wörter lassen sich jedoch nicht immer einfach erklären, z. B. *Handschuh.* Deshalb werden diese Wörter im Wörterbuch erklärt.

Es ergeben sich verschiedene Möglichkeiten zur Aufteilung der Übungen 10.–13. und das zusätzliche Arbeitsblatt auf S. 184. Eine mögliche Variante: Kleingruppe A: Aufgabe 10., Kleingruppe B: Aufgabe 12. und 13., Kleingruppe C: AB, Kp 14,4, Kleingruppe D: Aufgabe 14.

Alternative: Aufgabe 11. wird abschließend im Kreis im Plenum gespielt.

➤**AB Kap 14,4: Wortschatz: Zusammengesetzte Wörter, LHB S. 184**

Transkript zum Hörtext: Plädoyer gegen Ohropax

Teil 1 (Aufgabe 1)
Das Hören und das Hörbare sind nicht voneinander zu trennen, vergleichbar mit den zwei Seiten einer Münze. Denn die Qualität der Geräusche, die produziert werden, hängt ab von der Fähigkeit des Ohres, ihnen zuzuhören. Ein Beispiel: Jemand, der nichts hört, kann auch nicht singen. Und man fleht um Erbarmen, sollte er es trotzdem tun. Die Tatsache, dass der Krach, den unsere Gesellschaft produziert, immer unerträglicher wird, steht also im Zusammenhang mit unserer Fähigkeit oder Unfähigkeit zuzuhören. Im Reich der Sinne hat das Gehör eine besondere Bedeutung. Vermittels der Ohren nehmen wir ein Vielfaches dessen von der Welt wahr, was beispielsweise über die Augen von ihr zu uns durchdringt. Wie wertvoll der Gehörsinn ist, wird schmerzlich erfahrbar, wenn er fehlt. Ein Blinder kann sein Handicap durch erhöhte Wahrnehmungsbereitschaft der anderen Sinne, und zwar hauptsächlich des Gehörs, weitgehend ausgleichen. Obwohl jemand, der taub ist, zu seiner Orientierung ebenfalls die anderen Sinne zu Hilfe nimmt, gelingt ihm dies in der Regel weniger gut als einem Blinden. Er kann die Welt zwar sehen, aber sie bleibt stumm.

Teil 2 (Aufgaben 2–4)
Abschnitt 1
Das Ohr kann spazieren gehen im Raum, und zwar auch hinter uns, nicht, das Ohr kann gleichzeitig nach hinten, nach vorn, zur Seite, überall hin, nach oben, nach unten hören. Und es kann ja durch Wände gehen, nicht, und das ist, und um die Ecke. Es … Anders als das Auge. Das Ohr ist wirklich in der Lage, ziemlich selbstständig akustische Explorationen zu unternehmen, ohne dass wir es merken.

Abschnitt 2
Die Bewegungsrichtung des Auges geht nach außen, geht in die Welt hinein. Das Ohr führt die Welt dagegen in den Menschen hinein. Es fokussiert nach innen, saugt Informationen auf. Es liegt in der Natur des Ohres, die unwichtigen Laute zu überhören, um frei zu sein für die bedeutungsvollen. Das Prinzip der Selektion.

Abschnitt 3
Dass wir in einem Raum sitzen mit 100 Menschen und Hunderte von Geräuschen hören und Stimmen durcheinander klingen, und da hinten in der Ecke hören wir plötzlich eine Stimme, die uns ganz besonders gefällt, berührt, aufregt, was immer. Unser Ohr hat die Fähigkeit, sozusagen wie ein Teleskop dorthin zu fahren, diese Stimme herauszuholen und sie zu uns holen. Das ist eine ungeheure Fähigkeit. Die hat das Auge nicht.

Abschnitt 4
Eine andere Funktion des Ohrs ist zum Beispiel die, den Empfindlichkeitspegel anzupassen. Das kennen wir alle. Wenn wir aus dem Wald kommen, wo es still war, und gehen dann plötzlich auf die Straße in eine Stadt hinein, wenn wir den gleichen Intensitätslevel behalten würden, den wir im Wald hatten, dann würden wir durchknallen, nicht. Dann würd' die Energie in uns rein, die akustische Energie, und würde einen Kurzschluss verursachen. Das geht nicht. Also, wir erhöhen das Reizlevel, sozusagen die Schwelle, oberhalb derer das Ohr oder bzw. das Gehirn erst meldet, dass es etwas hört, und das bedeutet, dass bestimmte Geräusche und Frequenzen, die drunter liegen, gar nicht gehört werden.

Abschnitt 5
Wenn uns jemand etwas erzählt, wenn wir Musik hören, wenn wir die Schläge einer Kirchturmglocke zählen, immer gilt: einmal hinhören muss genügen. Denn Schall-

ereignisse sind flüchtig. Hören geschieht nicht gestern und nicht morgen, sondern immer genau jetzt.

Abschnitt 6

Das Hören ist von seiner Qualität her im ersten ein zeitlich orientierter, und zwar ein sehr streng zeitlich orientierter Sinn. Die Dinge, die wir normalerweise hören, z. B. Sprache, aber auch Musik, die sind ganz streng und auf eine unglaublich differenzierte Weise an die Zeit gebunden, und wir müssen da mit der Zeit gehen auf eine Weise, wie wir das sonst an Genauigkeit und Feinheit nie erleben.

Abschnitt 7

Wir wissen nicht viel über die Geschichte des Hörens. Aber es lässt sich vermuten, dass es einmal einen weit

© Norddeutscher Rundfunk, Hamburg

höheren Stellenwert für den Menschen hatte als heute. In der Frühzeit, der vorschriftlichen Zeit unserer Geschichte entschied die Verbindung mit der Natur für den Menschen über Leben oder Tod. Alle Geräusche aus der Umwelt waren mehr oder weniger bedeutsame Informationen. Ein differenziertes Gehör war für den Menschen ähnlich wie für die Tiere lebensnotwendig. Seit dem ausgehenden Mittelalter hat sich in der westlichen Kultur der Augenmensch herausgebildet. Wir leben heute in einem akustischen Raum, der sich völlig von denen der Vergangenheit unterscheidet. Was unsere Zivilisation an Krach hervorbringt, ist sowohl für unsere Ohren als auch für unsere Psyche zu einer Belastung geworden.

Materialienbuch	**Kursbuch**	**Zusatzmaterial im LHB**
Kapitel 15.1		
S. 110: **Busfahren** Romanausschnitt	1. Wortschatz: Vorent- lastung	
S. 111: **Busfahren** Romanausschnitt	2. Hypothesen bilden	
	3.–5. Lesen	AB 1: Kopiervorlagen Texte A und B, S. 186 AB 2: Detailliertes Leseverstehen, S. 186
	6. Sprechen: A oder B	
	7. Schreiben: Ratespiel	
	8.–10. GR: Perfekt oder Präteritum der Modalverben	AB 3: GR: Beschreiben; Partizipien und Vergleiche, S. 187 AB 4: Textbezüge erkennen, S. 188
Kapitel 15.2		
📼 **Travnicek am Mittelmeer** Hörszene	1.–2. Recherche: Landeskunde Wien/Österreich	
S. 112 f: **Travnicek am Mittelmeer** (Originaltext) Satire	**3. Hören erster Teil: A oder B**	Transkript zum Hörtext: Travnicek am Mittelmeer (Vereinfachte Fassung), S. 114
	4. Hören letzter Teil **5. selektives Hören**	
	6. Lesen	
	7. Hören des Originaltextes	AB 5: GR: Irreale Wunsch- und Bedingungssätze, S. 188
	8. Projekt: Werbeplakat schreiben	
Kapitel 15.3		
S. 114: ZST: **Sind die Deutschen merkwürdig?** Textcollage		
S. 115: **Kinder, Ampeln und Teutonen** Kommentar	**1. Schreiben: schriftlicher Dialog**	
	2.–3. Lesen	
	4. Sprechen	
	5. Sprechen: A oder B	
	6. WS: Sich zur Wehr setzen	
S. 116: ZST: **Unser Ausland** Kommentare	7. Spiel	

Busfahren

> **Schwerpunkt dieser Einheit:** In zwei Romanausschnitten wird jeweils eine Busfahrt des Erzählers während einer Auslandsreise beschrieben. Was nehmen diese Erzähler wahr? Welche Erfahrungen empfinden sie als beschreibenswert?
> Diese Einheit beschäftigt sich mit der kulturellen Geprägtheit der Wahrnehmung von Fremdem. Sprachlicher Schwerpunkt liegt auf den Sprachhandlungen des Beschreibens und Berichtens.

1. Nutzen Sie die sprachliche Vorentlastung der beiden Romanausschnitte.

Wortschatz pantomimisch darstellen:
Eine abwechslungsreiche Variante, Wortschatz einzuführen oder zu wiederholen, ist die pantomimische Darstellung von einzelnen Begriffen (Konkreta sind dabei in jeder Wortklasse einfacher darzustellen als Abstrakta): Jeder KT bekommt ein Kärtchen mit einem Begriff, ein KT beginnt und stellt sein Wort pantomimisch dar, der Rest der Kursgruppe errät den Begriff. Wer ihn erraten hat, ist als nächster dran. Auf diese Art werden beim Wortschatzlernen mehrere Sinne zugleich angesprochen, was den Lerneffekt erhöht.

2. Lassen Sie auch „wilde" Hypothesen zum Ort des Geschehens zu!

Lesen

3. Die hier vorgeschlagene Art von Annäherung an fiktionale Texte evoziert dadurch, dass zwei Gruppen unterschiedliche Texte bekommen, das Bilden von Hypothesen und einen kommunikativen Austausch über die Texte in der Kursgruppe. Die Art der Fragestellung lenkt das Interesse der KT auf das Zentrum der Einheit, die kulturelle Geprägtheit von Fremdwahrnehmung, deshalb auch die Frage: Woher kommt der Erzähler, die Erzählerin wohl?
Wenn Sie sich für dieses Vorgehen entscheiden, geben Sie bitte den KT unbedingt zuerst nur die Textausschnitte auf dem Arbeitsblatt im LHB (sie beinhalten jeweils den ersten Abschnitt der Texte im Materialienbuch) zu lesen, um zu vermeiden, dass die KT beim Lesen im Materialienbuch die Namen der Autoren erfahren. Teilen Sie den Kurs in Gruppe A und B und geben Sie jedem KT der Gruppe A eine Kopie des Textes A, jedem der Gruppe B eine des Textes B. Um kursorisches Lesen zu erreichen, geben Sie maximal fünf Minuten Zeit zum Lesen.

➤**AB Kp 15,1: Kopiervorlagen Texte A und B, LHB, S. 186**

Binnendifferenzierung:
Teilen Sie die „schwächeren" KT der Gruppe B zu, denn der Nöstlinger-Text ist sprachlich einfacher.

Aufgabe b): Jeweils ein KT aus Gruppe A sucht sich einen KT aus Gruppe B, sie teilen sich gegenseitig kurz den Inhalt ihrer Textabschnitte und Vermutungen über den jeweiligen Ort der Handlung mit.

4. Die beiden KT tauschen ihre Papiere aus und kommentieren die Hypothesen des Partners. Treten Sie als Kursleitende in dieser Phase weitgehend zurück, sodass die Kommunikation nicht über Sie, sondern direkt zwischen den beiden Gruppen verläuft. Verraten Sie erst daran anschließend, dass Text A eine Reise in das spanische Hochland, die Meseta, beschreibt und Text B eine Reise in die Gegend von Split in Kroatien.

Aufgabe c): Mögliche Antworten: Handke-Text: Der Erzähler/die Erzählerin kommt vielleicht aus einem deutschsprachigen Land (hier wirft man normalerweise keine Schalen auf den Boden, bringt im öffentlichen Bus keine Kassetten zum Fahrer usw.). Nöstlinger-Text: Die Busfahrt ist erzählt aus den Augen eines Kindes (z. B. *„affig heiß"*, *„Papa hat geschimpft"*, *„Mama ..."*) aus einem deutschsprachigen Land (es bemerkt, dass die Busse in schlechtem Zustand sind, sie sind überfüllt und unpünktlich). Der Erzähler/die Erzählerin kommt vermutlich aus dem süddeutschen Sprachraum (Verwendung des Perfekts als Erzähltempus). Falls Interesse besteht, sich über die Autoren Handke und Nöstlinger zu informieren, können die KT dazu Informationen im Materialienbuch auf S. 110 und 111 finden.

5. Aufgabe a): Textarbeit: Geben Sie ausreichend Zeit zum Lesen beider Texte oder teilen Sie wieder die ursprünglichen Gruppen den Texten zu.

Binnendifferenzierung:
Zur stärkeren Steuerung verwenden Sie das Raster auf dem Arbeitsblatt als Folie. Füllen Sie vorerst die Spalten „Erzähler" aus, die Spalten „Ich" eignen sich für die folgende Aufgabe 6A.

➤**AB Kp 15,2: Detailliertes Leseverstehen, LHB, S. 186**

Aufgabe b): Dass im Handke-Text der Erzähler beispielsweise die Schalen der Sonnenblumenkerne auf dem Boden des Busses beschreibt, könnte zu der Vermutung Anlass geben, dass es in der Kultur, aus der er kommt, nicht üblich ist, Abfall auf den Boden zu werfen. Ein Spanier selbst würde das vielleicht als ganz normal und nicht erwähnenswert empfinden. Ähnlich wundert sich der Erzähler darüber, dass die Personen keine Scheu vor körperlicher Nähe und Berührung zu haben scheinen, obwohl sie sich nicht kennen. Auch dieses Beispiel zeigt, dass es, abgesehen von persönlichen Voraussetzungen, auch kulturell geprägt ist, ab wann körperliche Nähe oder Lautstärke als unangenehm empfunden wird.

Sprechen

6. Fremderfahrung und kulturelle Unterschiede der Wahrnehmung sind Sprechanlass für A und B.

Schreiben

7. Eventuell als Vorarbeit für Aufgabe 7 das Arbeitsblatt 3: Sprachliche Möglichkeiten der Beschreibung, ausgehend von Handkes Vorliebe für erweiterte Partizipialgruppen.

➤ **AB Kp 15,3: GR: Beschreiben: Partizipien und Vergleiche, LHB, S. 187**

Grammatik: Perfekt oder Präteritum der Modalverben

8.–10. Hinweis: Nöstlinger verwendet das Perfekt hier als Stilmittel, um die mündliche Erzählung eines Kindes deutlich zu machen. Außerdem unterstreicht dies die süddeutsch-österreichische Sprachfärbung. (Vgl. die Ausführungen zum mündlichen Augenzeugenbericht in GR 14.1., S.138 im Materialienbuch. Die in Übung 9 aufgeführten Sprachformen sind süddeutsch/österreichisch.)

➤**AB Kp 15,4: Textbezüge erkennen, LHB, S. 188**

Travnicek am Mittelmeer

> **Schwerpunkt dieser Einheit:** Im Zentrum steht das Training des Hörverstehens eines szenischen Dialogs des österreichischen Kabarettisten, Schauspielers und Autors Helmut Qualtinger: eine Satire zum Thema *Reisen.* Für den Unterricht empfiehlt sich als erstes die vereinfachte „schriftdeutsche" Fassung auf der Kassette oder CD. Die schwierigere von Qualtinger selbst gesprochene Originalfassung kann anschließend als Hörprobe für den Wiener Dialekt goutiert werden.

Landeskunde Österreich

1.–2. Statten Sie den Kursraum aus mit touristischem Informationsmaterial, oder lassen Sie im Vorfeld die KT bei der österreichischen Fremdenverkehrszentrale in ihrem Land oder beim Wiener Tourismusverband, Obere Augartenstr. 40, A-1041 Wien anfragen. Vielleicht hat ja auch ein KT Zugang zum Internet und kann auf diese Weise Material besorgen. Aufgabe 2 ist eine inhaltliche Vorentlastung des Hörverstehens.

Hören

3. Wenn Sie Lust am Inszenieren haben, stellen Sie selbst die Szenenanweisung mit einem/r KT als zweitem Österreicher als Standbild dar oder zeichnen Sie sie. Überziehen Sie ihre Darbietung ins Lächerliche, dann finden die KT leichter Zugang zum Satirischen des folgenden Textes. Teilen Sie die KT vor dem Hören den Gruppen A oder B zu!

Binnendifferenzierung:
KT, die Spaß am Inszenieren haben, wählen B, diejenigen die eher Scheu davor haben, wählen A.

Die KT hören jetzt den Text nur bis zur letzten Äußerung des Freundes. Den Schlusssatz von Travnicek – die Pointe – hören sie erst später. Wenn nötig, Text nach kurzer Beratungszeit nochmal vorspielen. Wenn in zwei Gruppen gearbeitet wird, lassen Sie zuerst Gruppe A, dann Gruppe B präsentieren.

4. Erst jetzt den Schlusssatz von Travnicek hören.

Qualtingers Text ist eine Satire auf die Gesellschaft der „Wirtschaftswunderjahre" der 50iger und frühen 60iger Jahre, als das Reisen auch für breitere Schichten der Bevölkerung möglich wurde und als Zeichen eines gewissen Wohlstands galt. Charakteristisch für diese Zeit ist, dass oft Reiseproviant von zu Hause mitgenommen wurde. Die hier genannten Reiseziele waren die Hauptreiseziele der ersten Tourismuswelle, ungefähr in der genannten Reihenfolge. Gereist wurde damals in den deutschsprachigen Ländern (hier ist speziell Österreich angesprochen) vor allem mit der Bahn, dem Schiff, dem Auto oder dem Reisebus.
Die Äußerungen Travniceks karikieren eine Art des Reisens, bei der trotz allen Interesses für das Fremde die Überzeugung vorherrscht: „Zu Hause ist es halt doch am schönsten."

5. Eine zusätzliche Erleichterung der selektiven Höraufgabe: Einteilung in Gruppen. Jeweils eine Gruppe bearbeitet eines der genannten Reiseziele Jugoslawien (wird nicht namentlich erwähnt) – Italien – Skandinavien – Frankreich – Spanien – Griechenland.

Lesen

6. Eventuell können Sie als Vorentlastung dem Kurs zur Überprüfung des Hörverstehens eine Kopie des Transkripts zur vereinfachten Fassung auf S. 114 geben und sie erst dann die Originalfassung im Wiener Dialekt im Materialienbuch lesen lassen.

Hören

7. Fakultativ; eventuell im Materialienbuch mitlesen lassen. Die Hörfassung weicht am Anfang (Z. 1–4) und später an mehreren kleinen Stellen von der Schriftfassung im Materialienbuch ab.
Arbeitsblatt 5: Bei Bedarf Wiederholung dieses Grammatik-Themas für einzelne Lerner oder größere Gruppen.

➤**AB Kp 15,5: Irreale Wunsch- und Bedingungssätze, LHB S. 188**

Projekt: Werbetext

8. Stellen Sie auch für das Projekt die Materialien zur Verfügung, die Sie für Aufgabe 1 besorgt haben. Vielleicht präsentieren Sie einen Reiseprospekt Ihrer Wahl als Muster für den Sprachstil und die sprachlichen Mittel des Beschreibens und Anpreisens. Stellen Sie mindestens 45 Minuten für die Vorbereitung und 15 Minuten für die Präsentation zur Verfügung.

Variation:
Wenn den KT das Land Österreich zu weit entfernt erscheint, schlagen Sie ihnen vor, einen Prospekt für Reisen in ihr eigenes Land zu entwerfen unter dem Motto: „Warum denn in die Ferne schweifen, sieh, das Gute liegt so nah!"

Kinder, Ampeln und Teutonen

Schwerpunkt dieser Einheit: Interpretierendes Lesen, d.h. Erkennen von Standpunkten im Kommentar einer französischen Journalistin, die ironisch ihre Reaktion auf das Leben im deutschen Gastland zwischen Anpassung und Ablehnung schildert. Neben *Beschreiben* steht eine Sprachhandlung im Vordergrund, die für das Leben im Ausland sehr wichtig sein kann: *sich verbal zur Wehr setzen*. Thematisiert werden auch Kompensationsstrategien für Situationen, in denen die sprachlichen Kenntnisse nicht ausreichen.

Schreiben

1. Erzählen Sie selbst als Stimulus für diese Aufgabe ein Erlebnis während eines Auslandsaufenthalts, bei dem Sie selbst kulturelle Unterschiede erfahren haben, oder lesen Sie die Geschichte des Brasilianers Celso im Materialienbuch auf S.114 vor. Im Anschluss daran wie im Kursbuch beschrieben.

Dialogisches Tagebuch:
Diese Art von *advanced organizer* eignet sich für jedes beliebige Thema je nach Aufgabenstellung. Ziel ist nicht korrektes Schreiben, vielmehr Erfahrungsaustausch und Einstimmung auf das Thema, deshalb die Begrenzung der Schreibzeit auf fünf Minuten. Vorteil ist, dass auch „schüchterne" KT zu Wort kommen. Geben Sie vor dem Schreiben einen kurzen Moment Zeit zum Nachdenken.

Lesen

2.–3. Lesen mit anschließender Bearbeitung in Kleingruppen. Aufgabenstellung wie in Subtest 3 der ZMP. Lösungen zu 2. im Kursbuch, S.198.

Sprechen

4. Fakultativ, kann auch vor 2. (statt 1.) vorgezogen werden.

5. Auseinandersetzung mit verschiedenen Reaktionen auf Fremdes, auf kulturelle Fremderfahrung. Die Aufgabe bietet außerdem Gelegenheit, persönliche Erfahrungen zu berichten und zu reflektieren.

Binnendifferenzierung:
Die Aufgabe A ist für KT mit längerer Auslandserfahrung oder Gruppen im Inland geeignet. In die fiktive Situation, die Aufgabe B beschreibt, kann sich dagegen jeder KT hineinversetzen. Aufgabe B ist zugleich Vorbereitung auf Aufgabe 6.

Wortschatz: Sich zur Wehr setzen

6. Sammeln Sie vor dem Lesen des Lerntipps einige nichtsprachliche Reaktionsmöglichkeiten (z. B. 5 f), Lächeln, Augenbrauen hochziehen, weniger fein: Vogel zeigen usw.) und ergänzen Sie erst dann die in 5 B genannten Redemittel des formellen Registers, um auf sprachliche Angriffe zu reagieren. Ermuntern Sie mithilfe des Lerntipps die KT, sich fünf Redemittel auszusuchen, die ihnen gefallen, um sie auswendig zu lernen.

7. Spiel:
Schreiben Sie auf Kärtchen Situationen, in denen man sich sprachlich zur Wehr setzen muss oder lassen Sie die KT erlebte Situationen aufschreiben. Beispiele (die in ihrer Überzeichnung ins Grobe vielleicht besonderen Widerspruch provozieren):

- Sie stehen auf der Rolltreppe. Pötzlich schreit jemand hinter Ihnen: „Wissen Sie nicht, wie das in Deutschland geht? Rechts stehen, links gehen!"
- Sie werfen in einem Café die Zigarettenkippe auf den Boden. Pötzlich ruft jemand: „Sie Ferkel! Sowas tut man bei uns nicht!"
- Sie sind auf der Post. Ein neuer Schalter wird geöffnet. Sie sind flink und gehen als erster dort hin. Eine ältere Dame ruft hinter Ihnen: „Hinten anstellen!!"
- Sie sind mit Ihrem Kinderwagen in einer voll besetzten Straßenbahn und stoßen mit den Rädern des Wagens aus Versehen eine Dame an. Sie ruft: „He, Sie, haben Sie denn keine Augen im Kopf? Unverschämtheit so was!"

Mischen Sie die Kärtchen und verteilen Sie sie an die KT. Bilden Sie einen Stuhlkreis. Alle KT stehen vor ihren Stühlen. Ein KT läuft nun durch den Kursraum, sucht sich ein Gegenüber und trägt die Situation vor. Der Angesprochene muss ohne zu Zögern reagieren. Wenn ihm nichts einfällt, muss er sich setzen. Hat er sich angemessen zur Wehr gesetzt (der Kurs entscheidet), ist er als nächster mit seinem Kärtchen dran.

Transkript zum Hörtext:
Helmut Qualtinger, Travnicek am Meer
(Vereinfachte Fassung)

Travnicek: (missmutig) Das ist ein Land! Schaun S' da runter …

Freund: Ja – und?

Travnicek: Nichts als Salzwasser … und die Gitarren! Das kann man ja nicht mit anhören! … Wenn's wenigstens Geigen hätten … Und der Mond scheint einem ins Gesicht … es ist nicht zum Aushalten …

Freund: Südliche Nächte, Travnicek!

Travnicek: Hören S' mir doch auf mit dem Süden. In der Bahn ist es ja noch gegangen. Da hab ich kalte Schnitzel mitgehabt von zu Haus'. Und einen Kartoffelsalat im Glas. Aber da herunten … wolln S', dass ich Cevapcici essen soll …

Freund: Was?

Travnicek: Na, dieser Hundekot – mit Zwiebeln – und keine Schnitzel weit und breit. Für das Geld, was ich hier ausgebe, halten S' mich am Wörther See für einen Ausländer … und einen guten Wein gibt's auch nicht. Nur so einen sauren und einen Slibowitz, so einen scharfen … und mit niemand kann man sich unterhalten … nur mit Ihnen … keine Ansprache …

Freund: Jetzt steigt die Küste aus dem Wasser, Travnicek!

Travnicek: Na, was brauch ich das? Gibt es da ein Strandcafé? Na! Und was für Leute? Tschuschen! Wenn mich das Reisebüro nicht vermittelt hätt' …

Freund: Wären S' nach Italien gefahren!

Travnicek: Das kenn ich … Die Tomaten und der Käs stehen mir schon bis zu den Ohren …

Freund: Und die Sehenswürdigkeiten? Die Kultur, Travnicek?

Travnicek: Lassen S' mich in Ruh' … Zeigen S' mir eine Ringstraße in Italien!

Freund: Na, und die Ruinen?

Travnicek: Was wollen S' denn? Die sind doch kaputt … alles baufällig … wenn mich das Reisebüro nicht vermittelt hätt' …

Freund: Hätten Sie sich halt nach dem Norden vermitteln lassen, ins Land der Mitternachtssonne, Travnicek!

Travnicek: Wolln S' mich ärgern? Was brauch ich um Mitternacht eine Sonn'?

Freund: Na, und die Fjorde!

Travnicek: (verächtlich) Fjorde? Nirgends kann man baden … und so was wie das Wiener Freibad hab'n die dort nicht … und die Lappen … Blöde im Pelz! … Wenn mich das Reisebüro nicht vermittelt hätt' …

Freund: Wie wär's mit Frankreich gewesen? Die Côte d'Azur, Travnicek?

Travnicek: Wie in Krumpendorf, aber heißer …

Freund: Das Casino!

Travnicek: Hören S': Billardspielen kann ich in jedem Kaffeehaus … Da brauch ich nicht an einen Baccarat-Tisch gehen … Und die Grace Kelly, die kann ich im Rab'nhofkino sehn … Und was die mir da zum Essen gegeben haben? Die Bouillon-à-baisse … ein stinkendes Etwas … Nicht zu vergleichen mit einer Gulaschsuppe …Wenn mich das Reisebüro nicht vermittelt hätt' …

Freund: Und was sagt Ihnen Spanien?

Travnicek: Offen gestanden – nichts! Die Stierkämpfe – eine matte Sache … Simmering gegen Kapfenberg, das nenn' ich Brutalität … Der Málaga ist kein Heuriger … und die Regierung? Eine Diktatur! Aber nichts gegen den Hitler! Wenn mich das Reisebüro nicht vermittelt hätt' …

Freund: Waren Sie in Griechenland?

Travnicek: Natürlich. Das Schönste, was sie dort haben, ist die Akropolis. Die schaut aus wie's Parlament. Da kann ich mit dem J-Wagen hinfahren und hab noch die Pallas Athenae davor. Wenn mich das Reisebüro …

Freund: Was lassen Sie sich denn dann immer vom Reisebüro vermitteln?

[Ende des 1. Hörens]

Travnicek: Was soll ich denn machen? Ich bin der Chef!

nach: Helmut Qualtinger: *Der Herr Karl*

Materialienbuch	Kursbuch	Zusatzmaterial im LHB
Kapitel 16.1 📼 **Wie deutsch ist die deutsche Sprache?** Radiofeature S. 120: **Fremde Wörter in der deutschen Sprache** Sachtext	1.–2. ˙Einstieg: Sprechen 3. **Hören** 4.–5. **Sprechen**	Transkript zum Hörtext 1: Wie deutsch ist die deutsche Sprache?, S. 120
Kapitel 16.2 S.121: **Sonst stirbt die deutsche Sprache.** Sachtext S.122: **Trauer der Linguisten.** Sachtext S.123: ZST: **Kleine Geschichte der deutschen Sprache** Sachtext	1. Einstieg: Sprechen 2.–3. **Sprechen: Argumen-tieren** 4. **Lesen** 5.–7. **Lesen/Sprechen/ Schreiben** 8. **WS: Wortfeld *Sprache/Sprechen*** 9.–13. **GR: Nominalstil** Projekt: Recherchie-ren/Präsentieren	
Kapitel 16.3 📼 **Buddhistisches Standesamt** Hörreportage S. 126: ZST: **Fehlleistungen und Witz** Sachtext S. 127: ZST: **Was weiß die Wissenschaft über den Versprecher?** Sachtext	1.–2. Einstieg: Sprechen 3.–6. **Hören** 7. **Sprechen** 8. **Hören** Projekt: Lesen	Transkript zum Hörtext 2: Buddhistisches Standesamt, S. 121

16

1

Wie deutsch ist die deutsche Sprache?

> **Schwerpunkt dieser Einheit** ist es, ein längeres Radiofeature selektiv zu verstehen, und die KT für das Thema „Fremdwörter" in einer Sprache zu sensibilisieren.

116

1. Diese Übung leistet eine Einstimmung auf die Thematik dieser Einheit und schafft die Möglichkeit zu lernerzentrierter authentischer Kommunikation. In multilingualen Gruppen bringen es die unterschiedlichen Muttersprachen mit sich, dass das Wissen der einzelnen KT zum Thema meist nur von wenigen anderen geteilt wird. Dadurch macht diese Aufgabe die KT zu verschiedenen „Experten", was ein weiterer echter Kommunikationsanlass ist. In einsprachigen Gruppen entsteht die Kommunikationslücke durch den wahrscheinlich unterschiedlichen Grad an Sprachwissen und -bewusstheit der einzelnen KT.

2. Weitere Vorbereitung auf das Hörverstehen durch Hypothesenbildung.

Hören

3. Selektives Hören.

a) Bei schwächeren Gruppen können Sie die Höraufgabe erleichtern, indem Sie fragen, welche Wörter aus dem Text von Aufgabe 2 im Hörtext vorkommen, und sie markieren lassen.

b) Lassen Sie eine Tabelle entsprechend der Fragestellung im Kursbuch mit folgenden 3 Rubriken anlegen: 1. Wort 2. Sprache 3. Bedeutung. Die Tabelle zwingt die KT, ihre Aufmerksamkeit auf bestimmte Kernaussagen zu fokussieren und zu strukturieren. Diese Konzentration auf einzelne Punkte entlastet die Höraufgabe.

c) Lassen Sie hier die Tabelle aus 3.b) um die 4. Rubrik „Weg" erweitern.

Sprechen

4. Unter Umständen wird es den KT schwer fallen, weitere Beispiele zu finden. Weisen Sie auf das Phänomen der Internationalismen hin. Führen Sie die Aufgabe deshalb, je nach Ihrer Einschätzung der Gruppe, eher im Plenum durch.

<u>Alternative</u>: Lassen Sie die KT diese Aufgabe mithilfe des Textes „Fremde Wörter im Deutschen" im Materialienbuch S. 120 erstellen.

Das Thema <u>Fremdwörter</u> zieht sich seit dem Beginn der Emanzipation des Deutschen als Nationalsprache und als Sprache der gebildeten Schicht (im 17. Jahrhundert) bis heute als „Reizthema" durch die Geschichte. Das fremde Wort erschien und erscheint vielen immer noch als Bedrohung der einheimischen Kultur. Gerade heute, im Zeitalter der Globalisierung, ist diese Frage nicht nur in Deutschland (vgl. auch den Text von Dieter E. Zimmer im Materialienbuch S. 121), sondern z. B. auch in Frankreich ein Thema.

5. Die Aufgabe hat drei Aspekte: Sammlung von Argumenten (a), persönliche Stellungnahme (b) und Bericht über eigene Erfahrungen (c).

Teil a) kann auch „gespielt" werden: Teilen Sie den Kurs in zwei Gruppen. Eine muss Argumente *für* den Gebrauch von Fremdwörtern, die andere *dagegen* finden. Das Argumentieren können Sie in einer Pro und Contra-Diskussion durchführen, in der beide „Parteien" sich gegenübersitzen.

Das Leben der Sprachen

16

2

> **Schwerpunkt dieser Einheit:** Arbeiten mit Sachtexten zum Thema *Muttersprache und andere Sprachen* in Gruppenarbeit. Weiter sollen die KT den *Nominalstil* als Merkmal von Sachtexten „entdecken" und trainieren, schließlich in Projektarbeit recherchieren und Ergebnisse präsentieren. Beide Texte sind relativ lang und sprachlich sowie inhaltlich anspruchsvoll.

Sprechen

1.–3. Die (Mutter-)Sprache ist sowohl für das Individuum als auch für die Gesellschaft ein zentrales Phänomen, auf dessen Veränderungen sie sehr unterschiedlich reagieren. Die Aufgaben 1.–3. nutzen diese Tatsache, um anhand von sechs zur Auswahl stehenden Aussagen Anlass zur Kommunikation und gleichzeitig einen Einstieg in das Thema der in dieser Einheit zu lesenden Texte zu bieten. Sie ergeben folgenden Dreischritt: 1. Auswahl; 2. Vorbereitung auf die Argumentation; 3. Diskussion. Sollten Sie bei 2. feststellen, dass die Meinungen sehr einseitig verteilt sind und bei 3. nur wenige Paare zustande kommen werden, so sollten Sie Schritt 3 als Plenumsdiskussion (als Pro und Contra-Diskussion oder offen) durchführen.

4.–7. „Klassischer" Ablauf einer handlungsorientierten Leseübung:

4. Lernerorientiertes Lesen: Die KT entscheiden nach eigenen Kriterien (z.B. Inhalt, Sprache oder Länge des Textes), welchen Text sie lesen wollen. Vergessen Sie nicht, schon bei diesem Schritt auf die weiteren Aufgaben (vollständige Lektüre, Erstellung einer mündlichen/schriftlichen Zusammenfassung) hinzuweisen. Diese Aspekte können und sollen die Textauswahl mit beeinflussen.

Lesen

5. Durch die Aufteilung des Textes auf die Gruppe wird es möglich, dass diese relativ schwierigen und umfangreichen Texte in angemessener Zeit gelesen werden können. Die gemeinsame Lektüre sammelt die bei Einzelnen vorhandenen Kenntnisse ein, und ermöglicht dadurch ein weitergehendes Verständnis. Die anschließend notwendige gegenseitige Information und die gemeinsame Vorbereitung der Zusammenfassung sind realistische Sprechsituationen, die auch im Alltag der KT vorkommen können. Die Wahl zwischen der mündlichen und der schriftlichen Zusammenfassung gibt Möglichkeit zur Binnendifferenzierung.

Sprechen/Schreiben

6. Eine weitere authentische Kommunikationssituation. Die Berichterstattung kann, sollten die Texte in etwa gleich viel Interessenten gefunden haben, in Partnerarbeit erfolgen.

7. Freie Fortsetzung des Gesprächs aus Aufgabe 6. Ein weiteres gutes Beispiel für authenische Kommunikation. Je nach Interesse und Unterrichtssituation kann aus 7. c) ein Projekt entwickelt werden.

Wortschatz

8. Wortschatzarbeit, die sich der „Entdeckung" (a), der Lernerzentrierung (b, c, d) und schließlich (e) einer Visualisierungstechnik bedient. Zu e): Hier sollten Sie – wie bei der Metaplantechnik – ausreichend Zeit einräumen, in der die KT z.B. an die Tafel und die Pinnwand kommen und miteinander mögliche Anordnungsschemata diskutieren und umsetzen.

Grammatik: Nominalstil

9.–13. Grammatiksequenz, die der Entdeckung (9), der Systematisierung (10), der Entdeckung (11) und der Anwendung (12, 13) dient.

Binnendifferenzierung

Eventuell empfiehlt sich anschließend ein Auftrag für eine freie Übung: Nach dem anschließenden Projekt könnten interessierte Lerner nach den mündlichen Referaten in B und C schriftliche Protokolle bzw. Zusammenfassungen anfertigen, in denen sie u.a. die Nominalisierung als Stilform anwenden. Die KL sollte gegebenenfalls anschließend bei der Verbesserung unterstützen.

Projekt: Recherchieren

Die Projektarbeit bietet drei Möglichkeiten des Weiterlernens über interessenorientierte Aktivitäten der KT an:
A Lesen zur reinen Information
B Sich informieren und berichten
C Sich informieren und berichten. Vorschlag C ist besonders für multilinguale Gruppen im Zielsprachenland eine interessante Aktivität. Aber auch im Land der Lerner ist das eine sinnvolle Aufgabe, denn sie bereitet auf Situationen im Kontakt mit Deutschsprechenden vor, in denen man imstande sein sollte, sich selbst, sein Land und seine Kultur angemessen darzustellen.

Warum wir uns versprechen

Schwerpunkt dieser Einheit ist es, einem sprachlich und inhaltlich anspruchsvollen, langen Hörtext zum Thema *Versprecher* gezielt Informationen zu entnehmen und das Thema Versprecher aus linguistischer und psychologischer Sicht (*Freudscher Versprecher*) genauer zu beleuchten.

Sprechen

1. Der Einstieg in das Thema erfolgt in diesem Fall über persönliche Erlebnisse. Vielleicht wird es in den Gesprächen zur Verwechslung von *sich versprechen/der Versprecher* und *etwas versprechen/das Versprechen* kommen. Dies können Sie entweder in Kauf nehmen – die betreffenden KT werden spätestens bei Aufgabe 2 auf ihren Irrtum aufmerksam (ein lernwirksames Aha-Erlebnis) – oder sie thematisieren diese mögliche Verwechslung, bevor Sie mit Aufgabe 1 beginnen, z. B. anhand des abgedruckten Wörterbuchartikels.

2. Durch die weitere Reflexion des Versprechens wird ein Teil des Hörtextes vorweggenommen und das Hörverstehen damit entlastet.

Hören

3.–4. Hören des ersten Abschnitts eines Radiofeatures. Erleichterung der anspruchsvollen Höraufgabe durch Beschränkung auf 5 Sätze, in denen einzelne Lücken ergänzt werden sollen (selektives Hören). Verständnissicherung durch explizite Aufklärung der Versprecher. Achten Sie darauf, dass nicht nur die Lücken ergänzt, sondern auch die Art des Versprechers klar wird: vgl. die Lösungen zu 4. auf S. 199 im Kursbuch.

5. Entlastung des zweiten Hörabschnitts durch Vorwegnahme der zentralen Beispiele. Gleichzeitig Gesprächsanlass zwischen den Höraufgaben.

6. In dieser Aufgabe ist kursorisches Hören gefragt. Sie können folgendermaßen vorgehen:
1. Erstes Hören mit dem Auftrag, sich zu den Fragen Notizen zu machen;
2. Vergleichen der Notizen in Partnerarbeit (Gelegenheit zum Austausch untereinander);
3. zweites Hören mit dem Auftrag, die Notizen zu ergänzen;
4. nochmals Schritt 2; gegebenenfalls nochmalige Wiederholung der Schritte 3 und 2;
5. Zusammentragen der Ergebnisse im Plenum.

Sprechen

7. Vorbereitung auf Teil 3 der Radiosendung. Sollten sich zu den Fragen A und B gleich große Gruppen bilden, so haben Sie die Möglichkeit, den anschließenden Bericht über die Gruppenarbeit in Partnerarbeit (ein KT aus Gruppe A mit einem KT aus Gruppe B) durchzuführen. Dadurch können Sie alle KT zur aktiven Teilnahme bringen.

Hören

8. Hören des dritten Teils (Vorgehen wie bei 6.). Lassen Sie von den KT die Beispiele zusammentragen, die Frau Leuninger für ihre Stellungnahme anführt.

Projekt

Sie können diese Leseaufgaben für den Kursunterricht nutzen, indem Sie den Auftrag geben, sich für einen der beiden Texte zu entscheiden und eine schriftliche/mündliche Zusammenfassung vorzubereiten. Letztere wird in der vereinbarten Unterrichtsstunde zwischen KT, die unterschiedliche Texte gelesen haben, ausgetauscht bzw. es wird darüber berichtet.

Transkript zum Hörtext 1: Antje Wegener, Wie deutsch ist die deutsche Sprache?

Sprecher: Ich liege gerade auf meinem Sofa, höre Musik, eine Ballade, trinke Kaffee, zu dem ich nur Zucker nehme, nasche hin und wieder einen Keks – manchmal trinke ich allerdings lieber Tee mit Kandis und Zitrone – und gerate ins Träumen. Wie ich als kleiner Junge in der Hängematte lag, auf der Veranda im Haus meiner Eltern. Wie in einem ganz langsamen Karussell ...

Sprecherin: Merkwürdig, eine deutsche Idylle – aber jedes zweite Wort ein Fremdwort. Etwas übertrieben gesagt. Doch fangen wir bei *Idylle* an, das erkennt man wenigsten gleich als Fremdwort.

Zitat: Ja, das stimmt. *Eidos,* auf griechisch *das Bild* – *eidyllon,* der Verkleinerungsform, bedeutet ein zierliches Gedicht mit meist künstlich-ländlichem Milieu. Ins Deutsche kam das Wort im 18. Jahrhundert über die lateinische Ableitung *idyllum,* das Hirtengedicht.

Sprecherin: Aber wer hätte gedacht, dass *Sofa,* unser gutes altes Sofa, für das mancher ja ganz vornehm englisch *Couch* sagt, dass also *Sofa* ein Fremdwort ist? Noch dazu ein arabisches.

Zitat: Im Arabischen bedeutete *suffa* ursprünglich *Kissen auf dem Kamelsattel.* In die deutsche Sprache gelangte es in der Bedeutung *gepolsterte Ruhebank* Ende des 17. Jahrhunderts; allerdings auch in der Bedeutung *Faul-* oder *Lotterbett.* Vergeblich hat man damals versucht, *Sofa* einzudeutschen in *Polsterbett.*

Sprecherin: Als Fremdwort für *Sofa* würde man eher an *Diwan* denken. Und man hat recht, denn *Diwan* kommt aus dem Persischen.

Zitat: Als *Amtszimmer* oder *bequemer Sitz des Beamten.* Die zweite Bedeutung *Diwan* als Gedichtsammlung haben die Araber und Türken diesem persischen Wort gegeben und es zu uns gebracht. Durch Goethe mit seinem „West-östlichen Diwan" hat es Eingang in die deutsche Sprache gefunden.

Sprecherin: *Musik* – das ist leicht – kommt aus dem lateinischen *musica* und *Ballade?*

Zitat: Wiederum Goethe hat es aus dem englischen *ballad* übernommen, und die Engländer dafür aus dem Altfranzösischen: Tanzlied – *balade.*

Sprecherin: Aber schon beim *Kaffee* wird's wieder exotisch: nämlich erneut arabisch.

Zitat: *Qahwa* – heißt ursprünglich *Wein* und wandelt seine Bedeutung in *Kaffee* erst, als Mohammed Wein und Alkohol seinen Glaubensbrüdern verboten hat. Mit der türkischen Bezeichnung *qahve* (spricht *f*) kam der Kaffee dann nach Europa, Ende des 17. Jahrhunderts. 100 Jahre vorher aber sprechen schon Reisewerke von diesem arabischen Getränk. Auch die Kaffeebohne hat nichts mit der uns bekannten deutschen Bohne zu tun, sondern ebenfalls mit dem arabischen Wort *bunn,* die Beere. Exportiert wurden diese Kaffeebohnen über den Hafen Mocha am Roten Meer – wiederzuerkennen in unserem Wort *Mokka.*

Sprecherin: Manche Leute nehmen Zucker zum Kaffee und greifen damit sofort wieder in die exotische Fremdwortkiste.

Zitat: *Zucker* aus dem altindischen *sarkara* wurde im Persischen als *säkär* übernommen. Daraus stammen einerseits das griechische *sakcharon* und das lateinische *saccarum,* andererseits das arabische *sukkar.* Hiervon leiten die Italiener ihren *zucchero* ab. Aus Sizilien dringen Wort und Ware im 12. Jahrhundert nordwärts über die Alpen nach Deutschland als *Zucker.* 300 Jahre später kommt der Kandis aus dem arabischen *qand* – eingedickter Zuckersaft, auch durch Vermittlung des italienischen *zucchero candito.*

Sprecherin: Auch *Keks* ist ein Fremdwort. Wenn auch nur ein englisches. Wo die Engländer ihre *cakes* her haben, ist ungewiss. Aber der Versuch einer deutschen Keksfabrik, ihr Produkt einzudeutschen, misslang. Nach einem ausgeschriebenen Wettbewerb lautete der am häufigsten eingegangene Vorschlag, den Keks *Reschling* zu nennen. Man hört richtig, wie man da reinbeißen kann. Aber niemand wollte so sagen. Auch *Knusperchen,* die zweite Idee, konnte sich nicht durchsetzen. Also müssen wir weiterhin *Kekse* essen. Dass nun auch *Tee* und *Zitrone* keine deutschen Wörter sind, mag man sich inzwischen denken.

Zitat: Tee – diesmal aus dem chinesischen Sprachraum als *tschha,* in südchinesischem Dialekt

© Antje Wegener, Bayerischer Rundfunk, München

té und als solches Wort zu den Malaien gelangt. Von dort haben wir sowohl die Bezeichnung als auch die Blätter im 17. Jahrhundert bekommen.
Und die Zitrone hat ihren Namen nach dem Duft des Zedernapfels erhalten. Aus dem griechischen *kedrómelon* machten die Römer *cedrus* und wandelten es zu *citrus.*

Sprecherin: Wer also sagt: „Ich sitze oder liege auf dem Sofa, trinke Kaffee oder Tee, mit Zucker oder Kandis, esse gern Kekse dabei“, der muss auch wissen, dass er für seine Aussage kein einziges deutsches Hauptwort benutzt hat.

Transkript zum Hörtext 2: Susanne Tölke, Warum wir uns versprechen. „Buddhistisches Standesamt statt Statistisches Bundesamt ...“

Teil 1

Zitator: Sie sehen also in der Tabelle rechts unten, wie verschieden Männer und Frauen auf Alkohol reagieren. Frauen erreichen die 0,8-Promillegrenze viel schneller. Ihre Leber kann den Alkohol nicht so schnell abbauen. Das heißt *(im Brustton der Überzeugung)* Männer können noch trinken, wenn sie was gefahren haben!

Sprecherin: Jawoll, Männer können noch trinken, wenn sie was gefahren haben, wir wissen genau, was der Fahrlehrer meint, auch wenn er sich versprochen hat. Das gilt übrigens für die meisten Versprecher, zum Beispiel diesen:

Zitator: *(angeekelt)* Uaaah! Auf frühen Magen ich das nicht vertragen!

Sprecherin: oder auch für diesen:

Zitator: Der heutige Tag wird mir ewig in Vergessenheit bleiben!

Sprecherin: Und selbst bei ausgefallenen Versprechern können wir meistens noch gut mithalten:

Zitator: Und nun, wie jedes Jahr, die neuesten Zahlen aus dem Jahresbericht des Buddhistischen Standesamts, äh des Statistischen Bundesamts.

Sprecherin: Nur 25 % aller Versprecher werden überhaupt bemerkt, die anderen werden gar nicht registriert. Oder hätten Sie den erkannt?

Verkehrs-durchsage: Auf der Autobahn München – Nürnberg schneit es in beiden Richtungen.

Teil 2

Sprecherin: Rund viertausend Versprecher hat die Sprachwissenschaftlerin Helen Leuninger schon gesammelt und klassifiziert. Sie ist Professorin für kognitive Linguistik an der Universität Frankfurt und hat sich des Themas angenommen, nachdem sie sich selbst einige Male bei Vorlesungen versprochen hatte und schallendes Gelächter bei den Studenten erntete. Was ist am Versprecher eigentlich so komisch?

Helen Leuninger: Was die Situation Lehrer-Schüler betrifft, ist es natürlich die Asymmetrie. Der kann sich auch vertun, der hat's nicht gemerkt, du darfst auf keinen Fall lachen, dann musst du natürlich besonders lachen. So ist es mir ja auch gegangen mit dem „genischen Sächsitiv“, den ich produziert habe und ihn gar nicht bemerkt habe und alle ohne Ende gelacht haben. Interessant ist: Es müssen nicht Wörter entstehen bei Versprechern. Irgendwas ist komisch. Da haben die Studenten von mir auf dem Boden gelegen vor Lachen: Sowas wie: „Die in Fulda verwammelten Bischöfe“. *Verwammelt* ist nicht wirklich ein Wort des Deutschen, aber warum jetzt gerade da gelacht wurde und bei anderen nicht, weiß ich eigentlich nicht. Es versprechen sich alle Menschen gleich. Das macht sie ja so demokratisch, die Versprecher. Also Versprecher sind das Demokratischste, was die Sprache eigentlich bieten kann. (Natürlich, jemand, der einen größeren Wortschatz hat, und das ist ja bildungsgradabhängig, der hat auch eine größere Chance, sich zu versprechen, aber: Alle Sprecher, die eine Sprache beherrschen als ihre Muttersprache, versprechen sich – ganz unabhängig von ihrem Bildungsgrad.)

Sprecherin: Das hat auch schon der Sprachwissenschaftler Rudolf Meringer herausgefunden, der sich 1895 als erster mit den Versprechern beschäftigte. In seinem Buch „Versprechen und Verlesen“ heißt es:

Zitator: Der Versprecher ist nichts Krankhaftes. Der gesündeste Mensch ist in seiner gesündesten Stunde nicht sicher, sich nicht zu versprechen. Kurz, die Bedingungen zum Versprechen sind immer vorhanden, und die Möglichkeit, das Versprechen in Regeln zu bringen, zeigt uns das Vorhandensein eines gewissen geistigen Mechanismus, in welchem die Laute und die Worte eines Satzes in ganz eigentümlicher Weise verknüpft sind.

Sprecherin: Damit wollte Meringer sagen, dass auch unsere Versprecher ganz bestimmten Regeln unterliegen. Man kann sie klassifizieren. Helen Leuninger gibt uns einen ersten Überblick:

Helen
Leuninger: Man kann ganz klar unterscheiden zwischen Versprechern, die mit der Bedeutung von sprachlichen Einheiten zusammenhängen, und solchen, die mit der Form zusammenhängen. Bedeutungsbedingte Versprecher sind also solche, bei denen zwei Wörter sich in der Bedeutung ähnlich sind und das Falsche zutage tritt. Dazu gehören Verschmelzungen wie „damit kommst du auf keinen grünen Baum", oder „am Schlende". Schluss und Ende, da sind beide bedeutungsverwandt und verschmolzen. Und dann gibt's die formbedingten Versprecher, bei denen der Versprecher nichts damit zu tun hat, dass die bedeutungsähnlich sind, sondern dass sie formähnlich sind: *Yogawurst* statt *Sojawurst* oder *Pornographie* statt *Sonographie*. Die sind sich nur formähnlich, diese Versprecher.

Sprecherin: Die Unterscheidung in bedeutungsbedingte und formbedingte Versprecher ist die einfachste und gröbste. Darüber hinaus gibt es noch eine weitere Klassifizierung in fünf verschiedene Versprechertypen.

Teil 3

Sprecher: Der innere Grammatikkontrolleur sorgt dafür, dass auch der Versprecher in gewissen Formen stattfindet. Wenn schon versprechen, dann korrekt!

Sprecherin: Ob dieses Motto auch für den sogenannten „Freudschen Versprecher" gilt, darüber sind sich Psychologie und Sprachwissenschaft uneinig. Helen Leuninger ist der Meinung, dass es den Freudschen Versprecher als Entgleisung des Unbewussten gar nicht gibt. Sie wählt als Beispiel den Versprecher „Verhängnisverhütung".

Helen
Leuniger: Bei der „Verhängnisverhütung", das ist interessant, die hab ich in der Zwischenzeit ungefähr von zehn verschiedenen Leuten geschickt bekommen als Freudschen Versprecher. Das macht mit stutzig. Ein Freudscher Versprecher ist meistens charakteristisch für eine Person, denn die hat ihre unbewussten Motive, die hat ihre Bewertungen und beim Freudschen Versprecher soll ja, kommt ja das angeblich zutage, was man selbst verbergen will, was für vielleicht für jemand anderen vielleicht gar nicht zu verbergen ist. Wenn also so viele Leute ein und denselben Freudschen Versprecher haben, macht es einen doch stutzig.

Die Verhängnisverhütung, die ist ziemlich kompliziert. Wenn es eine reine Antizipation wäre, hätte es ja geben müssen: *Verfängnisverhütung*. Aber dennoch würde ich sagen, es ist eine reine Antizipation, und dann passiert noch was zweites. Ich geb' Ihnen ein ganz anderes Beispiel, wo Sie wahrscheinlich nicht an einen Freudschen Versprecher denken, nämlich *durch die Kutsche latschen*. Gemeint war: *durch die Küche latschen*. Es hätte ja entstehen müssen: *durch die Kütsche latschen,* ist wohl auch innerlich entstanden, und dann guckt der Kontrolleur ins Lexikon und sagt: ah, da ist ja ein Wort, das könnte ich einsetzen, und ähnlich ist es bei der Verhängnisverhütung auch, und dann entsteht *Verhängnis*.

Es ist sehr schwer überhaupt zu sagen, das war ein Freudscher Versprecher, von jemandem, der die Person nicht kennt. Das Interessante ist nun, dass selbst wenn man sich die Freudschen Versprecher, die er selbst in seiner „Psychopathologie des Alltagslebens" notiert, wenn man sich die anschaut, 97 sind es, glaub ich, sie sind zum Großteil nicht von ihm gesammelt, sondern von einem anderen Sammler, nämlich von Meringer, der vorher dieses schöne Buch geschrieben hat 1895, und da dürfte er eigentlich auch gar keine Überlegungen darüber anstellen, er kannte die Personen nicht.

Sprecherin: Ein bekanntes Beispiel aus Meringers Sammlung, das Freud übernommen hat:

Zitator: Man erinnert sich wohl noch der Art, wie vor einiger Zeit der Präsident des österreichischen Abgeordnetenhauses die Sitzung eröffnete: „Hohes Haus! Ich konstatiere die Anwesenheit einer stimmfähigen Mehrheit von Abgeordneten und erkläre hiermit die Sitzung für geschlossen!" Die allgemeine Heiterkeit machte ihn erst aufmerksam und er verbesserte den Fehler. Die Erklärung wird wohl diese sein, dass der Präsident sich wünschte, er wäre schon in der Lage, die Sitzung zu schließen.

Helen
Leuninger: Aber es gibt ganz viele solcher Versprecher: „Die Abende sind dann schon lang" – statt „kurz", auch Gegensätze sind bedeutungsverwandt, „die Karten sitzen aber schlecht

für dich" – statt „gut" und lauter so ein Zeug. Bei einem Vortrag war anschließend eine Diskussion und es wurde ein Einwand gebracht, und der Referent sagte: „Da muss ich mit meiner Frau noch mal drüber schlafen", da würden natürlich alle sagen, hihihi, ein Freudscher Versprecher, ist es aber nicht. Es ist einfach das Muster der Kontamination, der Verschmelzung, und zusätzlich jemandem was anderes zu unterstellen wäre Voyeurismus. Wieso weiß ich das denn? Im Grunde ist es 'ne Unverschämtheit zu sagen, das war ein Freudscher Versprecher. Ja, und man tut, als ob man wisse, was unbewusst in dieser Person vorgeht, und das weiss man meistens nicht.

Sprecherin: Die Versprechersammlung des Frankfurter Instituts gibt, so Helen Leuninger, nichts her für die Theorie vom Freudschen Versprecher.

Helen
Leuninger: In diesen viertausend Versprechern sind zwei, drei Prozent, wo man sagen könnte, o.k., hier spielen so Ängste oder kollektive Neurosen eine Rolle. Das ist so wenig, dass es nichts darüber aussagt, wie normalerweise ein Versprecher entsteht. Selbstver-

ständlich ist bei einer wissenschaftlichen Erklärung in den Geisteswissenschaften immer so etwas da wie Gegenbelege. Wenn die erdrückend wären, ja, dann müsste man natürlich sagen, es gibt nur solche Verspre-cher. Dann müsste man nicht sagen, es gibt ja nur ein paar. Freud wollte das ja nicht als ein paar wenige, das sollte **die** Erklärung des Versprechers ... waren die unbewussten Motive. Methodisch gesehen muss dann aber die Evidenz erdrückend sein, und das ist sie nicht. Die „Bestattung mit Stellen" – sagte neulich der Präsident unserer Univer-sität. Natürlich sind die Universitäten am Sterben, wenn man so will, und im Nachhi-nein kann man das interpretieren, aber als Ursache das anzugeben – das würde ich gerne bestreiten. Ich glaube, das gehört zur menschlichen Psyche dazu, dass wir versu-chen, uns auf alles einen Reim zu machen. Wir versuchen, dem Sinn zu verleihen, was eigentlich erst mal gar nicht als sinnvoll geplant war. Das tun wir. Und so hat es Freud auch gewollt. Der hat ja jedes Stol-pern interpretiert. Sie dürfen da ja nicht gäh-nen, schon bedeutet das irgendwas anderes.

© Susanne Tölke, Bayerischer Rundfunk, München

Landeskunde

Bei folgenden Adressen können Sie Broschüren, Informationsmaterial und illustriertes Material mit landeskundlichen Informationen zum Teil kostenlos bestellen.

Bundesrepublik Deutschland _____ (D)

Auswärtiges Amt
Adenauerallee 99-103 (Postfach 11 48)
D-53001 Bonn
Tel: 0228/17-0
Fax: 0228/17-3402
http://www.auswaertiges-amt.de

Bundesverband
Bürgerinitiativen Umweltschutz e.V.
Prinz-Albert-Straße 43
D-53113 Bonn

Bundeszentrale für Politische Bildung
Berliner Freiheit 7 (Postfach 23 25)
D-53111 Bonn

Deutscher Gewerkschaftsbund (DGB)
Hans-Böckler-Str. 39 (Postfach 10 10 26)
D-40476 Düsseldorf
http://www.dgb.de

Deutsche Welle
Presse- und Öffentlichkeitsarbeit
D-50588 Köln
Fax: 0221/389-0
http://www-dw.gmd.de

Deutscher Akademischer
Austauschdienst (DAAD)
Kennedyallee 50
53175 Bonn
Tel: 0228/882-0
Fax: 0228/882-444
http://www.daad.de

Presse- und Informationsamt
der Bundesregierung
Welckerstraße 11 (Postfach 21 60)
D-53113 Bonn
http://www.bundesregierung.de/im-pressum/bpa.html
Informationen/Broschürenbestellungen
Tel: 01805-22-1996
Fax: 01805-22-1991

Deutscher Fremdenverkehrsverband e.V.
Niebuhrstraße 16 b
D-53113 Bonn

Verbraucherzentrale
Berliner Straße 27
D-60311 Frankfurt

Deutsches Institut
für Erwachsenenbildung e.V.
Hansaallee 150
D-60320 Frankfurt
http://www.die-frankfurt.de

Goethe-Institut
Helene-Weber-Allee 1
D-80637 München
http://www.goethe.de

Statistisches Bundesamt
Gustav-Stresemann-Ring 11
D-65180 Wiesbaden
Tel: 0611-75(1)
Fax: 0611-724000
http://www.statistik-bund.de

Informationen zur deutschen Sprache: Institut für deutsche Sprache
http://www.ids-mannheim.de/quellen/

Österreich _____ (A)

Bundesministerium für
Unterricht und Kunst
Minoritenplatz 5
A-1010 Wien
http://www.oesterreich.com/

Bundespressedienst
Ballhausplatz 2
A-1010 Wien

Österreichischer Gewerkschaftsbund
Hohenstaufengasse 10-12
A-1011 Wien

Österreichischer Rundfunk (ORF)
Argentinier Straße 30a
A-1041 Wien
http://www.orf.at

Österreich-Werbung
Margarethenstr. 1
A-1040 Wien

Wiener Tourismusverband
Obere Augartenstr. 40
A-1041 Wien

Schweiz _____ (CH)

Schweizerisches Bundesamt
für Statistik
Hallwylstr. 15
CH-3003 Bern
http://www.ethz.ch/swiss/Switzer-landInfo.html

Schweizerische Verkehrszentrale
Bellariastr. 38
CH-8027 Zürich

Interkantonale Lehrmittelzentrale ILZ
Zürcherstraße 6
CH-8640 Rapperswil
Tel: 035 / 220 54 80
Fax: 035 / 211 82 51

Arbeitskreis Deutsch als Fremdsprache
in der Schweiz
Frau Monika Clalüna-Hopf
Untermatt 12
CH-6048 Horw

Schweizerische Radio-
und Fernsehgesellschaft (SRG)
Giacomettistrasse 3
Postfach 26
CH-3000 Bern 15
http://www.srg.ch
Tel: 031 / 350 - 91 11
Fax: 031 / 350 - 9256
eMail: info@srg.ch

Wichtige Internetadressen finden Sie auch bei Eva Breindl, *DaF goes Internet! neue Entwicklungen in Deutsch als Fremdsprache*, in: Deutsche Sprache 25, Heft 4 (1997), S. 289-342.

Das Perfektomobil

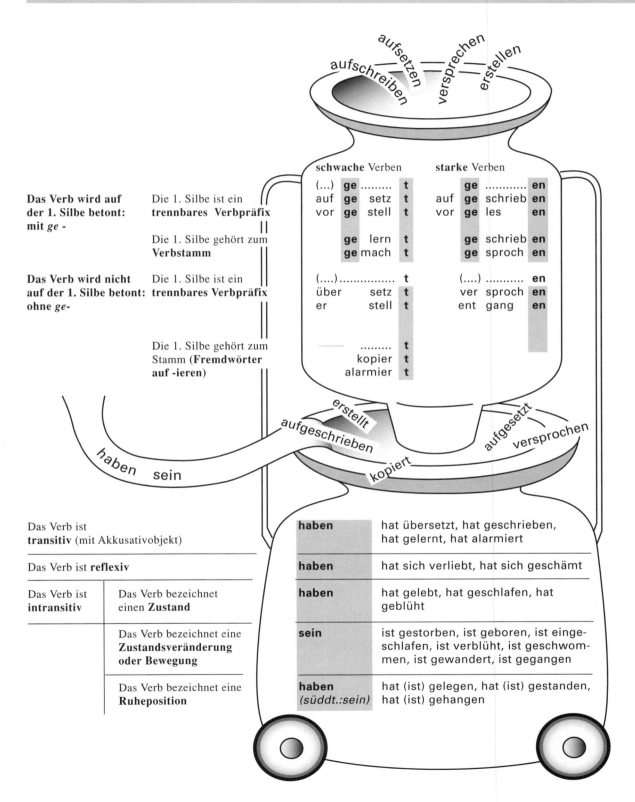

aufschreiben · aufsetzen · versprechen · erstellen

schwache Verben | **starke** Verben

| (...) | **ge** | .... | **t** | | **ge** | .... | **en** |

Das Verb wird auf der 1. Silbe betont: mit *ge -*

Die 1. Silbe ist ein **trennbares Verbpräfix**

| auf | **ge** | setz | **t** | | auf | **ge** | schrieb | **en** |
| vor | **ge** | stell | **t** | | vor | **ge** | les | **en** |

Die 1. Silbe gehört zum **Verbstamm**

| | **ge** | lern | **t** | | | **ge** | schrieb | **en** |
| | **ge** | mach | **t** | | | **ge** | sproch | **en** |

Das Verb wird nicht auf der 1. Silbe betont: ohne *ge-*

Die 1. Silbe ist ein **trennbares Verbpräfix**

(....)		....	**t**		(....)		....	**en**
über		setz	**t**		ver		sproch	**en**
er		stell	**t**		ent		gang	**en**

Die 1. Silbe gehört zum Stamm (**Fremdwörter auf -ieren**)

___		....	**t**
		kopier	**t**
		alarmier	**t**

erstellt · aufgeschrieben · kopiert · aufgesetzt · versprochen

haben · sein

Das Verb ist **transitiv** (mit Akkusativobjekt)		**haben**	hat übersetzt, hat geschrieben, hat gelernt, hat alarmiert
Das Verb ist **reflexiv**		**haben**	hat sich verliebt, hat sich geschämt
Das Verb ist **intransitiv**	Das Verb bezeichnet einen **Zustand**	**haben**	hat gelebt, hat geschlafen, hat geblüht
	Das Verb bezeichnet eine **Zustandsveränderung oder Bewegung**	**sein**	ist gestorben, ist geboren, ist eingeschlafen, ist verblüht, ist geschwommen, ist gewandert, ist gegangen
	Das Verb bezeichnet eine **Ruheposition**	**haben** *(süddt.:sein)*	hat (ist) gelegen, hat (ist) gestanden, hat (ist) gehangen

Rollenkarten »Flugzeugentführung«

Rollenkarte 1A: „Nachbar"
Sie sind ein Nachbar des jungen Griechen
und haben den Streit zwischen dem jungen
Mann und seiner Freundin beobachtet. Sie
erzählen ihrer Nachbarin davon.

Füllen Sie Ihre Karte aus und überlegen Sie
sich dabei: Wer sind Sie in Ihrer neuen Rolle?
Wie fühlen Sie sich? Stellen Sie sich so Ihrer
Partnerin/Ihrem Partner vor.

- Name _____
- Alter _____
- Familie _____
- emotionale Verfassung _____
  _____
- Ort _____

Rollenkarte 1B: „Nachbarin"
Ihr Nachbar hat den Streit des jungen
Griechen mit seiner Freundin beobachtet.
Er erzählt Ihnen davon.

Füllen Sie Ihre Karte aus und überlegen Sie
sich dabei: Wer sind Sie in Ihrer neuen Rolle?
Wie fühlen Sie sich? Stellen Sie sich so Ihrer
Partnerin/Ihrem Partner vor.

- Name _____
- Alter _____
- Familie _____
- emotionale Verfassung _____
  _____
- Ort _____

Rollenkarte 2A: „Junger Grieche"
Sie sind der junge Grieche und telefonieren
kurz vor der Flugzeugentführung zum letzten
Mal mit Ihrer Freundin.

Füllen Sie Ihre Karte aus und überlegen Sie
sich dabei: Wer sind Sie in Ihrer neuen Rolle?
Wie fühlen Sie sich? Stellen Sie sich so Ihrer
Partnerin/Ihrem Partner vor.

- Name _____
- Alter _____
- Familie _____
- emotionale Verfassung _____
  _____
- Ort _____

Rollenkarte 2B: „Freundin des j. Griechen"
Sie sind die Freundin des jungen Griechen
und erhalten einen Telefonanruf von ihm.

Füllen Sie Ihre Karte aus und überlegen Sie
sich dabei: Wer sind Sie in Ihrer neuen Rolle?
Wie fühlen Sie sich? Stellen Sie sich so Ihrer
Partnerin/Ihrem Partner vor.

- Name _____
- Alter _____
- Familie _____
- emotionale Verfassung _____
  _____
- Ort _____

Rollenkarte 3A: „Pilot"
Sie sind der Pilot des entführten Flugzeugs
und sprechen im Cockpit mit dem Entführer.
Der junge Grieche erzählt Ihnen von seiner
unglücklichen Liebe...

Füllen Sie Ihre Karte aus und überlegen Sie
sich dabei: Wer sind Sie in Ihrer neuen Rolle?
Wie fühlen Sie sich? Stellen Sie sich so Ihrer
Partnerin/Ihrem Partner vor.

- Name _____
- Alter _____
- Familie _____
- emotionale Verfassung _____
  _____
- Ort _____

Rollenkarte 3B: „Entführer"
Sie sind der Flugzeugentführer und sprechen
im Cockpit der Maschine, die Sie entführt
haben, mit dem Piloten. Dabei erzählen Sie
ihm von Ihrer unglücklichen Liebe.

Füllen Sie Ihre Karte aus und überlegen Sie
sich dabei: Wer sind Sie in Ihrer neuen Rolle?
Wie fühlen Sie sich? Stellen Sie sich so Ihrer
Partnerin/Ihrem Partner vor.

- Name _____
- Alter _____
- Familie _____
- emotionale Verfassung _____
  _____
- Ort _____

Hilfen zum Rollenspiel

Zum Inhalt der Geschichte:
Bringen Sie die folgenden Teile einer Geschichte in eine sinnvolle Reihenfolge.

Er droht mit Mord und Selbstmord. – Sie packt die Koffer und zieht aus. – Eines Tages wartet er wieder den ganzen Abend auf sie. – Schließlich schläft er vor Erschöpfung ein. – Er verlässt die Wohnung mit den Worten: „Ihr werdet es noch bereuen." – Spät in der Nacht kommt sie nach Hause und gesteht, dass sie einen neuen Freund hat. – Die beiden ziehen zusammen. – Sie hat sich heimlich mit einem anderen verlobt. – Ihr Vater verlangt von ihm, dass er seine Tochter in Ruhe lassen soll. – Am nächsten Tag sucht er sie und findet sie bei ihren Eltern. – Er ist außer sich. – Sie erklärt ihm, dass sie von dem Mann nicht lassen kann und die Trennung will. – Er beschwört sie, bei ihm zu bleiben. – Sie ist zwei Jahre älter als er. – Er macht sich Sorgen und telefoniert mit allen Leuten, die von ihr wissen könnten. – Sie will aber weiterhin ein freundschaftliches Verhältnis zu ihm. – Der Grieche und seine deutsche Freundin lernen sich vor einem Jahr beim Tanzen in Düsseldorf kennen. – Sie kommt öfter spät nach Hause.

AB 3b

Präteritum   *Gr*

Ordnen Sie die folgenden Verben nach der Bildung des Präteritums. Schreiben Sie.

anrufen – ausziehen – beenden – bereuen – beschwören – drohen – einschlafen – erklären – finden – gestehen – kommen – können – lassen – machen – packen – sollen – suchen – telefonieren – verbringen – verlangen – verlassen – warten – wissen – wollen

regelmäßig	unregelmäßig	
beendete, ...	*rief an, ...*	

AB 3c

Persönlicher Brief   ✏

Verwenden Sie für den Brief einige der folgenden Redemittel.

– Ich hätte mir nie vorstellen können, dass …
– Dass …, enttäuscht mich und macht mich wütend.
– Ich kann nicht verstehen, …
– Dein Vorschlag, wir sollten gute Freunde bleiben, ist …
– Wenn du morgen die Zeitung aufschlägst, …
– … hat mich sehr enttäuscht/verletzt.
– Noch vor wenigen Jahren hast du mir ewige Liebe geschworen, aber schon damals …
– Schade, dass ich nicht schon früher …

Gr   **Temporalangaben**

Lesen Sie den folgenden Text.

a) Wie heißt das Märchen? Kennen Sie es?

b) Ergänzen Sie die Lücken. Markieren Sie jeweils unter der angegebenen Ziffer die passende Temporalangabe .

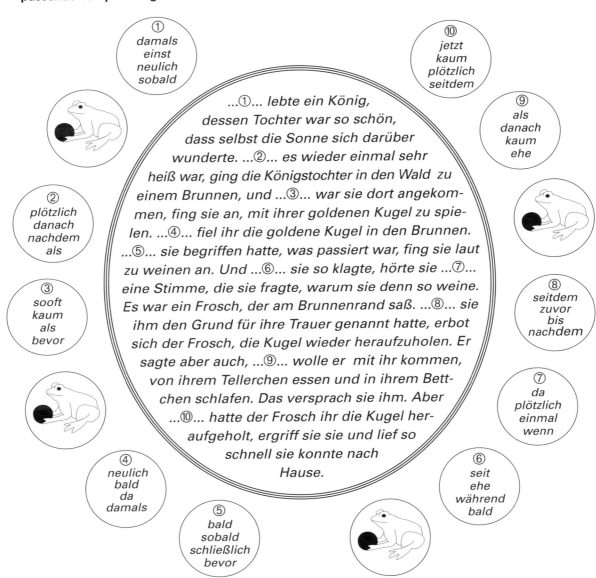

c) Wie geht das Märchen weiter? Erzählen Sie den Schluss des Märchens abwechselnd mit Ihrem Partner: Jede/r sagt einen Satz:

○   Als sie am nächsten Tag mit ihrem Vater beim Abendessen saß, klopfte es an derTür.

●   Es war der ...

○

Wortbildung: Präfixverben   *Gr*

1. Ergänzen Sie die Lücken. Verwenden Sie die Vorsilben *be-, ent-, er-, ver-, zer-,*

a) Als der Königssohn die Fremde überraschte, _____kam sie unerkannt.

b) Einmal _____irrte sich das arme Mädchen im tiefen Wald.

c) Da _____blickte der Prinz plötzlich eine uralte Frau.

d) Als die goldene Kugel den Boden berührte, _____brach sie in tausend Stücke.

e) Vor dem Wiedersehen war sie so _____glückt, dass sie alle Vorsicht vergaß und das geheimnisvolle Wort aussprach.

f) Das Ungeheuer mit den zwölf Köpfen _____speiste alle zwölf Rinder in kurzer Zeit.

g) Die Bettlerin _____riss dem König den Brief und verschwand in der Menge.

h) Als die Nixe den Schatz sah, _____rötete sie vor Freude.

i) Als die Glocke Mitternacht schlug, _____klang in der Ferne plötzlich eine einsame Flöte.

2. Was ändert sich durch das Präfix? Finden Sie jeweils eine gemeinsame Bedeutung und kreuzen Sie diese in der Übersicht unten an.

a) entreißen , entnehmen, entwässern, entkommen .....

b) erblicken, erröten, erblühen, erklingen .....

c) missbilligen, missachten, missverstehen, misshandeln ....

d) verblühen, verfaulen, verdampfen, verspeisen ....

e) sich verlaufen, sich versprechen, verdrehen, sich verirren ....

f) zerbrechen, zerschneiden, zerkleinern, zerreißen ....

	„Beginn"	„falsch"/ „verkehrt"	„weg"/ „heraus"	„vollständig"/ „zu Ende"	„auseinander"
a) ent-					
b) er-					
c) miss-					
d) ver-					
e) ver-					
f) zer-					

3. Suchen Sie weitere Verben, in denen diese Präfixe dieselbe Bedeutung haben. Verwenden Sie das Wörterbuch.

Projekt: Ein Interview durchführen

Führen Sie an Ihrem Kursort ein Interview durch.

a) Führen Sie Interviews zum Thema *Frauen und Männer in Führungspositionen* durch.

b) Befragen Sie dazu so viele deutschsprachige Personen wie möglich an Ihrem Institut, Ihrer Universität, Ihrer Schule, Ihrem Arbeitsplatz.

c) Bilden Sie pro Interviewpartner/in eine Kleingruppe.

d) Nehmen Sie den folgenden Vordruck zu Hilfe und formulieren Sie in Ihrer Kleingruppe mindestens 3-5 Fragen, die Sie stellen wollen.

e) Wählen Sie einen Schriftführer/eine Schriftführerin.

f) Gehen Sie zu der gewählten Person oder laden Sie sie ein und führen Sie das Interview durch.*

g) Besprechen Sie anschließend das Gespräch in Ihrer Gruppe und fassen Sie die wichtigsten Informationen zusammen.

h) Tragen Sie diese Informationen der gesamten Kursgruppe vor.

*Haben Sie keine Möglichkeit, Deutschsprechende zu befragen, so führen Sie die Interviews in Ihrer Muttersprache durch und übersetzen die Ergebnisse anschließend.

Team Nr.: _ _ _ _ _ _ _ _ _ _ _ _ _

Wir möchten uns vorstellen: Unsere Namen sind _

und _

Wir kommen aus dem Kurs _

und haben über das Thema „_ _"
gesprochen.

Dazu würden wir Ihnen/euch gerne ein paar Fragen stellen und bitten Sie/euch um etwas Geduld. Vielen Dank für Ihre/eure Mitarbeit.

Name des Interviewpartners:	Datum:
1. Frage:	Antwort:
2. Frage:	Antwort:
3. Frage:	Antwort:

Schriftliche Ausarbeitung eines Kurzreferats

1. **Lesen Sie sich die Aufgabenstellung für Ihr Referat ganz genau durch und denken Sie daran, dass Sie jeden der genannten Punkte in Ihrem Referat ansprechen sollten.**

2. **Achten Sie darauf, dass Ihr Referat eine *Einleitung*, einen *Hauptteil* und einen *Schluss* hat. In diesen drei Teilen können folgende Gesichtspunkte ausgeführt werden.**

Einleitung:	Hauptteil:	Schluss:
– allgemeine Bemerkungen zum Thema – Referieren aktueller Ereignisse – Darstellen eines persönlichen Erlebnisses – eventuell auch Punkt 1 der Aufgabenstellung	Auseinandersetzung mit dem Thema: logische Anordnung der Argumente z.B. nach: – pro und contra – zeitliche Abfolge – Gemeinsamkeiten – Unterschiede – Punkte der Aufgabenstellung	– kurze Zusammenfassung – persönliche Meinung – kurzer Ausblick auf die Zukunft – kurzes Ansprechen eines neuen Themas – meistens der letzte Punkt der Aufgabenstellung

3. **Machen Sie sich zu jedem Gesichtspunkt stichwortartig Notizen.**

4. **Arbeiten Sie dann die einzelnen Punkte schriftlich aus.**

5. **Kontrollieren Sie anschließend noch einmal, ob der logische Zusammenhang der einzelnen Abschnitte/Argumente deutlich wird.**
   Dazu können Sie Redemittel wie die folgenden verwenden.

> *erstens ... zweitens - in erster Linie ... ferner -*
> *zum einen ... zum anderen -*
> *einerseits ... andererseits - im Gegensatz zu - aber -*
> *jedoch - im Vergleich dazu - außerdem -*
> *und - darüber hinaus - überdies -*
> *hinzu kommt, dass - schließlich - vor allem*

6. **Lesen Sie Ihr Konzept noch einmal durch und überlegen Sie, ob Sie z.B. die Verben *haben* und *sein* (natürlich nicht, wenn sie als Hilfsverben benützt werden) durch einige der folgenden ersetzen können:**

> *sich auszeichnen durch - beweisen - besitzen - charakteristisch sein für -*
> *aufweisen - beinhalten - bekommen - bedeuten - wirken - erscheinen -*
> *(sich) darstellen - existieren - stattfinden - geschehen*

7. **Überlegen Sie, was außerdem noch verbessert werden könnte. Schreiben Sie erst dann die endgültige Fassung. Tragen Sie dann Ihr Referat im Kurs vor.**

Mengen und Mengenverhältnisse

1. **Welche der folgenden Ausdrücke bedeuten in etwa dasselbe und welche drücken das Gegenteil aus?**

> *fast, die meisten, die Minderzahl, dreißig Prozent, steigen, ein Drittel, die Hälfte,*
> *rund, circa, knapp, jede/r Dritte, zunehmen, die Mehrzahl, abnehmen, der Anteil, die Zahl,*
> *etwa, die wenigsten, sinken*

a) Ordnen Sie zu:

knapp ~ fast	steigen <–> sinken
......	...... (ist der Gegensatz von ...)

b) Vergleichen Sie anschließend Ihre Ergebnisse mit denen Ihres Nachbarn/Ihrer Nachbarin.

Beachten Sie:

*Fünfzig Prozent der Jugendlichen **ziehen** aus.* **aber:**	*Die Hälfte der Jugendlichen **zieht** aus.*
*Die meisten Jugendlichen **ziehen** aus.*	*Die Mehrzahl der Jugendlichen **zieht** aus.*
*Zwei Drittel der Jugendlichen **ziehen** aus.*	*Ein Drittel der Jugendlichen **zieht** aus.*
Plural	Singular

Finden Sie eine Regel für die Verteilung von Singular und Plural.

2. **Prüfen Sie an den Texten im Materialienbuch S. 20/21, ob die folgenden Aussagen inhaltlich richtig sind.**

r / f

a) *Knapp 60 Prozent der Jugendlichen haben ein gutes Verhältnis zu den Eltern.* ☐ ☐
b) *Die meisten der Jugendlichen, die nicht bei den Eltern wohnen, leben in nicht ehelichen Gemeinschaften.* ☐ ☐
c) *90 Prozent der Frauen unter 25 sind längst ausgezogen.* ☐ ☐

3. **Formulieren Sie einige Aussagen zu der Textcollage auf S. 20/21 im Materialienbuch, die inhaltlich oder grammatikalisch falsch sind. Die Kursgruppe oder Ihr Partner/Ihre Partnerin müssen die Fehler suchen und die Aussagen richtigstellen.**

Rollenkarten für das Streitgespräch

A:
Ich verstehe unsere Tochter einfach nicht: Kaum hat sie das Abitur gemacht, will sie schon von zu Hause ausziehen. Sie könnte doch auch hier studieren und weiter bei uns wohnen! Sie hat sowieso chronischen Geldmangel, und kochen kann sie auch nicht! Außerdem machen wir uns Sorgen, wenn sie so allein in einer fremden Stadt lebt, ohne festen Freund und ohne jemanden, der sich um sie kümmert! Hat sie es nicht immer schön gehabt bei uns? Was ist nur in sie gefahren?

B:
Endlich bin ich mit dem Abitur fertig und nun: Nichts wie weg! Ja, es stimmt, ich könnte auch in meiner Heimatstadt studieren, aber es zieht mich einfach in die Ferne. Viel Geld hab ich zwar nicht, aber es wird schon gehen, ich bin ja nicht anspruchsvoll! Was hält mich hier? Ich hab zur Zeit keinen festen Freund, und neue Menschen kennenzulernen, ist mir noch nie schwergefallen! Endlich mein eigenes Leben führen, das ist es, was ich will!

Kevin und Nicole leben in einer Subkultur, also einem Teil der Gesellschaft, der nicht nur seine eigenen Regeln und Gesetze, sondern auch seine eigene Sprache entwickelt. In Kevins und Nicoles Fall ergeben sich auch Berührungspunkte zum Prostitutionsmilieu, das heißt: zu dem Lebensbereich von Prostituierten.
Folgende Ausdrücke sind für diese Subkultur typisch. Einige von ihnen sind auch in der normalen Jugendsprache üblich. Die mit einem * versehenen Ausdrücke sind allerdings eher vulgär und sollten besser nicht verwendet werden.

1. Klären Sie die Bedeutung der folgenden Ausdrücke.

a) Besprechen Sie sich mit Ihrem Nachbarn/Ihrer Nachbarin. Nehmen Sie dabei die unten stehenden Worterklärungen zu Hilfe.

> *das Hasch   krasse Probleme   einen Aufstand machen   auf den Strich gehen*
>
> *die Putze   das/der Koks   der Knast   jemanden verarschen*   jemanden rausschmeißen*
>
> *der Ballermann   fremdgehen   jemanden abrippen   abhauen   etwas klauen*
>
> *Autos knacken   d'rauf sein   das H (gesprochen: eitsch)   der Wichser*   kiffen*

Worterklärungen:
1 sich aufregen, 2 das Gefängnis, 3 die Pistole, 4 das Haschisch, 5 Autos aufbrechen, 6 etwas stehlen, 7 weglaufen, 8 jemanden hinauswerfen, 9 die Ehefrau/den Ehemann betrügen, 10 die Putzfrau, 11 unter Drogen stehen, 12 jemanden berauben, 13 das Heroin, 14 als Prostituierte arbeiten, 15 große Schwierigkeiten, 16 das Kokain, 17 jemanden veralbern, auslachen, hier: jemanden betrügen, 18 Haschisch rauchen, 19 abwertende Bezeichnung für eine männliche Person.

b) Markieren Sie die Ausdrücke, die Sie schon einmal gehört haben oder die Sie aus Ihrer Muttersprache kennen.

c) Ordnen Sie so viele Ausdrücke wie möglich den folgenden vier Bereichen zu:

Prostitutionsmilieu	Drogen	Kriminalität	Familie

2. Hören Sie Abschnitt 5 noch einmal und markieren Sie, welche Ausdrücke Nicole und welche Kevin verwendet.

Rollenkarten für das Planspiel

✂ ---

Bürgermeister, Herr Meinradt:
Sie sind 62 Jahre alt, seit 12 Jahren Bürgermeister dieser Stadt und haben die Veränderung sehr wohl gemerkt: Vor allem in letzter Zeit sind viel mehr obdachlose Jugendliche in der Stadt, die Kriminalitätsrate steigt enorm, viele Bürger haben Angst oder beschweren sich. Selbst nachdem Sie vor zwei Jahren zwei neue Streetworkerinnen eingestellt haben, hat sich die Situation eher verschlimmert.

Ihre Gedanken: Sie sehen das Problem ganz klar, fühlen sich auch betroffen, zumal Sie selbst zwei Jungen im Alter von 14 und 16 Jahren haben. Eigentlich wollen Sie aber jetzt, kurz vor den Wahlen, keine öffentliche Debatte über dieses Problem. Sie wissen aber, dass ihr Gegen-kandidat im sozialen Bereich viele Maßnahmen versprochen hat. Sie versuchen also, so viel wie nötig und so wenig wie möglich zu tun. Mehr als die vorgeschlagenen 500.000 DM wollen Sie auf keinen Fall bewilligen.

✂ ---

Streetworkerin, Frau Karin Köhler:
Sie sind seit 8 Jahren Sozialpädagogin, seit zwei Jahren arbeiten Sie in der Stadt als Street-workerin, es ist ihre erste Stelle auf der Straße. Davor waren Sie Betreuerin in einem Jugendzentrum. Tag für Tag besuchen Sie Ihre „Kinder" und versuchen, Ihnen zu helfen, sei es durch Gespräche, durch Informationen, durch Empfehlungen sozial eingestellter Ärzte oder die Kontaktaufnahme zu den Eltern. Sie sehen aber, dass sie – genau so wenig wie Ihr Kollege – die fürchterliche Situation der Kinder verändern können. Ihnen fehlt es an Arbeitskräften, Sie arbeiten ja jetzt schon fast Tag und Nacht. Ihnen fehlt es aber auch an Mitteln, beispielsweise einem Haus, einem sogenannten „sleep-in", in dem die Kinder übernachten, essen und sich duschen können.

Ihre Gedanken: Sie sehen, dass der Bürgermeister zwar offiziell den Willen zeigt, etwas zu unternehmen, aber Sie glauben ihm nicht, dass er nur 500.000 DM zur Verfügung hat. Gleich-zeitig wird in der Stadt nämlich gerade ein neuer Tunnel für 12 Millionen gebaut! Sie sind jeden-falls am Ende Ihrer Kräfte und vermissen das Engagement von Eltern, Kirche und anderen Tei-len der Gesellschaft. Die Summe von 500.000 DM finden Sie viel zu niedrig, dafür kann man nicht einmal ein Jugendhaus bauen, geschweige denn Gehälter von Sozialarbeitern bezahlen.

✂ ---

Obdachloser Jugendlicher:
Sie sind in derselben Situation wie Nicole, haben durchaus positive Erfahrungen mit den Streetworkern, Frau Köhler und ihrem Kollegen gemacht, aber helfen konnten die Ihnen letztlich nicht! Sie haben auch die Nase voll, immer von den Erwachsenen bevormundet zu werden. Was Sie möchten, ist ein Zuhause, wo Sie Ihr eigenes Leben aufbauen können, am liebsten mit anderen Betroffenen zusammen.

Ihre Gedanken: Sie sehen, dass viele bemüht sind, Ihnen zu helfen, aber wirklich verstehen kann Sie niemand. Was Ihnen Ihre Eltern angetan haben, können Sie auch nie vergessen. Sie wünschen sich nur, endlich Ihr Leben führen zu können und in Ruhe gelassen zu werden. Des-halb möchten Sie, dass von dem Geld die alte leerstehende Fabrik renoviert wird, sodass Sie dort mit Freunden einziehen können.

✂ ---

Rollenkarten für das Planspiel

Ärztin, Frau Hiller:
Sie sind 48 und Kinderärztin. Seit vier Jahren behandeln Sie vor allem Straßenkinder. Sie sehen Tag für Tag, dass die Kinder unterernährt sind, unter Allergien und Asthma leiden, Hauterkrankungen haben und oft wegen Schnittverletzungen kommen. Und Sie sehen auch, dass das soziale Elend zunimmt. Sie versuchen, mit den Jugendlichen über den Teufelskreis von Drogen, Kriminalität und Gefängnis zu sprechen, aber nur sehr selten können Sie jemandem heraushelfen. Sehr viel Zeit müssen Sie verbringen im Streit mit der Krankenkasse, wenn Sie Ihr Behandlungsgeld von 25,– DM pro Patient einfordern.

Ihre Gedanken: Sie wünschen sich schon lange eine Einrichtung für die Jugendlichen, wo sie wohnen, essen und sich duschen können, in der es auch ärztliche und sozialpädagogische Betreuung gibt. Die vom Bürgermeister vorgeschlagene Summe reicht nicht einmal für Lebensmittel, Wasser, Strom und Medikamente für ein Jahr!

Mutter, Frau Berger:
Sie sind 43 und Mutter einer 15-jährigen Tochter, die vor zwei Jahren von zu Hause weggelaufen ist. Seit der Scheidung von Ihrem Mann hatten Sie immer wieder Schwierigkeiten mit Ihrer Tochter, sie wollte einfach nicht auf Sie hören, nahm bereits in der Schule die ersten Drogen, wurde dann von der Schule entfernt und anschließend wegen Kleinkriminalität verurteilt. Wenn Ihre Tochter ab und zu nach Hause kam, wussten Sie nicht, wie Sie sich verhalten sollten. Sie waren so verzweifelt, dass Sie immer sofort zu schreien anfingen, obwohl Sie es eigentlich nicht wollten. Sie sind auch einmal in die Schule gegangen und haben den Lehrer um Rat gefragt. Der hat nur gesagt: „Bei Ihrer Tochter ist sowieso alles zu spät, die ist doch kriminell!"

Ihre Gedanken: Jetzt, da Sie über die Streetworkerin wieder Kontakt zu Ihrer Tochter aufgenommen haben, würden Sie sich eine Stelle wünschen, wo man beraten wird, wie man mit Problemkindern umgeht und wie man sich verhält, wenn die Kinder drogenabhängig und kriminell sind. Sie würden auch gerne Ihre eigenen Erfahrungen mit anderen Betroffenen austauschen. Die Arbeit der Streetworkerin fanden Sie jedenfalls toll. Sie können sich gut vorstellen, dass man mithilfe von Freiwilligen mit der Summe von 500.000 DM etwas auf die Beine stellen kann.

Soziologin, Frau Klimaschewski
Sie sind Soziologin und haben soeben eine Arbeit über die besorgniserregende Situation Jugendlicher veröffentlicht. Dazu haben Sie eng mit der Streetworkerin Frau Köhler zusammengearbeitet, und so kamen Sie auch an die Straßenkinder heran. Sie haben mit ihnen viele Gespräche geführt und sind zu dem Schluss gekommen, dass in unserer Wohlstandsgesellschaft Kinder offensichtlich keinen Platz mehr haben. Die Ursache sehen Sie in der Zerstörung der Familienstrukturen, im Verlust von Identität, im Verlust des Arbeitsplatzes. Ihr Buch hat viel Aufsehen erregt, weil Sie darin kein Blatt vor den Mund genommen haben.

Ihre Gedanken: Ihrer Meinung nach wird sich in der Gesellschaft nichts ändern, solange jeder, auch die Politiker, vor diesem Problem die Augen verschließt. Wichtig wäre Ihrer Meinung nach mehr akute Hilfe für die Betroffenen, aber auch die Aufklärungsarbeit in der Schule oder Sozialarbeit in den Familien und in der Schule. Aber leider scheint es dafür nicht so viel Geld zu geben wie beispielsweise für den Bau eines neuen Tunnels.

Tipps bei Lernschwierigkeiten

Texte, die im Unterricht behandelt wurden, zu Hause laut lesen.	Notizen aus dem Unterricht zu Hause noch einmal systematisch aufschreiben.
Eine Sammlung von Lieblingstexten anlegen.	Sich vor dem Lesen eines Textes fragen: „Was weiß ich bereits über das Thema?"
In die Rolle des Idioten schlüpfen und sagen: „Ich nix verstehn!".	Einen Wortschatz-Zettelkasten anlegen.
Eine Fehlerstatistik führen.	Sich regelmäßig eine bestimmte Zeit zum Lernen reservieren.
Sich selbst Texte diktieren mithilfe des Kassettenrekorders.	Versuchen, aus unterschiedlichen Textsorten Grammatikregeln abzuleiten.
Häufig deutschsprachige Radiosendungen anhören.	Ein Gespräch, das man mit Studienkollegen oder deutschsprachigen Kollegen führt, auf Kassette aufnehmen, um die eigenen Fehler zu erkennen.
Bei unbekannten Wörtern nicht sofort zum Wörterbuch greifen, sondern versuchen, sie aus dem Kontext zu erschließen.	In der deutschsprachigen Presse Artikel lesen über Themen, über die man bereits in der Muttersprache etwas gelesen hat.
Texte, die einem gefallen haben, zu Hause abschreiben.	Unter der Dusche deutsche Opernarien oder Volkslieder singen.
Nur noch nach deutschen Kochbüchern kochen.	Deutschsprachige Sport-, Fußball-, Frauen- oder Modemagazine lesen.
Sich einen deutschen Freund/eine deutsche Freundin suchen.	

Einen Rat/eine Empfehlung geben [Ws]

1. Möchten Sie gelegentlich jemandem einen Ratschlag geben oder etwas empfehlen? In welchen Situationen?

a) Markieren Sie zuvor unten diejenigen Redemittel, die Sie verwenden möchten.

b) Überlegen Sie dann, in welcher Situation und welchen Personen gegenüber sie diese benutzen könnten.

	bei einem Geschäftsessen	in der Familie/ unter Freunden	
Imperativ in Verbindung mit *mal/doch/einfach*:			
Ja, stimmt, eine gute Idee!	❏	❏	
Gehen Sie doch mal …	❏	❏	
Versuch doch, …	❏	❏	
Nehmen Sie einfach …	❏	❏	
Konjunktiv II vor allem der Modalverben:	❏	❏	
Du solltest/könntest …	❏	❏	
An Deiner Stelle würde ich …	❏	❏	
Ich würde …			
	❏	❏	
	❏	❏	
die Verben *empfehlen*, *raten*			
Ich würde euch empfehlen, …	❏	❏	
Ich rate Ihnen, …	❏	❏	

2. Überlegen Sie sich eine Situation, in der Sie einen Rat/eine Empfehlung brauchen könnten.

a) Schildern Sie der Kursgruppe Ihr Problem, vergessen Sie dabei nicht die Situation, in der Sie sich befinden (unter Freunden, bei der Bahnauskunft, am Telefon usw.).

b) Lassen Sie sich von den anderen Kursteilnehmern beraten und reagieren Sie spontan auf die genannten Ratschläge/Empfehlungen!

➤ RM 4.2, MB, S.164

AB 2b

Persönlicher Brief

„Dr. Lernfix antwortet"

Sehr geehrter Herr Dr. Lernfix,
Ich bin Deutschstudentin aus Korea und lerne schon seit zwei Jahren Deutsch. Es macht mir viel Spaß. Aber eins bereitet mir schlaflose Nächte: Obwohl ich fast täglich Übungen zur Aussprache mache, kann ich immer noch nicht das Wort „Zwetschgendatschi" aussprechen! Ich habe schon Albträume deswegen! Was soll ich nur tun? Bitte geben Sie mir einen Rat! Herzlichen Dank im Voraus, Ihre …

Liebe …,
zuerst einmal: Verlieren Sie nicht den Mut! Dass Sie so einen Brief auf Deutsch schreiben können, beweist, dass Sie schon sehr gut Deutsch gelernt haben! Nun zu Ihrer Frage: Versuchen Sie doch einmal wie der griechische Philosoph Demosthenes den Mund voller Steine zu nehmen (ein trockenes Brötchen geht auch) und sprechen Sie dann das Wort aus! Sie können sich aber auch eine Melodie ausdenken, auf die man das Wort „Zwetschgendatschi" singen kann. Singen Sie doch diese Melodie täglich morgens unter der Dusche! Sie werden sehen, das funktioniert bestimmt! Sollte es dann immer noch nicht klappen, dann empfehle ich Ihnen, künftig „Pflaumenkuchen" zu bestellen.
Ihr Dr. Lernfix

1. Um welche Veranstaltung handelt es sich hier?

Verhaltenshinweise:

> An dieser Veranstaltung nehmen Sie teil, indem Sie eine Gebühr
> bezahlen, ein bestimmtes Zimmer aufsuchen und sich an folgende
> Spielregeln halten:

a) Kommen Sie nie zur Veranstaltung, ohne die Erkennungsmerkmale bei sich zu tragen.
b) Die Sympathie der Leiterin gewinnen Sie meist dadurch, dass Sie rhythmische Bewegungen
 mit Ihrer rechten Hand machen oder ab und zu freundlich nicken.
c) Wenn Sie selbst etwas beitragen möchten, so tun Sie das unverzüglich und so laut, dass man
 Sie versteht!
d) Um Verletzungen vorzubeugen, legen Sie bitte bei Ruhebedürfnis Ihren Kopf in die verschränk-
 ten Arme.
e) Schützen Sie sich vor Langeweile durch ein dickes, spannendes Buch!
f) Kommt Ihnen die Zeit trotzdem endlos vor, so wenden Sie sich vertrauensvoll an Ihren Nachbarn.
g) Auch wenn Sie es nicht glauben, regelmäßiges Erscheinen erhöht den Erfolg der Veranstaltung.
h) Sollten Sie doch einmal aus persönlichen Gründen fernbleiben müssen, so zeigen Sie Ihren
 guten Willen, indem Sie sich am nächsten Tag mit einem großen Blumenstrauß entschuldigen.
i) Nehmen Sie das Papier, das Sie am Ende bekommen, dankend an. Dadurch erfreuen Sie Ihre
 Großmutter.

Wir wünschen Ihnen viel Spaß bei dieser Veranstaltung!

**2. Suchen Sie die verwendeten modalen und instrumentalen sprachlichen Mittel heraus und
 markieren Sie diese. Vergleichen und ergänzen Sie die Redemittel mithilfe der Grammatik-
 übersicht.**

➤ **GR 3.4, S.136f.**

**3. Schreiben Sie ein pfiffiges Rätsel für Ihren Lehrer/Ihre Lehrerin oder eine andere Person in
 Ihrer Kursgruppe.**

4. Verwenden Sie dabei, wenn Sie möchten, folgende Teilsätze.

a) An dieser Veranstaltung nehmen Sie teil, indem Sie _

b) Kommen Sie nie zur Veranstaltung, ohne _ _ _ _ _ _ _ _ _ _ _ _ _ _ _ _ zu _ _ _ _ _ _ _ _ _ _ _ _ _ _
 _

c) Die Sympathie _ _ _ _ _ _ _ _ _ _ _ _ _ _ _ _ _ _ gewinnen Sie meist dadurch, dass Sie _ _ _ _ _ _
 _

d) Um _ _ _ _ _ _ _ _ _ _ _ _ _ _ _ _ _ _ vorzubeugen, _
 _

e) Mit _

f) Schützen Sie sich vor Langeweile durch _
 _

g) Kommt Ihnen die Zeit trotzdem endlos vor, so _

h) Auch wenn Sie es nicht glauben, _

i) Sollten Sie doch einmal _ _ _ _ _ _ _ _ _ _ _ , so zeigen Sie Ihren guten Willen, indem Sie
 _

j) Nehmen Sie _ _ _ _ _ _ _ _ _ _ _ _ _ _ _ _ _ _ _ dankend an. Dadurch_ _ _ _ _ _ _ _ _ _ _ _ _ _

| | | | **Den Zweck einer Handlung ausdrücken (Finalsätze)** | *Gr* |

1. Analysieren Sie folgende Finalsätze:

a) Lesen Sie die nachfolgenden Sätze. Welche der sprachlichen Mittel, um Finalität auszudrücken, kannten Sie bereits? Klären Sie die Bedeutung der für Sie neuen Ausdrücke.

> 1. Machen Sie regelmäßig Entspannungsübungen, **um** nicht in Stress **zu** geraten.
> 2. **Um zu** entspannen, können Sie beispielsweise Barockmusik hören.
> 3. Atmen Sie tief durch, **damit** Ihr Körper besser durchblutet wird.
> 4. Gehen Sie **zur** Vermeidung von Stress regelmäßig spazieren.
> 5. **Gegen** Stress hilft Magnesium.

b) Ordnen Sie die sprachlichen Mittel dem Raster zu und ergänzen sie sie durch diejenigen aus der Grammatikübersicht im Materialienbuch, die Sie sich merken möchten.

subordinierende Satzverbindungen	koordinierende Satzverbindungen	Adverbien	Präpositionen

➤ **MB GR. 3.1, S. 133f.**

2. Erinnern Sie sich: Was ist der Unterschied zwischen Finalsätzen mit *um ... zu* und *damit*?

um ... zu verwendet man, wenn _____

_____

damit verwendet man, _____

_____

3. Schreiben

Erzählen Sie der Kursgruppe, wie Sie sich entspannen und Stress abbauen oder vermeiden. Ein(e) Schriftführer/in notiert an der Tafel mit.
Formulieren Sie die zehn witzigsten oder erfolgversprechendsten Tipps in Finalsätzen und „veröffentlichen" Sie einen Anti-Stress-Ratgeber für den Kurs!

| | | **Bedingungen nennen (Konditionalsätze)** | *Gr* |

1. Wählen Sie eine der beiden folgenden Übungen aus.

A Aber nur, wenn ...

a) Denken Sie sich fünf Dinge aus, um die Sie jemanden bitten wollen, und fünf Bedingungen, unter denen Sie einem Partner einen Gefallen tun würden.
b) Notieren sie beides auf ein Blatt Papier.
c) Laufen Sie dann in der Gruppe herum und bitten Sie denjenigen, den sie treffen, um etwas. Wenn Sie gefragt werden, reagieren Sie mit einer Bedingung, die Sie sich überlegt hatten.

B Bedingungsspiel

Formulieren Sie für Ihre Nachbarin/Ihren Nachbarn fünf Bedingungen und fünf dazu passende Folgen jeweils in zwei Sätzen. Ihr Partner fügt die Sätze zusammen, er darf dabei aber nur einmal *„wenn"* benutzen!

➤ **MB GR 3.2, S. 135**

Ein Kurstagebuch schreiben

MEIN PERSÖNLICHES KURSTAGEBUCH:

KURS: _____   DATUM: _____

Das hat mit gut gefallen:

- -
- -
- -

Das hat mir überhaupt nicht gefallen:

- -
- -
- -

Das habe ich gut verstanden:

- -
- -
- -

Das habe ich nicht so gut verstanden:

- -
- -
- -

Das werde ich tun, um es zu verstehen:

- -
- -
- -

Ich habe bisher für Deutsch genug/ nicht genug getan:

- -
- -
- -

Meine Beteiligung am Unterricht war:

- -
- -
- -

Das ist mein nächstes Ziel:

- -
- -
- -

So werde ich es erreichen:

- -
- -
- -
- -
- -

1. Test zu Einheit 3.1

Erinnern Sie sich an den Text im Materialienbuch über die Funktionsweise unseres Gehirns (auf S. 24 f.) und füllen Sie die Lücken aus:

Hundert Milliarden bis zu einer Billion Nervenzellen hat das menschliche Gehirn, und jede _____ wiederum mit Tausend anderen in Verbindung. Das wird doch ausreichen, um sich den _____ eines Regisseurs oder die Geheimzahl der Scheckkarte merken zu können, sollte man meinen! _____ Tests haben gezeigt, dass das meiste von dem, was wir wahrnehmen, an uns _____ , ohne im Gedächtnis gespeichert zu werden: Es gelangt nur ins Ultrakurzzeitgedächtnis und wird _____ von wenigen Millisekunden sofort wieder vergessen. Und das ist von der Natur auch _____ ein- gerichtet so, denn stellen wir uns einmal vor, wir könnten nichts vergessen und _____ uns an alles erinnern! Welch schreckliche Vorstellung!

Was aber muss geschehen, damit eine _____ , die wir fühlen, riechen, schmecken, hören oder sehen, auch ins Langzeitgedächtnis gelangt? Sie _____ das Ultrakurzzeitgedächtnis wie einen Filter passieren und als relevant erkannt werden. Erst _____ gelangt sie ins Kurzzeitgedächtnis. Dort wird wiederum selektiert und ent- schieden, ob die Information _____ gespeichert werden soll. Erfolgreich ist die Speicherung dann, wenn die neue Information in _____ vorhandene „Schublade" passt, das heißt, wenn sie mit etwas Bekanntem, schon Gespeichertem in _____ gebracht werden kann.

2. Test zu Einheit 3.3

Lesen Sie den gesamten Textauschnitt „Deutsch am Genfersee" von Elias Canetti im Materialien- buch auf S. 27 f. und entscheiden Sie: Entsprechen folgende Aussagen dem Text?

Ja oder nein?

a) Elias brauchte Deutschkenntnisse, weil er in Wien in die Schule kam. ☐ ☐
b) Er bekam das Buch nicht, weil er noch nicht lesen konnte. ☐ ☐
c) Er bemühte sich, die Sätze korrekt auszusprechen, weil er Angst davor hatte, ☐ ☐
  dass ihn seine Mutter auslachen würde.
d) Sie sprach ihm die Sätze mehrmals vor, übersetzte sie aber nur einmal. ☐ ☐
e) Weder das Kindermädchen noch seine Mutter halfen ihm beim Lernen. ☐ ☐
f) Am nächsten Tag hatte Elias alle Sätze vergessen. ☐ ☐
g) Weil er die Bedeutung der Sätze nicht mehr wusste, verstummte er. ☐ ☐
h) Die Mutter wurde so wütend, dass sie alleine nach Wien fuhr. ☐ ☐
i) Sie nannte ihn einen Idioten. ☐ ☐
j) Aus Angst gab sich Elias größte Mühe und begann, sich einige Sätze zu merken. ☐ ☐
k) Trotzdem lobte ihn seine Mutter nie. ☐ ☐
l) Er übte die Sätze mit dem Kindermädchen während der Spaziergänge am ☐ ☐
  Nachmittag.
m) Weil er kein Buch hatte, machte er auch keine Fehler. ☐ ☐
n) Das Kindermädchen bat die Mutter, Elias das Buch zu geben. ☐ ☐
o) Bevor die Mutter ihm das Buch gab, musste sie ihm zuerst die deutsche Schrift ☐ ☐
  beibringen.
p) Mit dem Buch machte Elias große Fortschritte, weil er nachlesen konnte, was er ☐ ☐
  gelernt hatte.
q) Die Mutter war davon überzeugt, dass Bücher dem Sprachenlernen schaden. ☐ ☐

Gr **Satzschalttafel**

Kreuzen Sie in der folgenden Tabelle an, welche Satzteile zusammengehören und geben Sie die richtige Reihenfolge an.

Reihenfolge	sind unglücklich	weiß ein Rezept	suchen einen Glücklichen	muss sterben	wissen keine Medizin	hat kein Hemd
Die Ärzte						
Der Glückliche						
Die Menschen in dem Land						
Der König						
Die Boten						
Die alte Frau						

👄 **Talkshow-Fragen**

Organisieren Sie eine „Talkshow".

Dazu brauchen Sie einen „Talkmaster" und ein halbes Dutzend freiwillige Kursteilnehmer, die sich als „Gäste" an der Gesprächsrunde beteiligen.

Eine Talkshow zu folgenden Fragen:
a) Der „Glückliche ohne Hemd" nennt vier Gründe, warum er glücklich ist. Welche sind das?
b) Würden Ihnen diese Gründe auch genügen, um glücklich zu sein?
c) Was brauchen Sie vielleicht noch dazu?
d) Was ist für Sie „Glück"?

Normalerweise können die Zuschauer einer Talkshow nur applaudieren oder allgemeine Publikumsäußerungen von sich geben.
Aber manchmal geht so ein Talk-master zu der einen oder anderen Frage auch im Publikum herum und befragt einige Zuschauer nach ihrer Meinung oder ihren Erfahrungen.

Lückentext Ws *Gr*

1. Der folgende Lückentext ist nah am Original-Wortlaut des Märchens. Ergänzen Sie vor allem Artikel und Pronomen.

2. Hören Sie anschließend den Text von der Kassette zum Vergleich.

3. Hören Sie noch einmal und markieren Sie, was in dem Lückentext anders formuliert ist.

Es war einmal _____ König, _____ lag sterbenskrank in _____ Bett, und _____ Arzt konnte _____ helfen. Nur_____ weise Frau sagte: „_____ König kann wieder gesund werden, man muss _____ nur _____ Hemd _____ glücklichen Menschen bringen."

Da suchten _____ Boten _____ Königs _____ ganzen Land nach _____ glücklichen _____. Aber vergebens. Nicht _____ war zufrieden: _____ waren arm, _____ kränkelten oder fühlten sich bedroht, _____ mangelte es _____ Liebe. Hoffnungslos kehrten _____ Boten um.

Auf _____ Heimweg kamen _____ abends an _____ windschiefen _____ vorbei und hörten dort _____ Mann vergnügt vor _____ hinsingen.

_____ Boten _____ klopften freudig an _____ Tür, dass sie gleich aus _____ fiel, und baten _____ glücklichen Menschen, dass _____ König helfen und _____ _____ Hemd schenken sollte.

Da sagte _____:
„Oh, _____ tut _____
aber leid.
Ich hab' gar _____ !"

Tabellarische Lebensläufe

In Aufgabe 4 im Kursbuch S. 55 sollen Sie die Person beschreiben, über die in dem von Ihnen ausgewählten Text aus dem Materialienbuch auf S. 32 oder 33 berichtet wird. Dazu können Ihnen die
beiden folgenden Beispiele für „tabellarische Lebensläufe" helfen.

1. Lesen Sie vorher den Lerntipp „Selektives Lesen" auf S. 55 im Kursbuch.
2. Füllen Sie dann entsprechend dem von Ihnen gewählten Text die Tabelle A oder B aus.

A

```
    Mit 95 noch auf der Höhe

Name: -------------------------------------

Beruf: ------------------------------------

Spezialgebiet: ----------------------------

Deutsche Bezeichnung: ----------------------

Walliserische Bezeichnung: ------------------

Fälle von Unterbrechungen: ------------------

1. ------------------------------------------

2. ------------------------------------------

Verpflegung während der Tätigkeit: ----------

Tempo: ------------------------------------

Pausen: -----------------------------------

Ferien: ------------------------------------

Fitnesstraining neben dem Beruf: -------------

Berufsperspektive: --------------------------

Geburtsjahr: -------------------------------

Jahr der Bergsteigerprüfung: ----------------

70-jähriges Berufsjubiläum: -----------------

95. Geburtstag: ----------------------------
```

B

```
              Festgenagelt

Name: -------------------------------------

Beruf: ------------------------------------

Spezialgebiet: ----------------------------

Besondere Kenntnisse: ----------------------

Überstunden: ------------------------------

Arbeitstempo: -----------------------------

Freizeitaktivitäten: ------------------------

1. ------------------------------------------

2. ------------------------------------------

Krankheiten: ------------------------------

Berufsperspektive: --------------------------

Geburtsjahr: -------------------------------

Jahr des Fabrikeintritts: --------------------

Jahr der ersten Ferien: ----------------------

Eintritt in den Ruhestand: -------------------

Ende des Ruhestands: ------------------------
```

Sie bekommen von Ihrer Lehrerin/Ihrem Lehrer ein Kärtchen, das entweder ein Verb oder eine Nomi-nalgruppe enthält. Gehen Sie im Kursraum umher und bilden Sie Paare von Verben und Nominal-gruppen, die Ihnen und Ihrem Partner/Ihrer Partnerin passend erscheinen. Dazu müssen Sie natür-lich die zutreffende Präposition ergänzen und das Nomen in den richtigen Kasus (Dativ oder Akkusativ) setzen. Jeder von Ihnen sollte dann einen oder zwei Sätze formulieren, die Ihre Einstel-lung begründen oder erläutern, z.B.:

○ Ich interessiere mich brennend **für mich** selbst. [Ich stehe zum Beispiel furchtbar gerne vor dem Spiegel.]

● Ich interessiere mich auch sehr **für mich** selbst, denn nur so finde ich etwas über andere Men-schen heraus.

> Präpositionen: *an, auf, für, gegen, nach, über, von, vor, zu*

Ich habe fast immer Angst …	… ein Leben nach dem Tod
Verlassen kann man sich nur …	… ein warmes sonniges Land
Ich bin entschieden …	… Geduld und Gelassenheit
Ich sehne mich schrecklich …	… ich selbst
Ich interessiere mich brennend …	… Lernen aus Büchern
Am meisten freue ich mich …	… mein Heimatland
Ich erzähle nicht gern …	… meine Familie
Ich habe wenig Respekt …	… Misserfolge
Schlechte Laune beruht bei mir meist …	… neue Techniken
Am meisten muss man sich heute hüten …	… schlechtes Wetter
Ich achte wenig …	… Vorgesetzte und Professoren
Ich glaube einfach nicht …	… die Meinung anderer Leute
Ich kann nur lachen …	… teure Kleidung
Ich schäme mich manchmal …	… das Verhalten meiner Landsleute
Ich setze mich hinweg …	… Vorschriften und Gesetze
Ich zweifle sehr …	… charmantes Auftreten
Niemand kann mich zwingen …	… die Regierung meines Landes
Ich erinnere mich nur ungern …	… meine erste Deutschstunde

(Unterwegs) Wandzeitung

In Kapitel 5 geht es um die drei Länder Deutschland, Österreich und die Schweiz. Falls Sie sich in Ihrer Kursgruppe entschließen sollten, alle drei Einheiten dieses Kapitels zu bearbeiten, können Sie drei Arbeitsgruppen bilden, die jeweils zu einem dieser deutschsprachigen Länder …

…eine Wandzeitung machen

A

D

CH

1. Noch bevor die Arbeit an der jeweiligen Einheit losgeht, können Sie auf ein großes Blatt Papier die ersten Eintragungen machen: Z.B.
   – schreiben Sie den Namen des Landes in Ihrer Sprache und auf Deutsch und vielleicht auch in weiteren Sprachen;
   – vielleicht kennen Sie die Landesflagge und malen sie diese auf die Wandzeitung;
   – schreiben Sie auf, welche Vorstellungen und welche Informationen Sie mit dem Land verbinden und was sie gerne über das Land erfahren möchten.
   Hängen Sie diese Wandzeitung im Kursraum auf. Bevor Sie mit der Arbeit an der jeweiligen Einheit beginnen, teilen Sie sich die Arbeiten auf und sprechen Sie auch mit den anderen Kursteilnehmern.

2. Während der Einheit sammeln Sie auf der Wandzeitung
   – interessante hinzugekommene Informationen (geographische Umrisse, Städte, historische Daten …)
   – neue Fragen, zu denen Sie noch keine Antworten haben.
   Laden Sie auch die anderen Kursteilnehmer ein, zu Ihren Wandzeitungsartikeln beizutragen.

3. Am Ende des Kapitels können Sie dann von dem ausgehen, was Sie auf der Wandzeitung an Informationen festhalten konnten und welche Fragen noch offen sind. Sie sollten dann versuchen, selbst zusätzliche Informationen über die Schweiz, Österreich und Deutschland zu beschaffen. Für Ihre Informationssuche finden Sie auf dem Arbeitsblatt 1 zu Kapitel 0 eine Reihe von nützlichen Anschriften und Internetadressen.

Viel Spaß!

Idiomatische Wendungen Ws

1. Versuchen Sie, die Bedeutung der *kursiv* gesetzten Redewendungen in den folgenden Mikro-Geschichten zunächst ohne Zuhilfenahme eines Wörterbuchs zu erschließen. In Zweifelsfällen ziehen Sie dann das Wörterbuch hinzu.

a) Hans ist mit Tempo 80 gegen einen Baum gefahren und hat sich dabei kaum verletzt.
   Da hat er wirklich mehr Glück als Verstand gehabt!

b) Nächste Woche muss ich zu einem Kurs nach Nürnberg. Da kann ich gleich *zwei Fliegen mit einer Klappe schlagen* und mir auch das Dürerhaus ansehen.

c) Reg dich doch nicht so auf, bloß weil ich deinen Geburtstag vergessen hab. Du musst aber auch gleich *aus jeder Mücke einen Elefanten machen*!

d) Von Mathematik verstehe ich überhaupt nichts. Formeln sind für mich *böhmische Dörfer*!

e) Was, du hast einen Gebrauchtwagen gekauft ohne Probefahrt? *Kaufst Du immer die Katze im Sack?*

f) Trotz einer Anklage wegen Steuerhinterziehung wurde Dr. X als Vorstandsvorsitzender bestätigt. Das nenne ich *den Bock zum Gärtner machen.*

g) Hans und Mia streiten sich ständig, sie leben *wie Hund und Katz.*

h) Mit seiner zweiten Frau *kam* Hans *vom Regen in die Traufe.* Die erste hatte ihn nur betrogen, die zweite beklaute ihn auch noch!

2. Gibt es für die eben beschriebenen Situationen auch eine passende Redewendung in Ihrer Sprache? Wenn ja, übersetzen Sie sie wörtlich ins Deutsche zurück und vergleichen Sie die verwendeten Bilder. Vielleicht machen Sie eine schriftliche Zusammenstellung zu den verschiedenen Sprichwörtern und hängen sie aus.

3. Schreiben Sie kleine Geschichten oder Dialoge, in denen die folgenden Redewendungen enthalten sein könnten:

a) ... Du bist aber auch wirklich ein Pechvogel!

b) ... Da haben wir uns ganz schön in die Nesseln gesetzt.

c) ... Da hat er aber ein langes Gesicht gemacht!

d) ... Wirf doch nicht gleich die Flinte ins Korn.

e) ... Er ist wirklich einer, der sein Mäntelchen immer

   nach dem Wind hängt.

4. Rot, blau, schwarz, grün, rosa ...? Setzen Sie die passenden Farben ein und vergleichen Sie mit Ihrer Muttersprache.

a) Ich bin noch einmal mit einem _____ Auge davongekommen.

b) Am Sonntag wollen wir eine Fahrt ins _____ machen.

c) Das war ja interessant, aber in der Geschichte fehlt ein wenig der

   _____ Faden.

d) Der Kerl lügt doch das _____ vom Himmel herunter.

e) Sie werden noch ihr _____ Wunder erleben!

f) Das ist doch nun wirklich nicht neu, das ist doch dasselbe in

   _____ .

g) Der Optimist sieht alles durch eine _____ Brille.

h) Du kannst mir nicht so einfach den _____ Peter zuschieben!

Idiomatische Wendungen

Sie bekommen von Ihrer Kursleitung ein Kärtchen, das entweder den Anfang oder das Ende eines Sprichworts enthält. Gehen Sie im Kursraum herum und suchen Sie Ihre „fehlende Hälfte".

Eine Hand...	... wäscht die andere.
Auge um Auge, ...	... Zahn um Zahn.
Morgenstund ...	... hat Gold im Mund.
Was Hänschen nicht lernt, ...	... lernt Hans nimmermehr.
Wie du mir, ...	... so ich dir.
Lügen ...	... haben kurze Beine.
Den letzten ...	... beißen die Hunde.
Der Krug geht so lange zum Brunnen, ...	... bis er bricht.
Probieren ...	... geht über studieren.
Man soll den Tag ...	... nicht vor dem Abend loben.
Wer andern eine Grube gräbt, ...	... fällt selbst hinein.
Wer zuletzt lacht, ...	... lacht am besten.
Ohne Fleiß ...	... kein Preis.
In der Kürze ...	... liegt die Würze.

| **Übungen zur Wiederholung und Festigung der Adjektivflexion** | *Gr* |

1. Begriffspaare bilden

Bilden Sie drei bis vier Mannschaften und versuchen Sie, möglichst viele Paare von Länder- bzw. Ortsnamen und dazu passendem Begriff zu finden, wie z.B.:

Polen – polnische Gänse

Köln – Kölner Dom

Nürnberg – Nürnberger Christkindlmarkt; Nürnberger Prozesse

Griechenland – griechischer Wein

Potsdam – Potsdamer Konferenz

Frankreich – französische Mode

Russland – russisches Roulett; russischer Bär

Schweden – schwedische Gardinen

Das Nomen kann eine Sehenswürdigkeit bezeichnen, eine kulinarische Spezialität, ein historisches Ereignis, einen Exportartikel oder Ähnliches. Wichtig ist, dass es als Charakteristikum des jeweiligen Ortes/Landes angesehen wird.
Die Gruppen dürfen dann abwechselnd einen Orts-/Ländernamen aufrufen. Die Gruppe, die zuerst das passende Paar findet (oder: ein passendes Paar, das von allen akzeptiert wird), bekommt einen Punkt und darf weitermachen mit Fragen; erfolgt keine Antwort, geht der Punkt an die Fragegruppe, die dann weiterfragen darf.

2. Variante:

Bauen Sie das Begriffspaar in ein Satzgerüst ein und verwenden Sie dabei den bestimmten Artikel. Z.B.:

– Polen ist bekannt für seine polnischen Gänse.

– In Nürnberg gibt es den Nürnberger Christkindlmarkt.

– In Potsdam fand die Potsdamer Konferenz statt.

– Irland ist berühmt für das irische Bier.

- Der russische Bär ist ein Symbol für die Größe und

   Weite Rußlands.

3. Partnerarbeit: selbsterstellte Lückenübungen

Jeder KT soll für seinen Partner einen Text nach eigener Wahl (10-15 Zeilen) so vorbereiten, dass alle Adjektivendungen unsichtbar gemacht werden (schwärzen, dick durchstreichen). Der Ursprungstext wird dann gemeinsam rekonstruiert, Flexionstabellen wie die auf Seite 150 können zu Hilfe genommen werden. Am besten eignen sich hierfür natürlich beschreibende Texte wie Bild- oder Ortsbeschreibungen oder beschreibende Passagen in literarischen Texten.

Gr   **Die Flexion der Nominalgruppe, Formen des Adjektivs**

	maskulin	**neutrum**	**feminin**	**Plural**
Nominativ *Hier ist/sind*	de**r** junge Wein ein junge**r** Wein junge**r** Wein	da**s** alte Glas ein alte**s** Glas alte**s** Glas	di**e** neue Liebe ein**e** neue Liebe neu**e** Liebe	di**e** neue**n** Weine neu**e** Gläser neu**e** Lieben
Akkusativ *durch*	de**n** jungen Wein eine**n** jungen Wein jungen Wein	da**s** alte Glas ein alte**s** Glas alte**s** Glas	di**e** neue Liebe ein**e** neue Liebe neu**e** Liebe	di**e** neue**n** Weine neu**e** Gläser neu**e** Lieben
Dativ *mit*	de**m** jungen Wein eine**m** jungen Wein junge**m** Wein	de**m** alten Glas eine**m** alten Glas alte**m** Glas	de**r** neuen Liebe eine**r** neuen Liebe neue**r** Liebe	de**n** neuen Weinen neuen Gläsern neuen Lieben
Genitiv *wegen*	de**s** jungen Wein**s** eine**s** jungen Wein**s** jungen Wein**s**	de**s** alten Glase**s** eine**s** alten Glase**s** alten Glase**s**	de**r** neuen Liebe eine**r** neuen Liebe alte**r** Liebe	de**r** neuen Weine neue**r** Gläser neue**r** Lieben

Für die Formen des Adjektivs gibt es einige Prinzipien, mit deren Hilfe man ihre Verteilung besser verstehen und sich das Flexionsschema besser merken kann.

> **Prinzip 1:** Die Nominalgruppe aus Artikel, Adjektiv und Nomen hat im Deutschen eine „starke" Flexionsmarkierung (Endung), die Kasus, Genus und Numerus anzeigt. Sie ist identisch mit den fünf Endungen des bestimmten Artikels *der*: **r, n, m, s, e** (der, den, dem, des, die).

> **Prinzip 2:** Die Nominalgruppe hat fast immer nur eine solche „starke" Flexionsmarkierung, und fast immer befindet sich diese am ersten Element der Nominalgruppe, also dem Artikel oder dem Adjektiv. (Ausnahme: Genitiv Singular maskulin und neutrum und Dativ Plural, wo auch das Nomen eine Flexionsmarkierung hat).

> **Prinzip 3:** Ein weiteres Element trägt dann eine „schwache" Markierung. Diese hat nur die Endungen **e** und **n**.

starke Flexionsmarkierung: *r, n, m, s, e*

	Mask.	**Neutr.**	**Fem.**	**Plural**
Nom.	r	s	e	e
Akk.	n	s	e	e
Dat.	m	m	r	n
Gen.	s	s	r	r

schwache Flexionsmarkierung: nur *e* und *n*

	Mask.	**Neutr.**	**Fem.**	**Plural**
Nom.	e	e	e	n
Akk.	n	e	e	n
Dat.	n	n	n	n
Gen.	n	n	n	n

Die Flexion der Nominalgruppe, Formen des Adjektivs *Gr*

Folgende Artikel und Artikelformen lösen schwache Flexionsmarkierung (nur **e** und **n**) am Adjektiv aus:

    alle Formen der d-Artikel: *der/die/das, dieser/diese/dieses, derjenige, derselbe;*
    alle Formen der Artikel: *jeder/jede/jedes, jener, alle, welche, solche, manche;*
    folgende Artikelformen mit Endung*: eine/einen/einer/eines/einem, keine/n/r/s/m, meine...,*
    deine..., seine..., ihre..., unsere..., eure..., ihr...e;
    die Plural-Pronomina *wir, ihr, Ihr*

Folgende Artikelformen lösen starke Flexionsmarkierung (**r**, **n**, **m**, **s**, **e**) am Adjektiv aus:

    die endungslosen Artikelformen: *ein, kein, mein, dein, sein, ihr, unser, euer, Ihr;*
    die endungslosen Formen: *manch, welch, solch, etwas, allerlei, was für, nichts;*
    die Pluralformen: *einige, wenige, mehrere;*
    die Singular-Pronomina: *ich, du, Sie, mich, mir, dich, dir;* die Plural-Pronomina: *euch, uns*
    die Kardinalzahlen: *zwei, drei, vier.;* der vorangestellte Genitiv: **Meyers kleines Wörterbuch**

Der unbestimmt Artikel *ein* löst starke Adjektivmarkierung aus, wenn er selbst keine Endung hat, schwache Adjektivmarkierung, wenn er eine Endung hat. (Ebenso *kein* und die Possessiv-Pronomen *mein, dein, sein* usw.)

    Prinzip 4: Folgeregel: Werden zwei oder mehr Adjektive gereiht, haben weitere Adjektive
    die Form des ersten: *ein spitzes, scharfes Messer; mit frischem grünem Gemüse; ein*
    langer harter Tag;

    Prinzip 5: Nominalisierte Adjektive und Partizipien: Sie haben die Form von attributiven
    Adjektiven. (Also: Starke Markierung am Artikel löst schwache Markierung am nomina-
    lisierten Adjektiv aus; schwache Markierung am Artikel löst starke Markierung am
    nominalisierten Adjektiv aus.)

(ein) **J**ugendlicher Mensch   der **J**ugendliche Mensch

(ein) **W**ichtiges Material   das **W**ichtigste Material

mit **B**esserem Zustand rechnen   dem (einem) **B**esseren Menschen den Preis geben

Angestellte Menschen   die **A**ngestellten Menschen

Gr   **Schreiben: Formelle Briefe**

1. Welche formalen Kriterien muss ein formeller Brief erfüllen?

a) Füllen Sie mit Ihrem Partner die Textfelder dieses Modellbriefes aus (z.B. für einen Beschwerdebrief wie im Kursbuch S. 135 angegeben).

b) Notieren Sie, wo Unterschiede zu dem in Ihrer Sprache/Ihrem Land üblichen Muster bestehen. Sehen Sie ggf. im Kursbuch S. 134 nach.

Tipp:

Sehen Sie zur Kontrolle in der Standard-Briefvorlage eines Computerprogrammes nach oder lesen Sie beispielsweise:

Gernot Häublein et al.: *Telefonieren - Schriftliche Mitteilungen.* München, Langenscheidt 1982

Gudrun Häusler et al.: *Stellensuche - Bewerbung - Kündigung,* München, Langenscheidt 1982

Duden: *Briefe gut und richtig schreiben!* Mannheim, Dudenverlag 1987.

2. Hier ist etwas durcheinander geraten. Was gehört wohl eher an den Anfang und was an den Schluss eines Briefes? Schreiben Sie die Textbausteine in der richtigen Reihenfolge als Muster für andere Briefe auf.

a) wie telefonisch vereinbart, wende ich mich heute mit der Bitte an Sie,

b) und somit verbleibe ich mit herzlichem Dank im Voraus

c) Ich würde mich freuen, bald von Ihnen zu hören,

d) wie Sie wissen, bin ich ...

e) Sehr geehrter Herr Dr. Müller,

f) Liebe Frau Fischer,

g) Mit freundlichen Grüßen

h) hiermit wende ich mich an Sie, weil ...

i) Sehr geehrte Damen und Herren,

j) Über eine baldige Antwort würde ich mich sehr freuen.

k) Ihr/e

1. Welche der folgenden Ausdrücke verwendet man eher in einem persönlichen und welche in einem formellen Brief? Tragen Sie ein.

> etwas benötigen, eine persönliche Bitte haben, wie du weißt, natürlich, ich bräuchte noch...,
> jemandem Bescheid geben, jemanden benachrichtigen, jemanden fragen, die Gelegenheit
> ergreifen, zur Verfügung stehen, selbstverständlich, sich interessieren für etwas,
> recht herzlich im Voraus danken, recht bald, etwas brauchen, teilnehmen an + *Dat.*,
> etwas ist jemandem möglich, sich an jemanden wenden, bis dann, jemandem behilflich sein

persönlich	beides	offiziell

2. Lesen Sie folgenden persönlichen Brief, in dem jemand eine/n Bekannte/n um einen Gefallen bittet.

a) Wie könnte dieser Brief lauten, wenn Sie eine offizielle Anfrage an eine Institution schreiben müssten?

b) Suchen Sie die für einen offiziellen Brief wichtigen Informationen heraus und verfassen Sie einen formellen Brief. Verwenden Sie dabei Wendungen aus der Wortbox oben.

c) Vergleichen Sie Ihr Ergebnis mit dem Ihres Nachbarn/Ihrer Nachbarin und übernehmen Sie jeweils die gelungensten Wendungen aus beiden Briefen. Schreiben Sie dann die endgültige Version.

München, den 12.6.99

Liebe Eva Maria,

vielen Dank, dass du mir die Einladung zu dem Kolloquium an der Tübinger Universität geschickt hast. Leider konnte ich wirklich nicht kommen, denn ich bin wegen meiner Doktorarbeit ziemlich im Stress. Der Abgabetermin rückt näher, aber wenigstens habe ich inzwischen einen genauen Titel gefunden: „Weiblichkeit als Chance? Die Auswirkungen der Quotenregelung in Lehre und Politik." Na, wie findest du den?

Nun habe ich gehört, dass ihr in eurem Institut eine Umfrage zu Berufsaussichten weiblicher Hochschulabsolventen durchgeführt habt, die aber noch nicht veröffentlicht ist. Deswegen hätte ich eine persönliche Bitte an dich: Könntest du versuchen, an diese Unterlagen heranzukommen und sie mir so schnell wie möglich zuzuschicken? Du würdest mir wirklich sehr weiterhelfen!

Das Porto bezahle ich dir natürlich!

Wenn wir uns das nächste Mal sehen, lade ich dich zu einem Bier ein, und dann können wir mal wieder so richtig klönen*!

Inzwischen danke ich dir ganz herzlich,

deine
Mathilde

* plaudern

Möglichkeiten der Ausdruckserweiterung 1

1. Spiel

a) Wie viele Synonyme für das Verb „schreiben"
fallen Ihrer Kursgruppe innerhalb von fünf
Minuten ein?

b) Sammeln Sie an der Tafel und diskutieren Sie,
welche der genannten Verben in den Kontext
eines Liebesbriefes passen könnten.

c) Vergleichen Sie anschließend Ihre Sammlung
mit der folgenden:

> Der Unterschied
> zwischen dem treffenden
> Wort und dem beinahe
> treffenden ist so groß wie der
> zwischen einem Blitz und
> einem Glühwürmchen.
>
> *Mark Twain*

schreiben

notieren darstellen konzipieren dichten Zeilen zu Papier bringen aufzeichnen festhalten tippen
berichten erzählen abschreiben

**2. Sehen Sie sich folgende vier Tipps zur Verbesserung des Ausdrucks an. Vielleicht können Sie
einiges davon für Ihren Liebesbrief verwenden?**

☞ **Tipp 1: Namen durch Nomen oder nominalisierte Adjektive bzw. Partizipien ersetzen:**

Liebe /r ...	dein /e ...
Mein/e Geliebte/r	dein/e ewig dich Liebende/r
Mein Ein und Alles	dein Freund
Mein Herzstück	dein Geliebter
Meine Einzige	dein Engel
Meine Einziggeliebte	dein Schatz
Mein Leben	dein Hasilein
Mein Zuckerstückchen	dein Schnuckelbärchen

☞ **Tipp 2: Adjektive bilden**

a) durch die Suffixe -reich, - voll- und -los:

z.B. *würdevoll*

g Geheimnis g Glanz f Fehler e Einfall w Wunder p Phantasie	(-s)	-reich -voll -los

b) durch Komposition

z.B. *rosenrot*

Partizipien:	strahlend- leuchtend-	rot
	...	gelb
Adjektive:	hell-	blau
	blass-	grau
	tief-	grün
	...	schwarz
Nomen:	k Knall-	
	r Rosen-	

➤MB, GR. 10.3.2., S. 157

c) durch den Ausdruck des Gegenteils:

z.B. *außergewöhnlich*

außer-/ un-	beschreiblich, vergleichlich, vorstellbar,ordentlich, gewöhnlich, sterblich, geduldig

d) durch die Bildung von Vergleichen

z.B. *federleicht*

leicht wie eine Feder	*federleicht*
gelb wie Gold	
zart wie Pfirsich	
weich wie Butter	

Möglichkeiten der Ausdruckserweiterung 2 [Ws]

☞ **Tipp 3: Adjektive durch Adverbien steigern**

| Du bist ❤ ✍ ❤ | außergewöhnlich unglaublich unbeschreiblich außerordentlich - - - - - - - - - - - - - - - - - - | attraktiv schön intelligent - |

☞ **Tipp 4: Sinnverwandte Verben benützen**

Ihr Liebesbrief kann aber auch durch den Gebrauch von ausgefallenen Verben verändert werden. Vergleichen Sie doch einmal die folgenden Beispielsätze:

„Als ich deine Stimme das erste Mal hörte, …" oder *„Als ich deine Stimme das erste Mal vernahm"*

„… deshalb schreibe ich dir …" oder *„deshalb bringe ich diese Zeilen zu Papier"*

3. **Wenn Sie die in dem Liebesbrief im Kursbuch auf S. 74 verwendeten Verben durch sprechendere ersetzen möchten, haben Sie hier eine Auswahl. Sie müssen allerdings vorher prüfen, ob das jeweilige Verb in Ihren Kontext passt.**

lieben Zuneigung empfinden für, verliebt sein in jemanden, verehren, vergöttern, anbeten, bewundern, gern haben, Sympathie empfinden für, anhimmeln …

sagen flüstern, jemandem zurufen, mitteilen, informieren über jemanden, erklären, erzählen, erläutern, erörtern …

sehen bemerken, erkennen, betrachten, anschauen, mit den Augen verschlingen, wahrnehmen, beobachten, erblicken…

hören lauschen, vernehmen, jemandem zuhören, jemandem an den Lippen hängen, jemandem Gehör schenken, horchen …

glauben sich sicher sein, überzeugt von etw. sein, zu der Überzeugung gelangt sein, fühlen …

schreiben notieren, festhalten, Zeilen zu Papier bringen, abschreiben, darstellen, tippen, konzipieren, aufzeichnen, dichten, erzählen, berichten …

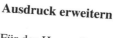

Ausdruck erweitern

Für das Herausfinden passender Verben können Sie auch in einem Stilwörterbuch oder in einem Synonymwörterbuch nachsehen. Dort finden Sie auch Beispielsätze, die Ihnen den passenden Kontext des Wortes angeben.

✎ **Schreiben: Einen Liebesbrief schreiben**

1. Betrachten Sie die folgenden Fotos und versetzen Sie sich in eine der beiden Personen.

    a) Welche Gedanken gehen ihr/ihm durch den Kopf?
    b) Was fühlt sie/er?
    c) Wo befindet sie/er sich gerade?
    d) Was ist zwischen beiden vorgefallen?
    e) Was steht wohl in dem Brief, den sie bekommt/den er vor sich liegen hat?

2. Verfassen Sie den Brief, den sie/er schreibt. Schicken Sie ihn an einen Partner in der Klasse. Dieser muss schriftlich auf Ihren Brief antworten!

Wortschatzübung zu „Eine Liebesgeschichte" Ws

1. **Wählen Sie eine der folgenden drei Aufgaben (A, B oder C) aus und lesen Sie daraufhin den Text im Materialienbuch auf S. 52 - 54 unter der jeweiligen Fragestellung noch einmal genau durch.**

A Welche Dinge aus dem Tierreich oder aus der Pflanzenwelt werden im Text genannt?

B Welche Verben passen dazu?
Suchen Sie im Text die entsprechenden Beispiele.

die Wäsche _____

die Johannisbeerbüsche _____

den Garten _____

den Schuppen _____

die Kuh _____

das Brennholz _____

den Taufschein _____

die Gans _____

den Schweinen _____

C Finden Sie passende Synonyme. Lesen Sie dazu die Textstelle.

„gleichsam" (Z. 5) _____

„demgemäß" (Z. 16) _____

„dergestalt" (Z. 36) _____

„verwahren" (Z. 48) _____

„äugen" (Z. 84) _____

„erfolgte" (Z. 87) _____

„verdattert" (Z. 104) _____

„mir nichts dir nichts" (Z. 105) _____

_____

2. **Versuchen Sie folgende Wendungen aus dem Text zu erklären, ohne ein Wörterbuch zu benuzen. Beachten Sie dabei den Kontext oder Bestandteile eines Wortes. Vergleichen Sie Ihre Erklärungen untereinander, korrigieren Sie sich gegebenenfalls gegenseitig und sehen Sie erst dann zur Kontrolle in einem Wörterbuch nach.**

> Beispiel: *ausnehmend gesund* (Z. 7)
> 1. die Ausnahme -> sie war eine Ausnahme, also hier: ausnehmend = besonders gesund

wurde heimgesucht (Z. 2) _____

ansehnlich (Z. 9) _____

ehe er sich's versah (Z. 14) _____

fand sich beim Pfarrer ein (Z. 17/18) _____

wie eh und je (Z. 33) _____

verwahren (Z. 48) _____

etwas in die Wege leiten (Z. 55) _____

wie lange mag es gewesen sein (Z. 71/72) _____

wie es zu gehen pflegt (Z. 101) _____

besiegelt und beschlossen (Z. 140/141) _____

Gr	**Passiv**

1. GULP

a) Bilden Sie zwei Mannschaften. Sie haben dann 10 Minuten Zeit, um möglichst viele GULPs zu finden.

Über jedes GULP muss in einem Satz etwas Charakteristisches ausgesagt werden, z.B.: *Mein GULP wird zum Rasieren benutzt. – Mein GULP wird aus großen Krügen getrunken. – Mein GULP wird einmal jährlich in München gefeiert usw.*

b) Beschreiben Sie nun mannschaftsweise abwechselnd ihre GULPs. Ihre „Gegner" müssen sie erraten. Dabei dürfen Sie zu jedem GULP zusätzlich genau <u>eine</u> Ja/nein-Frage stellen.

Wird Ihr GULP erraten, so bekommt die ratende Mannschaft einen Punkt, andernfalls geht der Punkt an Sie, die die Aufgabe gestellt haben. Die Gruppe mit den meisten Punkten gewinnt.

2. Satzrümpfe

a) Bilden Sie verschiedene kleine Gruppen. Schreiben Sie in den Gruppen 15 Satzanfänge oder Satzenden (mit Passivkonstruktion) mit Aussagen zu bekannten historischen oder literarischen Ereignissen, zu Sportarten oder Ähnlichem auf ein Blatt Papier.

> *Beispiel:*
> In Europa wurden im Mittelalter Hexen _ _ _ _ _ _ _ _ _ _ _ _ _ _ _ (*verbrannt*).

1. _ _ _ _ _ _ _ _ _ _ wird zu Pferd gespielt (*Polo*).
2. Schneewittchen wurde von ihrer Stiefmutter mit einem Apfel _ _ _ _ _ _ _ _ _ _ (*vergiftet*).
3. _ _ _ _ _ _ _ _ _ _ wurde von Faust verlassen (*Gretchen*).
4. _ _ _ _ _ _ _ _ _ _ wurde durch einen Vulkanausbruch zerstört (*Pompeji*).

b) Tauschen Sie nun ihre Arbeitsblätter gruppenweise aus (natürlich noch ohne die Lösung!) und vervollständigen Sie die Satzrümpfe.

Bei ungelösten Aufgaben fragen Sie zunächst eine andere Gruppe um Rat, bevor Sie die Gruppe fragen, die die Aufgabe gestellt hat.

3. Cocktailparty

a) Wählen Sie aus dem folgenden Fragebogen fünf Fragen aus und ergänzen Sie diese um fünf weitere Fragen.

Finden Sie eine Person, die:

- im Dezember geboren ist.	- als Kind von anderen Kindern verprügelt wurde.
- von der Großmutter großgezogen wurde.	- in der Schule nie gelobt wurde.
- als Kind Lebertran trinken musste.	- von drei Schwestern verwöhnt wurde.
	- als Kind in Ferien verschickt wurde.
	- in einem Kinderheim großgezogen wurde.
	- in der Schule beim Schummeln ertappt wurde.
	- in der Schule einmal nicht versetzt wurde.
	- in der Schule geschlagen wurde.
	- sich als Kind das Bein gebrochen hat.
- als Kind bei den Pfadfindern war.	- von den älteren Geschwistern nie mitgenommen wurde.
- an einem Sonntag geboren wurde.	- …

b) Gehen Sie dann mit Ihrem Fragebogen durch die Klasse, interviewen Sie sich gegenseitig und versuchen Sie, zu den verschiedenen Aussagen möglichst viele Personen zu finden, auf die sie zutreffen. Interviewen Sie auch Ihren/Ihre Kursleiter/in.

➤ MB,GR 7, S.147f.

**Lesen Sie den Text „Moderne Sagen" im Materialienbuch auf S. 56-57.
Ergänzen Sie dann im folgenden Text die fehlenden Informationen.**

a) Der Göttinger Volkskunde-Professor Brednich ist Herausgeber einer Sammlung
    moderner Sagen _____, die ein großer Verkaufsschlager war.

b) Der Erfolg dieses Buches lässt sich zurückführen auf die unheimliche
    _____, die die modernen Sagen auf uns alle ausüben,
    denn sie zeigen, wie plötzlich das _____und Unbegreifliche in
    unser tägliches Leben eindringen kann.

c) Ein weiterer Grund für den Verkaufserfolg ist, dass der Leser
    _____ ist, das, was er als wahre Geschichte von
    jemandem erzählt bekommen und für wahr gehalten hat, in
    diesem Buch als moderne Sage wiederzufinden.

d) Die Geschichten kursieren also wie Witze, die immer weiter-
    erzählt werden, ja sie sind inzwischen sogar über ganz
    _____verbreitet.

e) Viele der Geschichten haben vermutlich ursprünglich einen
    wahren Kern, doch die Ausschmückung und ihre Verbrei-
    tung über ganz Europa zeigen_____
    unserer Gesellschaft.

f) Die Faszination dieser modernen Sagen scheint also in der
    Mischung zwischen _____und
    selbst Gesehenem zu liegen.

g) Ein weiteres Charakteristikum der Geschich-
    ten ist, dass häufig Fremderfahrungen und
    _____ thematisiert
    werden, wobei das Fremde beziehungsweise
    die Fremden oft diffamiert werden. So finden
    sich beispielsweise in Urlaubserzählungen
    immer wieder festgefahrene _____
    _____ wieder.

h) Es ist nicht leicht, die modernen Sagen einer
    bestimmten _____
    zuzuordnen, wie etwa der traditionellen
    Sage.

i) Bleibt die Frage, ob die Verbreitung der
    Geschichten über Länder und Kontinente ein
    Zeichen für die_____
    nationalen Erzählgutes ist.

[Ws] **Wortschatz: Personen beschreiben**

> *„Siebzig war er gut und gern, der alte Mann, der mir in der verräucherten Kneipe gegenüber saß. Sein Schopf sah aus, als habe es darauf geschneit, und die Augen blitzten wie eine blankgefegte Eisbahn. ..."*

So beginnt Erich Kästners „Märchen vom Glück". Schon durch die beiden Sätze kann man sich das Gegenüber des Erzählers gut vorstellen.

1. Welche Sätze hätten Sie verwendet, um den alten Mann zu beschreiben?
   Wählen Sie 5 Formulierungen aus und verfassen Sie Ihre Beschreibung des Mannes.

Er/Sie	trägt ...
	sieht aus wie ...
	erinnert mich an ...
	macht einen ... Eindruck auf mich
	wirkt (wie, als ob) ...

Auffällig ist/sind ...
... passt/passen sehr gut zu ihm/ihr ...

Sein/Ihr	Gesicht/Kinn/Mund drückt ... aus.
Er/Sie	hat harte/weiche Züge.

Er/Sie	ist etwa/bestimmt/vielleicht/weit über/nicht älter als siebzig.

Vergleichen Sie Ihre Beschreibung mit der anderer und sprechen Sie über eventuelle Unterschiede.

2. Welche Charaktereigenschaften kann ein Mensch besitzen? Suchen Sie gemeinsam so viele Adjektive und die dazugehörigen Nomen wie möglich.

schüchtern	die Schüchternheit
...	die Entschlossenheit
...	die Härte
...	...
...	...
...	...

3. Beschreiben Sie eine Person Ihrer Wahl und verwenden Sie dabei obige Strukturen sowie ungewöhnliche (irreale) Vergleiche aus dem Kursbuch (vgl. S. 86 f.).

4. Bringen Sie ein Foto oder ein Bild einer Ihnen gut bekannten Person in den Kurs, über die Sie sagen können:

Ich finde sie/ihn interessant/abstoßend, weil ...
Ich wäre gern wie er/sie, weil ...
In diesem Gesicht kann man lesen, dass ...

Legen Sie alle Fotos in die Mitte und entscheiden Sie, welche Person zu der jeweiligen Beschreibung passt.

Syntax *Gr*

Die Tür klemmt

Die folgenden 21 Sätze sind die Kernaussagen einer Anekdote.

1. **Bringen Sie die einzelnen Sätze, die hier dem Alphabet nach aufgelistet sind, in eine sinnvolle Reihenfolge.**

2. **Stellen Sie die Sätze um, verbinden Sie sie mithilfe von Konnektoren und „schmücken" Sie sie so aus, dass eine möglichst spannende Geschichte daraus wird. Die sprachlichen Mittel in der folgenden Wortbox können für Sie eine Anregung sein.**

> aber - dann - danach - weil - deswegen - allerdings - trotz -
> obwohl - dabei - dadurch - während -

a) Das Flugzeug erreichte seine Reiseflughöhe.
b) Das Flugzeug näherte sich dem Zielflughafen.
c) Der Pilot ging zum Notausstieg.
d) Der Pilot nahm die Notaxt heraus.
e) Der Pilot schlug die erste Scheibe ein.
f) Der Pilot stellte auf Autopilot um.
g) Der Pilot verließ zusammen mit dem Copiloten das Cockpit.
h) Der Pilot zertrümmerte die Cockpit-Tür.
i) Die Piloten mußten in das Cockpit zurückkehren.
j) Die Tür ließ sich zum Schrecken der Besatzung und der Passagiere nicht öffnen.

k) Die Tür war zu.
l) Die Zeit wurde immer knapper.
m) Eine Billigfluglinie fliegt zwischen zwei Orten mit alten Maschinen.
n) Er ging in den Passagierraum.
o) Es passierte etwas auf einem der Flüge.
p) Gewalt hatte keinen Erfolg.
q) Keine funktionierte.
r) Keiner der Piloten hatte einen Schlüssel.
s) Sie probierten verschiedene Möglichkeiten.
t) Sie tranken Kaffee.
u) Sie unterhielten sich mit den Passagieren.

Ws **Höfliche Formulierungen**

1. In den folgenden Sätzen „ist der Wurm drin": Sie scheinen höflich, sind es aber nicht wirklich.

a) Versuchen Sie für jeden Satz zu klären, wo hier die Unhöflichkeit steckt.

b) Formulieren Sie die Sätze so um, dass sie wirklich höflich sind.

1. „Entschuldigung, würden Sie mir bitte aus dem Weg gehen?"

2. „Jetzt kommen Sie bitte endlich herein und
   nehmen Sie Platz."

3. „Sagen Sie mal bitte, wie war Ihr Name?"

4. „Wollen Sie vielleicht, dass ich Ihnen aus
   dem Mantel helfe, Frau Schulze?"

5. „Soll ich Ihnen vielleicht eine Tasse Kaffee
   anbieten?"

6. „Möchten Sie etwa Gebäck zum Tee?"

7. „Nehmen Sie ruhig von den Keksen."

8. „Nun greifen Sie schon zu, bitte, wir haben noch
   mehr draußen."

9. „Wenn Sie wollen, können Sie gerne noch etwas bleiben."

10. „Bitte, könnten Sie nicht vielleicht einen
    Moment lang den Mund halten?"

2. Zum Thema Höflichkeit gibt es einige, zum Teil recht böse Witze. Kennen Sie die? Ergänzen Sie die passende Pointe.

1. Der Mann sagt zu seiner Frau: „Liebling, ich kann nicht mit ansehen, wie du so hart in der Küche arbeitest. ...

2. Der Hotelportier sagt zu der Dame mit den zwei schweren Koffern: „Sie sollten nicht so schwer tragen, gnädige Frau...

3. Der Kellner fragt beim Abräumen: „Wie fanden Sie das Schnitzel, mein Herr?" Der Gast antwortet: „...

4. Beim Betreten eines Theatersaals sagt ein Herr zu einer Dame: „Bitte nach Ihnen...

5. Eine Dame führt ihrer besten Freundin ihr neues Abendkleid vor. Die Freundin sagt begeistert: „Das Kleid ist ja entzückend...

6. Die Ehefrau fragt beim Essen Ihren Mann, ob es ihm schmeckt. Der Ehemann antwortet: „ Aber mein Schatz!...

a)... Alter vor Schönheit."
b)... Mach doch bitte die Tür zu."
c)... Suchst du Streit?"
d)... Gehen Sie lieber zweimal."
e)... Ich habe unterm Salatblatt gesucht."
f)... Hatten sie es nicht in deiner Größe?"

Leseverstehenstest zu „Dejans Ratschläge"

Lesen Sie den Text im Materialienbuch auf S. 62 und entscheiden Sie dann: Was steht im Text?

	ja ✗	nein ✗

Zeilen 1 - 20:

1. Zwei Geschäftspartner treffen sich auf einer Flugreise nach Deutschland. Der eine kommt aus Österreich und spricht perfekt Deutsch, der andere tut so, als könnte er ihn nicht verstehen.

2. Auf dem Frankfurter Flughafen habe ich meinen deutschen Geschäftspartner umarmt. Wir kauften etwas in einem Kiosk und sprachen nur Deutsch, weil er meine Sprache nicht verstand.

3. Der Erzähler trifft zufällig auf einem Flughafen seinen früheren Deutschlehrer. Der erste will nach Deutschland fliegen, der Lehrer ist gerade aus Österreich angekommen.

4. Auf meiner ersten Deutschlandreise erzählte ich meinem Geschäftsfreund von meinem alten Deutschlehrer, der immer so getan hatte, als hätte er unsere eigene Sprache nicht verstanden.

Zeilen 21 - 54:

1. Im Deutschen ist die höfliche Anrede besonders wichtig. Deshalb werden auch Kinder mit „Fräulein" angesprochen und gesiezt.

2. Im normalen höflichen Kontakt spricht man sich auf Deutsch in der dritten Person Plural an. Auch junge Frauen sollte man nicht mit „Fräulein" ansprechen.

3. Zur höflichen Anrede gehört im Deutschen das „Sie", ein „Herr" oder „Frau" vor dem Familiennamen und der akademische Grad. Wenn man jemanden nicht kennt, sollte man ihn darum vorsichtshalber mit „Herr Dr." ansprechen.

Zeilen 73 - 109:

1. Wenn man jemandem das „Du" anbietet, sollte man vorsichtig sein. Eine ältere oder ranghöhere Person darf dieses Angebot nämlich ablehnen.

2. Von der Anrede mit „Sie" zur Anrede mit „du" überzugehen bedeutet, gesellschaftliche Distanz aufzugeben. Dies ist ein ernster Schritt, der aber manchmal sehr schnell gemacht wird.

Zeilen 110 - 126:

1. Bei Unsicherheit über die Form der Anrede kann man mit den Partnern darüber sprechen. Es gibt nämlich kein Rezept, das immer richtig wäre. Das Beste ist: Die Leute beobachten und sich anpassen.

Leseverstehenstest zu „Sagen Sie doch einfach Du zu mir"

Lesen Sie den Text im Materialienbuch auf S. 63 und entscheiden Sie dann: Was steht im Text?

	ja ✗	nein ✗

Zeilen 1 - 20:

1. In den modernen westdeutschen Betrieben werden bewährte Hierarchien durch den übertriebenen Gebrauch der Anrede mit „du" gefährdet. Nicht immer sind beide Partner mit dieser Anrede einverstanden.

2. In Westdeutschland reden sich immer mehr Menschen am Arbeitsplatz mit „du" an. Die darin ausgedrückte Nähe ist aber nicht immer echt, sondern hierarchische Strukturen bleiben bestehen.

Zeilen 21 - 48:

1. Angestellte, die sich mit ihren Chefs duzen, können sich gegen Ungerechtigkeiten nicht mehr wehren.

2. Häufig fällt es schwer beim „Sie" zu bleiben, weil es als modern gilt, sich zu duzen und beim Vornamen zu nennen.

3. Wenn ein Vorgesetzter einem Untergebenen das „Du" anbietet, darf dieser das nicht ablehnen und muss seinen Chef duzen.

Zeilen 49 - 60:

1. Wenn ein Chef einem Angestellten das „Du" anbietet, kann der Angestellte den Chef noch eine Zeit lang weiter siezen, er muss ihn dann aber mit dem Vornamen anreden.

2. Wenn einem jemand – z.B. der Chef – das „Du" anbietet, es einem aber nicht angenehm ist, diese Person zu duzen, dann sollte man das Angebot nicht annehmen.

Zeilen 61 - 73:

1. Für die Anrede gibt es keine klaren Regeln. Daher gibt es zwischen einigen Menschen ein Durcheinander von „du" und „Sie" und Vor- und Nachnamen. Wenn einer nicht will, dass er ständig geduzt wird, dann hilft nur eins: Er muss konsequent die Leute siezen.

2. Es gibt keine völlig klaren Normen, nur sollten beide Partner mit der Form der Anrede einverstanden sein. Wünscht sich einer das „Du", der andere aber nicht, so kann der andere aus Freundlichkeit eine „gemischte" Form vorschlagen, er kann aber auch beim „Sie" bleiben.

Indefinitpronomen *Gr*

Mit einem Indefinitpronomen (auch: quantifizierenden Pronomen) greift ein Sprecher aus einem Bereich von Personen, Gegenständen oder Sachverhalten eine nicht näher bestimmte Menge heraus.

1. Lesen Sie folgenden Text zum Thema *Reisen* und markieren Sie die darin enthaltenen Indefinitpronomen.

> Jeder kennt die Lust oder das Verlangen, etwas Neues zu sehen. Sei es, dass man vor dem Stress zu Hause entfliehen will oder dass einem die Decke zu Hause auf den Kopf fällt. Nicht alle jedoch finden im Urlaub die ersehnte Ruhe. Viele stehen stundenlang im Stau, manchen wird die Brieftasche gestohlen. Nur einige, die es sich leisten können, außerhalb der Schulferien zu verreisen, genießen Ruhe und leere Strände. Das reine Paradies erhofft man sich von jenen Reisezielen, die weit entfernt und schwer zugänglich sind.
>
> Schon immer gab es etliche, für die der Massentourismus unerträglich war. Jemand, der ihn besonders kritisierte, war Lord Byron. Er schrieb 1817, die vielen Engländer in der Schweiz vergifteten ihm die ganze Szenerie. Auch Gerhard Hauptmann beschwerte sich 1897 über den Touristenstrom nach Italien und schrieb: „Da strömen die Leute nach Italien, jeder Barbier und jeder Schlächter tut es". Tourismus hatte also erst dann ein negatives Image, als er nicht mehr nur ein Privileg einiger weniger war, sondern auch die breite Masse reisen konnte.

2. Ordnen Sie die Indefinitpronomen in folgende Übersicht ein und ergänzen Sie gegebenenfalls. Nehmen Sie für die Bedeutungsklärung auch das Wörterbuch zuhilfe.

Teilmenge	Vollständige Menge
manche	*jeder*

3. Informieren Sie sich in einem Wörterbuch, wie das Pronomen *man* dekliniert wird und ergänzen Sie folgende Beispielsätze durch die passende Ersatzform von *man*.

a) Wenn man im Ausland einen Wagen mietet, braucht _____ heutzutage kein Bargeld mehr.

b) Die Kreditkarte genügt, und der entsprechende Betrag wird _____ dann vom Konto abgebucht.

c) Man muss nur aufpassen, dass _____ die Versicherungen nicht übel mitspielen.

d) Denn die vielen Zusatzversicherungen, die _____ angeboten werden, können _____ ganz schön verwirren.

e) Aber für den Ernstfall ist es wichtig, dass _____ ausreichend versichert ist.

4. Charakterisieren Sie das Reiseverhalten Ihrer Landsleute, indem Sie möglichst viele Indefinitpronomen und -artikel verwenden.

Z.B.: *In unserem Land kann es sich heute jeder leisten, zu reisen. Einige, die …*

Vertreibung aus dem Paradies

Und Gott der Herr pflanzte einen Garten in Eden gegen Morgen und setzte den Menschen hinein, den er gemacht
5 hatte. Und Gott der Herr ließ aufwachsen aus der Erde allerlei Bäume, lustig anzusehen und gut zu essen, und den Baum des Lebens mitten im Garten und den Baum der
10 Erkenntnis des Guten und Bösen. (…)

Und Gott der Herr nahm den Menschen und setzte ihn in den Garten Eden, daß er ihn baute und bewahr-
15 te. Und Gott der Herr gebot dem Menschen und sprach: Du sollst essen von allerlei Bäumen im Garten; aber von dem Baum der Erkenntnis des Guten und Bösen
20 sollst du nicht essen; denn welches Tages du davon issest, wirst du des Todes sterben. Und Gott der Herr sprach: Es ist nicht gut, daß der Mensch allein sei; ich will ihm eine
25 Gehilfin machen, die um ihn sei. (…)

Da ließ Gott der Herr einen tiefen Schlaf fallen auf den Menschen, und er schlief ein. Und er nahm seiner
30 Rippen eine und schloß die Stätte zu mit Fleisch. Und Gott der Herr baute ein Weib aus der Rippe, die er von dem Menschen nahm, und brachte sie zu ihm. Und sie waren beide
35 nackt, der Mensch und sein Weib, und schämten sich nicht. (…)

Und die Schlange war listiger denn alle Tiere auf dem Felde, die Gott der Herr gemacht hatte, und sprach
40 zu dem Weibe: Ja, sollte Gott gesagt haben: Ihr sollt nicht essen von allerlei Bäumen im Garten? Da sprach das Weib zu der Schlange: Wir essen von den Früchten der
45 Bäume im Garten; aber von den Früchten des Baumes mitten im Garten hat Gott gesagt: Esset nicht davon, rühret's auch nicht an, daß ihr nicht sterbet. Da sprach die
50 Schlange zum Weibe: Ihr werdet mitnichten des Todes sterben; sondern Gott weiß, daß, welches Tages ihr davon esset, so werden eure Augen aufgetan, und werdet sein

55 wie Gott und wissen, was gut und böse ist. Und das Weib schaute an, daß von dem Baum gut zu essen wäre und daß er lieblich anzusehen und ein lustiger Baum wäre, weil er
60 klug machte; und sie nahm von der Frucht und aß und gab ihrem Mann auch davon, und er aß. Da wurden ihrer beider Augen aufgetan, und sie wurden gewahr, daß sie nackt
65 waren, und flochten Feigenblätter zusammen und machten sich Schurze. Und sie hörten die Stimme Gottes des Herrn, der im Garten ging, da der Tag kühl geworden war. Und
70 Adam versteckte sich mit seinem Weibe vor dem Angesicht Gottes, des Herrn, unter die Bäume im Garten. Und Gott der Herr rief Adam und sprach zu ihm: Wo bist du? Und
75 er sprach: Ich hörte deine Stimme im Garten und fürchtete mich; denn ich bin nackt, darum versteckte ich mich. Und er sprach: Wer hat dir's gesagt, daß du nackt bist? Hast du
80 nicht gegessen von dem Baum, davon ich dir gebot, du solltest nicht davon essen? Da sprach Adam: Das Weib, das du mir zugesellt hast, gab mir von dem Baum, und ich aß. Da
85 sprach Gott der Herr zum Weibe: Warum hast du das getan? Das Weib sprach: Die Schlange betrog mich also, daß ich aß. Da sprach Gott der Herr zu der Schlange: Weil du sol-
90 ches getan hast, seist du verflucht vor allem Vieh und vor allen Tieren auf dem Felde. Auf deinem Bauche sollst du gehen und Erde essen dein Leben lang. (…)

95 Und zum Weibe sprach er: Ich will dir viel Schmerzen schaffen, wenn du schwanger wirst; du sollst mit Schmerzen Kinder gebären; und dein Verlangen soll nach deinem
100 Manne sein, und er soll dein Herr sein. Und zu Adam sprach er: Dieweil du hast gehorcht der Stimme deines Weibes und gegessen von dem Baum, davon ich dir gebot und
105 sprach: Du sollst nicht davon essen – verflucht sei der Acker um deinetwillen, mit Kummer sollst du dich

darauf nähren ein Leben lang. Dornen und Disteln soll er dir tragen,
110 und sollst das Kraut auf dem Felde essen. Im Schweiße deines Angesichts sollst du dein Brot essen, bis daß du wieder zu Erde werdest, davon du genommen bist. Denn du
115 bist Erde und sollst zu Erde werden. (…)

Da wies ihn Gott der Herr aus dem Garten Eden, daß er das Feld baute, davon er genommen ist, und trieb
120 Adam aus und lagerte vor dem Garten Eden die Cherubim mit dem bloßen, hauenden Schwert, zu bewahren den Weg zu dem Baum des Lebens.

125 Und Adam erkannte sein Weib Eva, und sie ward schwanger und gebar den Kain und sprach: Ich habe einen Mann gewonnen mit dem Herrn. Und sie fuhr fort und gebar Abel,
130 seinen Bruder. Und Abel ward ein Schäfer; Kain aber ward ein Ackermann. Es begab sich aber nach etlicher Zeit, daß Kain dem Herrn Opfer brachte von den Früchten des Fel-
135 des; und Abel brachte auch von den Erstlingen seiner Herde und von ihrem Fett. Und der Herr sah gnädig an Abel und sein Opfer; aber Kain und sein Opfer sah er nicht gnädig
140 an. Da ergrimmte Kain sehr, und seine Gebärde verstellte sich. Da sprach der Herr zu Kain: Warum ergrimmst du? und warum verstellt sich deine Gebärde? Ist's nicht also?
145 wenn du fromm bist, so bist du angenehm; bist du aber nicht fromm, so ruhet die Sünde vor der Tür, und nach dir hat sie Verlangen; du aber herrsche über sie. Da rede-
150 te Kain mit seinem Bruder Abel. Und es begab sich, da sie auf dem Felde waren, erhob sich Kain wider seinen Bruder Abel und schlug ihn tot. Da sprach der Herr zu Kain: Wo ist dein
155 Bruder Abel? Er sprach: Ich weiß nicht; soll ich meines Bruders Hüter sein?

Auszug aus dem Alten Testament der christlichen Bibel, übersetzt von Martin Luther (Ausg. Stuttgart 64): 1. Buch Mose, Kp. 2-3

1. Lesen Sie den Text „Und Gott besah sich seinen Apfelbaum" im Materialienbuch S. 68/69 noch einmal und beantworten Sie in Gruppen folgende Aufgaben:

Gruppe 1: Beschreiben sie den geplanten „Romantik Club Eden" auf der Grundlage des Textes und vergleichen Sie damit den Park Gottes. Nennen Sie mindestens sechs Unterschiede.

Romantik Club	Gottes Park

Gruppe 2: Suchen Sie die entsprechenden synonymen Wendungen aus dem Text und geben Sie dazu die Zeilenzahl an.

Er war das Schmuckstück des Gartens. _____ ✎

Er dachte an das Pärchen. _____

Er kümmerte sich nicht mehr um die Dinge. _____

Damit wäre es eigentlich genug gewesen. _____

Er freute sich über seinen Garten. _____

Entschuldigen Sie, daß ich unangemeldet

komme. _____

Was Gott sonderbar vorkam. _____

Wir wollen hier eine Erlebniswelt bauen. _____

Sie können sich nicht der Entwicklung der

Zeit verschließen. _____

Wenn Sie meinen, hier in aller Ruhe ... _____

Die sind stärker als ich. _____

Gruppe 3:
a) Wie charakterisiert der Text Gott und wie den Menschen? Sammeln Sie Ausdrücke aus dem Text.
b) Verändert sich das Verhalten Gottes im Laufe der Geschichte?

Gr   **Genitiv**

1. Im Text im Materialienbuch auf S. 68/69 finden Sie 16 Genitive. Suchen Sie mindestens zehn heraus und ordnen Sie sie dem Raster zu.

Genitiv als Verbergänzung	Genitiv nach Präposition	Genitiv als Attribut zum Nomen	
gedachte des Pärchens	*wegen des Apfelbaumes*	*Schmuckstück des Gartens*	✎

2. Erinnern Sie sich: Wie wird der Genitiv gebildet? Notieren Sie die Artikel und die Endungen des Nomens:

maskulin + neutrum (Mann, Kind, Herr)	feminin (Frau)	Plural	
			✎

3. Erinnern Sie sich: Wie wird das Adjektiv im Genitiv dekliniert?

seines	alt-		Gartens	✎
dieses	wunderbar-		Parks	
des	bekannt-		Apfelbaums	
ihrer	viel-		Reisen	
einer	schön-		Geschichte	

➤ **Kp 5, AB 3, S. 149 ff.**

4. Wendungen mit Genitiv klingen oft sehr formell, literarisch oder altmodisch. Wie könnte man folgende Sätze alltagssprachlich ausdrücken?

a) Er gedachte des Pärchens.   ✎

b) Er erfreute sich seines Gartens.

c) Er ärgerte sich wegen dieses beschwichtigenden Tonfalls.

d) Er war beunruhigt wegen des plötzlich erschienenen Gastes.

e) Er freute sich angesichts des blühenden Gartens.

f) Ungeachtet der unerwünschten Störung wandte sich Gott wieder der Betrachtung seines Gartens zu.

5. Informieren Sie sich in einer Grammatik oder einem Wörterbuch über weitere Präpositionen und Verben mit Genitiv. Suchen Sie fünf Verben und fünf Präpositionen heraus, auf die ein Genitiv folgt, und geben Sie die Liste Ihrer Lernpartnerin/Ihrem Lernpartner, damit sie/er Beispielsätze bildet.

Argumentieren

✂ -

Bürgermeister: Aufträge sollen nur an einheimische Firmen vergeben werden.	*Gewerbeverein:* Der Umsatz im Handel lässt sich dadurch steigern.
Bürgermeister: Die ortsansässige Industrie muss gefördert werden.	*Gewerbeverein:* Die Gewerbebetriebe haben einen Vorteil vom Ausbau des Verkehrsnetzes.
Bürgermeister: Im Nachbarort hat man gute Erfahrungen damit gemacht.	*Gewerbeverein:* Die Bauunternehmen am Ort werden gefördert.
Bürgermeister: Das Ansehen des Ortes wird gesteigert.	*Gewerbeverein:* Man bekommt hohe staatliche Subventionen.
Bürgermeister: Arbeitsplätze können so gesichert werden.	*Gewerbeverein:* Mehr Aufträge bedeuten auch höhere Steuereinnahmen.

✂ -

Bauträger-Gesellschaft: Hat bereits andere Feriensiedlungen gebaut.	*Gewerkschaft:* Wir glauben nicht daran, dass die Aufträge nur an Einheimische vergeben werden.
Bauträger-Gesellschaft: Wir würden die Aufträge an einheimische Firmen vergeben.	*Gewerkschaft:* Vor allem ältere Arbeitslose können nur sehr schwer für diese Berufe umgeschult werden
Bauträger-Gesellschaft: Den Freizeitpark könnten auch die Einheimischen nutzen.	*Gewerkschaft:* Die neu entstandenen Arbeitsplätze werden vor allem von Auswärtigen/Gastarbeitern belegt.
Bauträger-Gesellschaft: Die Gastronomie hätte das ganze Jahr über Vorteile.	*Gewerkschaft:* Der Tourismus ist keine krisensichere Industrie.
Bauträger-Gesellschaft: Das Verkehrsnetz würde ausgebaut werden.	*Gewerkschaft:* Das Feriendorf ist keine Lösung für die Strukturprobleme des Dorfes.

✂ -

👄 **Argumentieren**

✂ ---

| Bauernverband: Der Bau des Feriendorfes bedeutet große Flurschäden. | | Bürgerinitiative Umweltschutz: Für das Feriendorf müsste eine eigene Kanalisation gebaut werden, das bringt Abwasserprobleme. |

| Bauernverband: Viele Bauern müssten Grundstücke für die Umgehungsstraße abgeben. | | Bürgerinitiative Umweltschutz: Wohin mit der ungeheuren Menge an Abfall? |

| Bauernverband: Der landwirtschaftliche Verkehr wird behindert. | | Bürgerinitiative Umweltschutz: Mehr Verkehr und Freizeiteinrichtungen bringen auch Lärmbelästigung mit sich. |

| Bauernverband: Das Feriendorf zieht zu viele Fremde ins Dorf, die kein Verständnis für die „Belästigungen" durch die Landwirtschaft haben. | | Bürgerinitiative Umweltschutz: Das Feriendorf ist eine Gefahr für die Brutstätten der Vögel im Naturschutzgebiet. |

| Bauernverband: Die Gefahr, dass unsere Kinder lieber im Gastgewerbe arbeiten als in der Landwirtschaft ist groß. | | Bürgerinitiative Umweltschutz: Das Verkehrsaufkommen steigert sich enorm und belastet die Umwelt. |

✂ ---

✎ **Ein Schaubild interpretieren**

Formulieren Sie die statistischen Aussagen des Schaubildes im Materialienbuch auf S. 72. Kombinieren Sie dazu die unten stehenden Satzteile: Was gehört zusammen?

**36,9 Mio Haushalte in Deutschland
davon**

1. weit mehr als ein Drittel		a) unverheiratete Erwachsene
2. etwas weniger als (fast) die Hälfte	besteht aus	b) Ehepaare
3. ein gutes Zwanzigstel (5 %)	macht … aus	c) Ehepaare mit Kindern
4. etwas mehr als ein Siebzigstel (ungefähr 1,5 %)	machen … aus	d) nur ein Erwachsener
5. weit weniger als ein Drittel	setzt sich zusammen aus	e) Alleinstehende mit Kindern
6. mehr als die Hälfte	setzen sich zusammen aus	f) unverheiratete Paare
7. noch ein knappes Zwanzigstel		g) unverheiratete Paare mit Kindern

Erzählen [Ws]

Sie belauschen ein Telefongespräch, bei dem immer dann, wenn es spannend wird, die Verbindung so schlecht ist, dass Sie nichts verstehen können. Folgende Gesprächsfetzen sind als einzige zu verstehen.

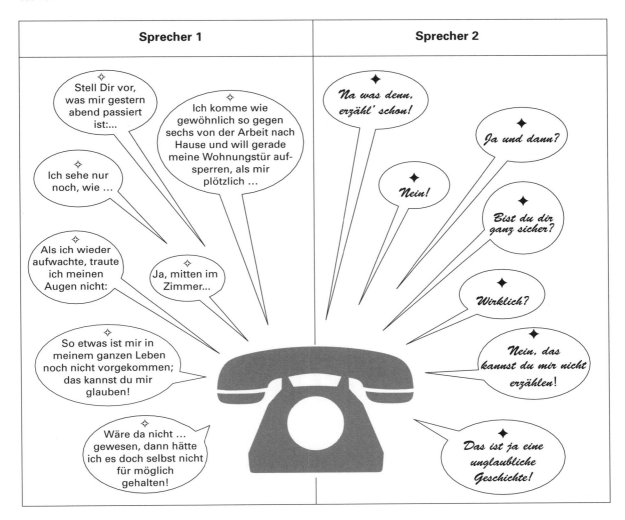

1. **Suchen Sie sich einen Partner und überlegen Sie gemeinsam: Was ist passiert?**

2. **Welche weiteren Redemittel kennen Sie, um in einem Gespräch**

a) Interesse zu zeigen   b) Unglauben zu zeigen   c) zum Weitersprechen zu ermuntern?

Sammeln Sie gemeinsam und ziehen Sie auch die Redemittel-Übersicht zu Rate (Materialienbuch, S. 161f.).

3. **Denken Sie sich eine Geschichte für das obige Telefongespräch aus und ergänzen Sie entsprechend die vorgeschlagenen Redemittel.**

4. **Spielen Sie zusammmen mit Ihrer Partnerin/Ihrem Partner das Telefongespräch.**

Gr **Redemittel, die Ihnen bei der Inszenierung helfen können**

 *

 *

Herr Schneider, der „Glücksbote"

- Sie irren sich, ich bringe Ihnen eine gute Nachricht.
- Nein, nein, ich will Ihnen nichts verkaufen.
- Verstehen Sie doch: Was ich Ihnen zu sagen habe, ist nicht für die Ohren Ihrer Nachbarn.
- Das geht nur Sie persönlich etwas an.
- Ich würde gerne etwas mit Ihnen besprechen.
- Na hören Sie mal, ich bin doch kein Hausierer!
- Seien Sie so freundlich und fertigen Sie mich nicht an der Haustür ab.
- Kann ich nicht bitte ganz kurz reinkommen?
- Ich müsste mit Ihnen sprechen. Unter vier Augen.
- Es wäre sicher nicht gut, hier im Treppenhaus darüber zu reden.
- Es wäre in Ihrem eigenen Interesse, wenn Sie mich kurz reinlassen würden.
- Ich verspreche Ihnen, Sie werden es nicht bereuen.
- Hallo, Frau Kühn, ich habe Neuigkeiten für Sie!
- West-Lotto, Schneider. Tag, Frau Kühn. Haben Sie mal einen Moment Zeit?
- Guten Tag, sind Sie Frau Kühn?
- Mein Name ist Schneider, ich komme von West-Lotto.

Frau Kühn, die Lottogewinnerin

- ○ Ja und? Was wollen Sie?
- ○ Wir brauchen nichts.
- ○ Ich kaufe grundsätzlich nicht an der Haustür.
- ○ Ja, nee! Das kennen wir.
- ○ Was wollen Sie denn?
- ○ Wieso, das können Sie mir auch hier sagen.
- ○ Ich hab keine Geheimnisse.
- ○ Da kann ja jeder kommen.
- ○ Sagen Sie mal, was wollen Sie eigentlich?
- ○ Sowas hat mir schon mal jemand gesagt, und hinterher hatte ich die Kaninchen-Züchter-Zeitung abonniert.
- ○ Nicht, bevor Sie mir gesagt haben, was Sie eigentlich von mir wollen.
- ○ Hat das vielleicht was mit unserem Tippschein zu tun?
- ○ Stimmt das auch?
- ○ Ich hab zwar keine Zeit, aber …
- ○ Na, hoffentlich mach ich nichts Falsches.
- ○ Also gut, kommen Sie rein. Aber ich unterschreibe nichts!

* Wenn Sie möchten, können Sie je ein Porträt von Herrn Schneider und Frau Kühn zeichnen.

Lesen Sie folgenden Text und kreuzen Sie bei den Lücken 1-9 das Wort (a, b, c, oder d) an, das in den Satz passt. Es gibt jeweils nur eine richtige Lösung.

Wenn das Einstein wüsste

Nein, ein Museum sollte sein Haus nie werden. Zeitlebens sträubte sich der Vater der Relativitätstheorie __0__. Seit wenigen Wochen, 62 Jahre nachdem der Physiker Deutschland verließ, kann das Haus des Caputher Ehrenbürgers besichtigt werden. __1__ nur am Wochenende und von maximal 15 Personen. Zusammen mit der Eintrittskarte wird ihnen Einsteins Versuch, die Relativitätstheorie verständlicher zu machen, in die Hand __2__.

Zum 50. Geburtstag des Physikers wollte der Senat von Berlin dem Nobelpreisträger ein Grundstück schenken. Doch die Suche blieb erfolglos, __3__ Einstein selber suchte und es in Caputh nahe Potsdam fand. Das braune Holzhaus, von Konrad Wachsmann entworfen, ist bescheiden. __4__ illustrer waren seine Gäste.

__5__ zehn Nobelpreisträger liefen über seine Dielen, außerdem so berühmte Künstler wie Käthe Kollwitz, Max Liebermann, Anna Seghers, Heinrich Mann, aber auch Nachbardackel Purzel und der zugelaufene Kater Peter. Einstein fühlte sich wohl, spielte Geige, segelte auf dem Templiner See, spazierte in weißen Leinenschuhen und Sandalen __6__ den Wald. Doch das Glück war kurz (1929 bis 1932). Hitlers Machtübernahme überraschte das Genie in Princeton, USA (wo er bis zu seinem Tod im April 1955 blieb).

Das Haus wurde 1934 __7__, später Internat für die Hitlerjugend und anschließend Domizil für Luftwaffenoffiziere. Nach dem Krieg wurden kinderreiche Flüchtlingsfamilien einquartiert, danach wurde das Haus vermietet.

__8__ 1979 wird es __9__ für Veranstaltungen des Einstein-Forums genutzt, und an den Wochenenden schlurfen die Besucher in Filzpantoffeln durch Wohn- und Arbeitszimmer des bedeutendsten Physikers unseres Jahrhunderts.

aus: Zeitmagazin Nr. 49, 2.12.94

0 Beispiel:
✓ a) dagegen
b) davor
c) dadurch
d) dazu

1.
a) Damals
b) Allerdings
c) Währenddessen
d) Schließlich

2.
a) gesetzt
b) getan
c) genommen
d) gedrückt

3.
a) als
b) nachdem
c) bis
d) inzwischen

4.
a) Je
b) Doch
c) Nämlich
d) Um so

5.
a) Allein
b) Gerade
c) Schon
d) Weniger

6.
a) an
b) über
c) durch
d) entlang

7.
a) genommen
b) renoviert
c) verlassen
d) beschlagnahmt

8.
a) Vor
b) Seit
c) Bis
d) Während

9.
a) mindestens
b) dennoch
c) allerdings
d) unter anderem

👄 **Argumentieren**

1. Bearbeiten Sie entweder Aufgabe A oder Aufgabe B zum Text „Geschäftsbesuch" im Materialienbuch auf S. 87.
Es sollte sich zu jeder Aufgabe etwa die Hälfte der Kursgruppe zusammenfinden.

B a) Stellen Sie sich auf den
Standpunkt von Johann.
Welche Interessen vertritt er?
Formulieren Sie Gründe, die für
diese Interessen sprechen.

b) Untersuchen Sie den Text im Einzelnen:

• Wie reagiert Johann auf die Äußerungen des Pförtners?
• Sind diese Reaktionen dazu geeignet,
sein Ziel zu erreichen? Begründen
Sie Ihre Meinung.

A a) Stellen Sie sich auf den Standpunkt
des Pförtners.
Welche Interessen vertritt er?
Formulieren Sie Gründe, die für
diese Interessen sprechen.

c) Versuchen Sie anschließend, für
Johann eine Überzeugungsstrategie
zu finden, mit der er sein Ziel
doch noch erreichen kann.

b) Untersuchen Sie den Text im Einzelnen:

• Wie reagiert der Pförtner auf die
Äußerungen Johanns?
• Sind alle diese Reaktionen dazu geeig-
net,seine Interessen zu wahren?
Warum (nicht)?

2. **Arbeiten Sie dann zu zweit: Je ein Teilnehmer aus der Gruppe A und B treffen sich.**

• Spielen Sie nun den Dialog in neuer, veränderter Form durch.
• Versuchen Sie dabei, sich sowohl in der Rolle A wie auch B entsprechend zu behaupten und Ihre
Interessen durchzusetzen.
• Einigen Sie sich auf ein Ende des Dialogs, mit dem beide leben können.
• Wenn Sie mögen, führen Sie sich in der Gesamtgruppe Ihre Neuentwürfe des Dialogs
gegenseitig vor.

Rechnung   ✏

Schnedder Verlag Bremen

Schnedder Verlag, Weststraße 3, 24986 Bremen

Telefon (0 43 53) 4 12 06
Telefax (0 43 53) 4 87 61

Herrn
Hein Mück
Nordseestraße 72

29105 Bremerhaven

Auftragsbestätigung und Rechnung
Kunden-Nr.
Rechnungs-Nr. 64227 Datum: 18.09.99

Bei Zahlungen und Rücksendungen bitte Rechnungsempfänger,
Nummer und Datum angeben.

RECHNUNG

| Titel-Nr. | Menge | | Titel | Ladenpreis | Nettopreis DM | |
	geliefert	berechnet			einzeln	gesamt
954	1	1	Henrici/Riem Einführung Didaktik Band 1 + Band 2 zusammen	64.00	64,00	64,00
		1	Päckchen			5,80

Zahlbar innerhalb 30 Tagen netto	Steuerl. Entgelt DM 65.23	MwSt. 7 %	MwSt. DM 4,57	Rechnungsbetrag DM 69,80

✎ **Rechnungen**

DAC

DAC Kanalstr. 71 24567 Bremen

Herrn	Rechnung 18.05.1998
Hein Mück	Mitgliedsnr. **063115665**
Nordseestraße 72	
29105 Bremerhaven	

Beitragszeitraum	Beitrag	Bitte zahlen Sie
01.07.96 – 30.06.97	74,00	74,00 DM
		bis zum 01.07.98

RALLSTEDT

Einrichtungshaus
Hamburger Straße 4
24467 Bremen

Telefon 080 / 2 28 01 - 6 74 / 6 77

Bank   Sandbank
16 / 67 666
BLZ 200 400 00

- Verkaufsabteilung
- Kunde

RECHNUNG
Kaufbestätigung (M)

Belegart		UN RST	Telefon und Vorwahl Privat/Geschäft	Bei Zahlungen/Rückfragen bite diese Nummer angeben ▶	Beleg Nr.
	5 0 2	0 1 1 4 3			26740 C

Verkäufer

057	A	3 4 7602	1	Bistro-Tisch 3129	
				65 ⌀	
				09 schwarz Marmorplatte	
				m. Profil	149, 00

R-Satz	UN	Konto-Nr. des Kunden

Umseitige Verkaufsbedingungen sind Gegenstand dieses Kaufvertrages

tel. Best. 30.07.98

/ Teilzahlung	Kaufpreis
	Netto Servicepr. 149, 00
/ Teileinlösung	Anzahlung
	DM Abt.
Überweisung	DM Abt.
	Rest-/Zahlungsbetrag bei Zustellung ohne Abzug
	Im Kaufpreis enthalten sind
	─ % Mehrwertsteuer ─── DM

Kowalski

Datum	Unterschrift des Kunden	Unterschrift des Verkäufers

Bei Rückfragen wenden Sie sich bitte an:

**Vor Zustellung (Bestellung)
(Mo - Fr 8.00 - 15.00 Uhr)**

Telefon	080 / 2 28 01 -
Wohnraummöbel	6 67
Schlafraummöbel	6 59
Küchen-, Dielen-,	
Klein-, Stilmöbel	6 54

**bei Beanstandungen
(Mo - Fr 8.00 - 16.00 Uhr)**

Telefon
080 / 2 28 01 - 6 82
            - 6 44

── 26740 C ──

STADT BREMERHAVEN

BEHÖRDE FÜR INNERES – EINWOHNER-ZENTRALAMT –
Verwarnungs- und Bußgeldstelle

8   2114

Eilsache

18.10.98

Tel. 24 86 - 3117

Einwohner-Zentralamt - Amsinckstraße 34 - 20097 Bremerhaven
Hern/Frau   83.599213.6

Herrn/Frau
Hein Mück
Nordseestraße 72

29105 Bremerhaven

Aktenzeichen
83.599213.6
Bitte stets angeben

Verwarnungen werden
im Verkehrszentralregister
nicht eingetragen

Schriftliche Verwarnung mit Verwarnungsgeld / Anhörung

Sehr geehrte(r) Verkehrsteilnehmer(in) / Fahrzeughalter(in),
wegen der nachgenannten Ordnungswidrigkeit wird der / die Verantwortliche gemäß §56 des
Gesetzes über Ordnungswidrigkeiten (OWiG) i. V. m. § 27 des Straßenverkehrsgesetzes
(StVG) unter Festsetzung eines Verwarnungsgeldes in der unten festgesetzten Höhe ver-
warnt. Das Verwarnungsgeld ist innerhalb einer Woche zu zahlen. Falls Sie mit der Verwarnung nicht einverstanden oder für die begangene Ordnungswidrigkeit nicht verantwortlich
sind und das Verwarnungsgeld nicht fristgerecht gezahlt wird, werden Sie unter Beachtung
der unten und auf der Rückseite angegebenen Hinweise um Äußerung innerhalb einer
Woche gebeten.

Ihnen wird vorgeworfen, am 08.10.98, um 16.12 Uhr folgende
Ordnungswidrigkeit nach § 24 StVG begangen zu haben: Sie
parkten unzulässig an einem Parkscheinautomaten, weil der
Parkschein am oder im Fahrzeug von außen nicht lesbar ange-
bracht wurde.
§§ 13(1), 49 StVG

Beweismittel:

Zeuge: ASMUS

Verwarnungsgeld 40,- DM

Die Verwarnung ist ohne Namensangabe und
Unterschrift

👄 ✏ **Idiomatische Wendungen**

Zwei ungleiche Freunde oder: Der Glückspilz und der Pechvogel

Schreiben/Erzählen Sie eine Geschichte über das Schicksal der ungleichen Freunde, erfinden Sie eine Handlung (z.B. eine Frau, eine Karriere oder viel Geld als Streitpunkt zwischen den beiden) und benutzen Sie möglichst viele der angegebenen idiomatischen Wendungen. (Im Zweifelsfall benutzen Sie ein Wörterbuch.) Verbreiten Sie Ihre Geschichten: Sprechen Sie sie auf Band und spielen Sie diese den anderen vor; hängen Sie eine schriftliche Fassung auf; spielen Sie sie szenisch vor …

1. Ihre Eigenschaften

der eine		der andere
ist nicht auf den Mund gefallen	⬌	lügt wie gedruckt
steht mit beiden Beinen auf der Erde		hat Rosinen im Kopf
hat das Herz auf dem rechten Fleck	⬌	hat eine große Klappe
kann kein Wässerchen trüben		redet allen nach dem Mund
macht aus seinem Herzen keine Mördergrube	⬌	hegt finstere Gedanken
will nichts übers Knie brechen		will mit dem Kopf durch die Wand
ist eine ehrliche Haut	⬌	lebt in den Tag hinein
…		…
…		…

2. Ihr Umgang miteinander

einer bringt den anderen in Verlegenheit
einer stellt den anderen zur Rede
einer hält mit seiner Meinung nicht hinterm Berg
einer hält dem anderen den Spiegel vor
einer spielt mit offenen Karten
einer schenkt dem anderen reinen Wein ein
einer liest dem anderen die Leviten
einer nützt den anderen nach Strich und Faden aus
einer spielt dem anderen einen Streich
einer macht gute Miene zum bösen Spiel
einer hält sich bedeckt
…
…

3. Die weitere Entwicklung

der Glückspilz		der Pechvogel
lebt in Saus und Braus	⬌	langweilt sich zu Tode
bringt sein Schäfchen ins Trockene		geht den Bach runter
macht sein Glück	⬌	ist vom Pech verfolgt
macht sich aus dem Staub		säuft sich um den Verstand
wird reich wie Krösus		wird arm wie eine Kirchenmaus
ist auf Rosen gebettet	⬌	bei ihm ist Schmalhans Küchenmeister
…		…
…		…

Rollenkarten

✂ -

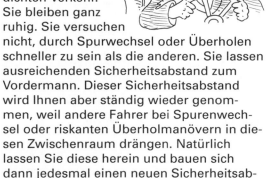

Fahrer:

Sie fahren im dichten Verkehr. Sie bleiben ganz ruhig. Sie versuchen nicht, durch Spurwechsel oder Überholen schneller zu sein als die anderen. Sie lassen ausreichenden Sicherheitsabstand zum Vordermann. Dieser Sicherheitsabstand wird Ihnen aber ständig wieder genommen, weil andere Fahrer bei Spurenwechsel oder riskanten Überholmanövern in diesen Zwischenraum drängen. Natürlich lassen Sie diese herein und bauen sich dann jedesmal einen neuen Sicherheitsabstand auf. Sie merken, dass Ihr Beifahrer unruhig auf Ihre Fahrweise reagiert, aber Sie sind davon überzeugt, dass ein guter Fahrer sich so defensiv verhalten muss, wie Sie es tun und argumentieren auch so.

Beifahrer:

Sie stecken im dichten Verkehr. Ihr Kollege am Steuer fährt extrem vorsichtig. Er klebt auf seiner Fahrspur und nutzt keine Gelegenheit zum Überholen. Im Gegenteil: Er lässt ständig große Lücken zum Vordermann. In diese Lücken drängen sich andere, schnellere Fahrer, sodass Sie den Eindruck haben, dass Ihr Auto immer mehr zurückfällt. Sie sind der Meinung, Ihr Kollege am Steuer dürfte sich nicht ständig übervorteilen lassen und müsste selbst etwas sportlicher fahren. Schließlich wollen Sie irgendwann mal an Ihr Ziel kommen. Geben Sie dem Fahrer ein paar Tipps in Bezug auf sein Fahrverhalten.

✂ -

Textrekonstruktion *Gr*

Im folgenden Text ist von zwei Autofahrern die Rede, die zwei entgegengesetzte Fahrweisen haben. Leider sind die einzelnen Textteile durcheinander geraten.

1. Versuchen Sie, die Textteile in die richtige Reihenfolge zu bringen.
2. Setzen Sie alle fehlenden Großbuchstaben und Satzeichen ein.

… und so findet er vorsichtig und kühn seinen weg zwischen den anderen fahrzeugen

… er nimmt nicht seine rechte wahr und tut sich nicht persönlich hervor

… er fährt im geist mit dem wagen vor ihm und dem wagen hinter ihm

… mehr als an seinem weg ist er interessiert am gesamten verkehr und fühlt sich nur
als ein teilchen davon

… er versteht es geschickt vorzupreschen dann wieder eine regelmäßige geschwindigkeit
zu halten seinen motor zu schonen

… ein anderer fahrer den ich kenne geht anders vor

… mit einem ständigen vergnügen an dem vorwärtskommen aller wagen und der
fußgänger dazu

… ich kenne einen fahrer der die verkehrsregeln gut kennt innehält und für sich zu
nutzen weiß

Gr **Negation**

1. Gegendarstellung

Im „Goldenen Herzblatt" stand folgende Meldung:

> **Süßes Geheimnis**
> Prinz August-Eberhard von Sachsen-Coburg wird sich an seinem 40. Geburtstag, dem 3. Dezember, mit seiner langjährigen Freundin, Prinzessin Emilie-Helene von Bayern verloben. Dieses Geheimnis verriet die Prinzessin ihrer besten Freundin, der Gräfin Katja von und zu Seeberg. „Wir werden sowohl vor dem Standesamt als auch in der Kirche heiraten", sagte sie. „Ich habe immer von einer Heirat ganz in Weiß geträumt." Es wird eine große Hochzeit mit Hunderten von Gästen geben. In Adelskreisen wissen schon viele Freunde um das kommende Ereignis.

Prinzessin Emilie-Helene erwirkt daraufhin eine Gegendarstellung in der nächsten Nummer des „Goldenen Herzblatts".

> **Gegendarstellung**
> Zu dem Artikel „Süßes Geheimnis" stelle ich fest: Prinz August-Eberhard von Sachsen-Coburg wird sich nicht am 3. Dezember mit mir verloben. Ich bin nicht seine langjährige Freundin. Außerdem wird er am 3. Dezember nicht 40 Jahre alt. Ich habe _ _ _ _ _ _ _ _ _ _
> _

Schreiben Sie die Gegendarstellung für Prinzessin Helene zu Ende.

2. Prinz sucht Prinzessin

Stellen Sie die prahlerischen Angaben des Prinzen in der Heiratsanzeige richtig:
Z.B.: Prinz Eberhard wird 40 Jahre alt. (50) > Prinz Eberhard wird nicht 40 Jahre alt, sondern 50.

1. Prinz Eberhard hat eine volle Haarmähne. _

2. Der Prinz ist schwerreich. _

3. Der Prinz besitzt einen Rolls-Royce (einen VW Polo). _

4. Der Prinz ist sehr sportlich. _

5. Der Prinz hat eine ausgezeichnete Schulbildung. _

6. Der Prinz hat noch keine Kinder. _

Ist Eberhard überhaupt ein Prinz? _

3. Gerichtstag

Bilden Sie Kleingruppen und wählen Sie eine der folgenden Gerichtsszenen.

1. Szenen einer Ehe   2. Verkehrsgericht   3. Lehrer gegen Lerner   4. Jüngstes Gericht

In jeder Gruppe gibt es einen Richter (oder einen Richter-Rat). Der Richter verliest die gegenseitigen Beschuldigungen der Gegner, z.B.:

1. Du hast mir nie Blumen mitgebracht … immer den Hochzeitstag vergessen … warst untreu …
2. Sie sind ohne zu bremsen abgebogen. / Sie haben beschleunigt. / Sie haben mich bedroht … beschimpft. / Sie haben mir die Vorfahrt genommen …
3. Ihr arbeitet nicht mit. / Sie machen langweiligen Unterricht. / Wir haben nie etwas über deutsche Literatur erfahren. / Ihr lasst euch bedienen …
4. Ihr habt die Erde nicht sorgfältig bewahrt. / Du hast Hunger und Kriege geduldet. / Ihr seid selbst schuld an eurem Unglück … .

Verteidigen Sie sich, streiten Sie ab, klagen Sie sich gegenseitig an … und verwenden Sie dabei so viele Negationswörter wie möglich.

➤ MB, GR, 6.4, S 144f.

Die Sätze des folgenden Textes beschreiben verschiedene Szenen eines „Verkehrsbildes". Fügen Sie die passenden Satzteile in die Lücken ein. Ergänzen Sie die Artikel nach den Präpositionen. Vielleicht können Sie am Ende sogar eine Zeichnung nach Ihrem Verkehrsbild anfertigen.

fahren	auf d… Straße
fährt	auf d… Straße
fährt	mitten auf d… Straße
fährt	über d… Straße
geht	mit d… Roller
haben	hinten auf d… Fahrrad
fährt	in d… Kanalisation
hat sich	in ein… Einbahnstraße
klettern	ein Radfahrer
läuft	ein Autofahrer
liest	zwei Kinder
spielen	er
stehen	vor d… Loch in d… Straße
trägt	einen Handwagen
wechselt	mit ein… Leiter

↓ ↓

1. Drei Kinder			Fußball. ⚽
2. An ein… Ecke			einen Reifen.
3. Vor ein… Auto			nach links.
4. Jemand			vor ein… Einfahrt gestellt.
5. Ein Kind			über d… Straße.
6. Ein Hund			
7. Zwei alte Leute			
8. Ein Mann			
9. Und dabei			in d… Zeitung.
10. Ein Motorroller-Fahrer			auf d… Schulter.
11. Ein Auto 🚗			
12. Zwei Arbeiter 🚧 🚧			
13. Die Arbeiter			den Kanaldeckel gelegt.
14. Auf ein… Fahrrad 🚲			zusammen.
15. Das eine			gesetzt.

✎ **Rollenkarten für das Planspiel**

AUTOFAHRER AUTOFAHRER

Autofahrer:

Sie schließen sich zu einer Interessen-
gemeinschaft der von Streetwalking
und Carwalking Betroffenen zusammen. Schreiben Sie eine Anfrage an
die Gruppe der Richter, welche
gesetzlichen Möglichkeiten Sie haben.
An die Gruppe der Psychiater schreiben Sie eine Bitte um psychologische
Beratung, wie Sie sich Street- und
Carwalkern gegenüber verhalten sollen.

PSYCHIATER PSYCHIATER PSYCHIATER

Psychiater:

Sie arbeiten einen Fragebogen aus,
um die Reaktionen der Autofahrer
und der Polizei auf Streetwalking
und Carwalking zu erforschen, und
bitten die beiden Gruppen, die Fra-
gebögen auszufüllen.

Polizei Polizei Polizei Polizei

Polizei:

Sie schreiben an die Gruppe der
Autofahrer einen Appell, sich bei
Carwalking und Streetwalking
nicht provozieren zu lassen.
An M. Hartmann und seine
Anhänger schreiben Sie einen
Appell, sich zurückzuhalten.

Sympathisierende Sympathisierende

Mit Hartmann Sympathisierende:

Sie haben eine Interessengemein-
schaft der Car- und Streetwalker
gegründet. Zu Ihren Mitgliedern
gehören z.B. Radfahrer, Rollstuhl-
fahrer, Fußgänger mit Gepäck oder
mit Kinderwagen oder solche, die
Arm in Arm nebeneinander gehen
wollen ...
Sie schreiben einen Forderungs-
katalog, den Sie an die Autofahrer
und die Polizisten richten.

Richter Richter Richter   Richter Richter Richter Richter

Richter:

Sie fordern schriftlich bei der Gruppe der Psychiater ein Gutachten an
über eine Autofahrerin, die M. Hartmann während eines Streetwalkings
absichtlich angefahren hat, und
über ein Ehepaar, das ihn verprügelt
hat, nachdem er über deren Auto
gestiegen war.

Kausalbeziehungen *Gr*

Wählen Sie eines der beiden folgenden Satzpaare aus und stellen Sie eine Kausalbeziehung zwischen den jeweiligen 2 Sätzen her. Heben Sie einmal die Ursache, einmal die Folge und einmal das Ziel hervor, indem Sie verschiedene Konjunktionen, Adverbien oder Präpositionen aus der darunterstehenden Tabelle verwenden.

A An den Tankstellen in Deutschland darf nur noch bleifreies Benzin verkauft werden. Für Autos ohne Katalysator findet man kaum noch Benzin.

B Die deutsche Forstwirtschaft beklagt Umsatzrückgänge. In Deutschland wird zuviel Altpapier wiederverwertet.

also
deshalb
denn weil
nämlich
wegen
sodass
damit

Folge

Hören [Ws]

1. Setzen Sie sich in Gruppen zusammen. Sammeln Sie Wörter, die die Silbe *hör-* enthalten. Ordnen Sie sie:

Verben: *aufhören,* _____

Nomen: *Hörgerät,* _____

Adjektive: *hörbar,* _____

2. Sammeln Sie Bezeichnungen von Geräuschen und Lauten, die Menschen, Tiere und/oder Gegenstände von sich geben. Benutzen Sie, falls nötig, ein (zweisprachiges) Wörterbuch.

Menschen	Tiere	Gegenstände
Babys quietschen	Meerschweinchen quietschen	Reifen quietschen
	Balken krachen	
	Hunde bellen	

a) Vergleichen Sie Ihre Wörter mit denen der Nachbargruppe. Erklären Sie, wenn nötig, Ihre Wörter: Geben Sie Beispiele oder machen Sie das Geräusch nach.

b) Vergleichen Sie die deutschen Bezeichnungen für Laute und Geräusche mit denjenigen Ihrer Muttersprache(n). Wie imitieren die Sprachen die einzelnen Geräusche?

Adressen deutschsprachiger Radiosender

 D _____

 A _____

 CH _____

Deutsche Welle
Presse- und Öffentlichkeitsarbeit
D-50588 Köln
Fax: 0049-221-389-0
http://www.dw.gmd.de

Deutschlandfunk
Raderberggürtel 40
D-50968 Köln
Tel: 0049/221) 345-0
Fax: 0049/ 0221) 345-4802
http://www.dradio.de

Österreichischer Rundfunk (ORF)
Argentinier Straße 30a
A-1041 Wien
http://www.orf.at
Programminformation abrufbar unter:
Tel: 0043/01 50101/8050 oder:
Programmservice @ orf.at
Allgemeine Auskünfte:
Tel: 0043/01 87070/30

Schweizerische Radio- und Fernsehgesellschaft (SRG)
Giacomettistrasse 3
Postfach 26
CH-3000 Bern 15
http://www.srg.ch
infor@ srg.ch
Tel: 0031/350 9111
Fax: 0031/350 9256

14

AB4

Ws **Zusammengesetzte Wörter**

1. Die Bedeutung eines zusammengesetzten Nomens (Kompositum) ergibt sich oft aus den Bestandteilen, ohne dass man ein Wörterbuch zu ihrer Klärung braucht. Ergänzen Sie in der folgenden Tabelle jeweils die Umschreibung des Kompositums:

Bestimmungswort	Grundwort	Zusammenhang	Umschreibung
der Kopf	bereich	Ort	*Bereich am Kopf*
die Amerika	reise	Ziel	
die Winter	reise	Zeitpunkt	
die Sprach	reise	Zweck	
die Luxus	reise	Art und Weise	
der Blut	geschmack	Spezifizierung	
die Blut	orange	Vergleich	
das Wasser	molekül	Material	
das Wasser	glas	Inhalt	

2. Manchmal entfernt sich die Bedeutung eines Kompositums im Laufe der Zeit mehr oder weniger stark von der Bedeutung der einzelnen Bestandteile. Können Sie die folgenden Komposita umschreiben? Vergleichen Sie Ihre Erklärung mit der eines Wörterbuchs.

a) die Handtasche   *eine Tasche, die* _____

b) die Eisenbahn   _____

c) die Küchenmaschine   _____

d) die Zeitlupe   _____

e) die Zeitschrift   _____

f) die Blutprobe   _____

g) der Ladendiebstahl   _____

Text A:

(...) Es war, als seien, trotz der vielen freien Plätze, in dem Bus mehr Leute versammelt als irgendwo draußen in dem ganzen kahlen Hochland. (...) Ein junges Mädchen knackte und knabberte, wie sonst in den (...) Kinos oder auf den Promenaden, mit ernstem Gesicht und träumerisch weiten Augen, ohne je einzuhalten, Sonnenblumenkerne, von denen zugleich ein Regen von Hülsen zu Boden fiel; eine Gruppe von Burschen mit Sporttaschen brachte immer neue Kassetten ihrer Musik nach vorne zum Fahrer, welcher sie bereitwillig, statt des nachmittägigen Radioprogramms, aus dem sich über jedem Sitzpaar befindenden Lautsprecherpaar schallen ließ;

✂ -

Text B:

(...) Gestern um neun sind wir zur Bushaltestelle gelaufen. Damit wir den Autobus nicht versäumen. Doch dann haben wir eine Stunde warten müssen. Die Busse hier halten sich nicht an die Fahrzeiten.
An der Haltestelle waren viele Leute, und es war affig heiß. Papa hat geschimpft, er fährt nie mehr ohne Auto ... Endlich ist dann der Bus gekommen. So was von einem Vehikel habe ich noch nie gesehen. Der Bus hat gerattert und gescheppert. Weil überall die Schrauben locker waren oder gefehlt haben. Bei den Sitzen und bei den Fensterrahmen und dort, wo der Schaffner sitzt. Und die Fußbodenbleche waren auch locker. Darum hat der Bus so gescheppert. Aber später hat man das nicht mehr gemerkt, weil so viele Leute zugestiegen sind. So viele, daß überhaupt kein Platz mehr zum Scheppern war.

▤ **Detailliertes Leseverstehen zu den beiden Texten „Busfahren" im Materialienbuch (S.110/111)**

Lesen Sie einen der beiden Texte und ergänzen Sie das folgende Raster.
Was erscheint dem Erzähler/der Erzählerin jeweils fremd und ungewohnt?

Text A:
a) Verhältnis zwischen Jung und Alt:
b) Lautstärke:
c) Sauberkeit:
d) Körperkontakt zwischen den Personen:
e) Höflichkeit:
f) Sonstiges:

Text B:
a) Technischer Zustand des Busses:
b) Organisation:
c) Geruch:
d) Sauberkeit:
e) Verhalten der Menschen im Bus:
f) Sonstiges:

Inwieweit lässt sich aus der Beschreibung der Geschehnisse auf die Vorstellungen der Erzähler von Höflichkeit, Sauberkeit, Spontaneität, Lautstärke, körperliche Distanz bzw. Nähe, Ordnung, Pünktlichkeit, ... schließen?

Partizipialgruppen:

Ein Stilmittel für die Beschreibung ist die Verwendung von erweiterten Partizipialkonstruktionen. Dieses sprachliche Mittel wird allerdings nicht sehr häufig verwendet, man findet es vor allem in der geschriebenen Sprache. Die geläufigere Version ist der Relativsatz.

1. Im Text im Materialienbuch auf S. 110 beschreibt Handke, wie Jugendliche zum Busfahrer gingen und ihm Musikkassetten gaben, und dieser Fahrer die Musik *aus dem Lautsprecherpaar, das sich über jedem Sitzpaar befand, schallen ließ*. Wie lautet die Konstruktion, die Handke verwendet? Ergänzen Sie sie in dem folgenden Raster.

Z. 7-8:	… aus dem _____ schallen ließ; ♪
	… aus dem Lautsprecherpaar, das sich über jedem Sitzpaar befand, schallen ließ; ♪

2. Suchen Sie fünf weitere Beispiele im Text und formulieren Sie dazu Relativsätze.

Z. 10:	als einer der Jugendlichen_____
	als einer der Jugendlichen, der im Reden aufgestanden und in den Gang getreten war, …

➤ MB, GR, 9.2, S.153

Vergleiche:

Ein andere Möglichkeit, etwas zu beschreiben, ist der Vergleich. Dabei gibt es viele verschiedene Möglichkeiten wie in dem folgenden Muster.

1. Suchen Sie den Beispielen entsprechende Textstellen aus Handkes Text und tragen Sie sie in das Raster ein.

Metapher z.B. *unsere Sonne* (die Lehrerin) ☀	*Z. 5:* *Ein Regen von Hülsen* ✍
wie + Adjektiv z.B. *Unsere Lehrerin ist heute wie ausgewechselt.*	
scheinen + zu + Infinitiv z.B. *Sie scheint heute glücklich zu sein.*	
als ob + Konjunktiv z.B. *Sie sieht aus, als ob sie sehr gut geschlafen hätte.*	

➤ MB,GR, 6.3, S.144

2. Beschreiben Sie, indem Sie die oben genannten sprachlichen Mittel verwenden,

- eine Person, die Ihnen nahesteht;
- eine Person im Klassenzimmer;
- einen Ort, den Sie besonders gern mögen;
- den Ort, an dem Sie geboren sind.

Textbezüge erkennen

1. Worauf beziehen sich die fett gedruckten Wörter? Stellen Sie die Bezüge durch Pfeile dar!

… Ein junges Mädchen knackte und knabberte, wie sonst in den … Kinos oder auf den Promenaden, mit ernstem Gesicht und träumerisch weiten Augen, ohne je einzuhalten, Sonnenblumenkerne, von **denen** zugleich ein Regen von Hülsen zu Boden fiel; eine Gruppe von Burschen mit Sporttaschen brachte immer neue Kassetten **ihrer** Musik nach vorne zum Fahrer, **welcher sie** bereitwillig, statt des nachmittägigen Radioprogramms, aus dem über jedem Sitzpaar befindlichen Lautsprecherpaar schallen ließ; das eine alte Paar in dem Bus saß stumm und ohne Bewegung, und der Mann schien **es** gar nicht zu spüren, sooft einer der Burschen **ihn** im Vorbeigehen, unvorsätzlich, anrempelte; auch als einer der Jugendlichen, im Reden aufgestanden und in den Gang getreten, sich bei **seinen** Ausführungen an des Alten Rückenlehne stützte und zugleich **ihm** vor dem Gesicht gestikulierte, duldete **er es** reglos, rückte nicht einmal seine Zeitung beiseite, deren Blattkanten im Luftzug des über ihm Fuchtelnden umschlugen. Das ausgestiegene Mädchen ging dann allein draußen auf einer kahlen Kuppe, den Mantel um sich gezogen, in einer wie weglosen Steppe, ohne ein Haus in Sicht; am Boden **ihres** verlassenen Sitzes ein Haufen von Schalen, weniger als erwartet. (…)

> **Lerntipp:**
> **Bezüge im Text erkennen**
>
> Ein Kennzeichen literarischer Texte, sehr dicht geschriebener Sachtexte oder auch mündlicher Erzählungen ist sehr häufig, dass die Autoren bzw. Sprecher viele Proformen verwenden, anstatt die Nomen selbst immer wieder beim Namen zu nennen. Deshalb ist es beim Knacken dieser Texte hilfreich, zu untersuchen, worauf sich die Pronomen, Relativpronomen oder Possessivpronomen im Text beziehen. Doch keine Angst! Was auf den ersten Blick verwirrend erscheint, gestaltet sich nach etwas Übung sehr leicht.

2. Wenn Sie Lust zum Weitertrainieren haben, so suchen Sie sich selbst Beispieltexte aus, bearbeiten Sie diese allein oder geben Sie sie Ihrer Nachbarin/Ihrem Nachbarn zum Bearbeiten.

Gr Irreale Wunsch- und Bedingungssätze

1. Was wird in den folgenden Beispielen durch den Konjunktiv ausgedrückt: a) eine Frage, b) ein Wunsch, c) eine Bedingung, d) …? Markieren Sie:

1. Wären S' nach Italien gefahren!
2. Wenn s' wenigstens Geigen hätten!
3. Wie wär's mit Frankreich gewesen?
4. Wenn mich das Reisebüro nicht vermittelt hätt', …

2. Arbeiten Sie mit Ihrer Nachbarin/Ihrem Nachbarn zusammen. Überlegen Sie: Was wäre gewesen, wenn …?

a) Du hast dir Zeit gelassen.	*Wenn du dich beeilt hättest,*	hättest du den Zug nicht verpasst. wärst du jetzt bei mir.
b) Das Wetter war schlecht.		
c) Er hat ihn festgehalten.		
d) Ich hatte kein Geld mehr. Ich musste meine Uhr verkaufen.		
e) Sie durfte sich als Kind nie schmutzig machen.		
f) Wir wollten nicht unhöflich sein.		

►MB, GR, 3.2, S.135 und S.143

Lösungen zu den Kopiervorlagen

Hier finden Sie Lösungen für die Übungen auf den Arbeitsblättern, die eindeutige Lösungen zulassen. Bei vielen Übungen, für die es mehrere Lösungsmöglichkeiten gibt, geben wir Ihnen *Beispiele* an.

Kapitel 1

AB 3 b)

regelmäßig: bereute, beschwörte, drohte, erklärte, machte, packte, sollte, suchte, telefonierte, verlangte, wartete, wollte; *unregelmäßig:* zog aus, schlief ein, fand, gestand, kam, konnte, ließ, verbrachte, verließ, wusste;

AB 4

a) Der Froschkönig

b) (1) einst, (2) als, (3) kaum, (4) da, (5) bevor, (6) während, (7) plötzlich, (8) nachdem, (9) danach, (10) kaum.

AB 5

1. a) entkam; b) verirrte; c) erblickte; d) zerbrach; e) beglückt; f) verspeiste; g) entriss; h) errötete; i) erklang;
2. a) weg/heraus; b) Beginn; c) falsch/verkehrt; d) vollständig/zu Ende; e) falsch/verkehrt; f) auseinander.

Kapitel 2

AB 3a)

1. a) die meisten = die Mehrzahl; die Minderzahl = die wenigsten; dreißig Prozent = ein Drittel = jede/r Dritte; steigen = zunehmen; rund = circa; abnehmen = sinken; die Zahl = der Anteil; die meisten <-> die wenigsten; die Minderzahl <-> die Mehrzahl; steigen <-> sinken; zunehmen <-> abnehmen;
2. a) richtig, b) falsch, c) falsch

AB 4

1. c) *Prostitutionsmilieu:* auf den Strich gehen, drauf sein; *Drogen:* das Hasch, das/der Koks, das H, kiffen; *Kriminalität:* der Knast, der Ballermann, jmdn. abrippen, etw. klauen, Autos knacken;
Familie: krasse Probleme, einen Aufstand machen, die Putze, jmdn. verarschen, jmdn. rausschmeißen, fremdgehen, abhauen, drauf sein, der Wichser;

Kapitel 3

AB 3

1. *Lösung:* Ein Deutschkurs.
2. a) *ohne ... zu;* b) *dadurch, dass;* c) *so ... dass;* d) *um ... zu;* e) *durch;* f) *so;* g) *auch wenn;* h) *so, indem;*
   i) *dadurch;*

AB 4a)

2. *um ... zu* verwendet man, wenn das Subjekt in Haupt- und Nebensatz identisch ist; *damit* verwendet man, wenn es 2 verschiedene Subjekte in Haupt- und Nebensatz gibt.

AB 6

1. steht / Namen / Doch / vorbeirauscht / innerhalb / gut / müssten / Information / muss / dann / wirklich / eine / Verbindung
2. ja: a), c), e), g), i), j), k), n), p), q) – nein: b), d), f), h), l), m), o)

Kapitel 4

AB 1

1. Der König muss sterben. 2. Die Menschen in dem Land sind unglücklich. 3. Die Ärzte wissen keine Medizin. 4. Die alte Frau weiß ein Rezept. 5. Die Boten suchen einen Glücklichen. 6. Der Glückliche hat kein Hemd.

AB 3

Es war einmal **ein** König, **der** lag sterbenskrank in **seinem** Bett, und **kein** Arzt konnte **ihm** helfen. Nur **eine** weise Frau sagte: **Der** König kann wieder gesund werden, man muss **ihm** nur **das** Hemd eines glücklichen Menschen bringen." Da suchten die Boten des Königs im ganzen Land nach einem glücklichen Menschen. Aber vergebens. Nicht **einer** war zufrieden: **Gesunde** waren arm, **Reiche** kränkelten oder fühlten sich bedroht, **manchen** mangelte es **an Liebe.** Hoffnungslos kehrten **die** Boten um. Auf **dem/ihrem** Heimweg kamen **sie** abends an **einer** windschiefen **Hütte** vorbei und hörten dort **einen** Mann vergnügt vor **sich** hinsingen. **Die** Boten **des Königs** klopften freudig an **die** Tür, dass **sie** gleich aus **den Angeln** fiel, und baten **den** glücklichen Menschen, dass **er dem** König helfen und **ihm sein** Hemd schenken sollte. Da sagte **der Glückliche:** „Oh, **das** tut **mir** aber leid. Ich hab gar **keins**!"

AB 5

+ Akkusativ: sich verlassen auf, entschieden sein gegen/für, sich interessieren für, sich freuen über/auf, erzählen über, achten auf, glauben an, lachen über, sich schämen für, sich hinwegsetzen über, sich erinnern an; + Dativ: Angst haben vor, sich sehnen nach, Respekt haben vor, beruhen auf, sich hüten vor, erzählen von, zweifeln an, zwingen zu.

Kapitel 5

AB 2a)

4. a) mit einem blauen Auge; b) eine Fahrt ins Blaue; c) der rote Faden; d) das Blaue vom Himmel; e) ihr blaues Wunder; f) dasselbe in grün; g) eine rosa Brille; h) den schwarzen Peter.

Kapitel 6

AB 1a)

1. 1) Absender, 2) Datum: *München, den 20.3.1999*, 3) Adresse, 4) Betreff: Ihr Inserat vom 3.3.1999, 5) Anrede mit Komma am Ende, 6) Text des Briefes mit Kleinbuchstaben beginnend (möglichst nicht mit „ich"), 7) Grußformel und Unterschrift, 8) evtl. Anlagen.

2. Anfang: a), d), e), f), h), i); Schluss: b), e), g), j), k)

AB 1b)

1. persönlich: wie du weißt, natürlich, ich bräuchte noch …; recht bald; bis dann;
offiziell: eine persönliche Bitte haben; jmdn. benachrichtigen; die Gelegenheit ergreifen; zur Verfügung stehen; sich an jmdn. wenden; etwas benötigen; jmdn. ist etwas möglich;
beides: jmdn. fragen; selbstverständlich; sich interessieren für etwas; teilnehmen an etwas;

2. *Lösungsvorschlag:* Sehr geehrte Frau Dr. Berger,
leider war es mir aus Termingründen nicht möglich, an dem Kolloquium an Ihrer Universität teilzunehmen. Ich möchte jedoch die Gelegenheit ergreifen und mich bei Ihnen für die zugesandte Einladung bedanken. Ich wende mich heute außerdem mit einer persönlichen Bitte an Sie. Ich habe gehört, dass an Ihrem Institut eine Umfrage zu Berufsaussichten weiblicher Hochschulabsolventen durchgeführt wurde, die aber noch nicht veröffentlicht ist. Hier meine Bitte an Sie: Wäre es Ihnen möglich, mir die Ergebnisse dieser Umfrage für meine Doktorarbeit, an deren Fertigstellung ich derzeit arbeite, zur Verfügung zu stellen? Der Titel meiner Dissertation lautet: „Weiblichkeit als Chance? Die Auswirkungen der Quotenregelung in Lehre und Politik". Die Auswertung der Ergebnisse Ihrer Studie wäre ein wichtiger Beitrag zu meiner wissenschaftlichen Arbeit und ich wäre Ihnen sehr dankbar, wenn Sie sie mir zur Verfügung stellen könnten.
Ich bedanke mich im Voraus für Ihre Bemühungen.
Mit freundlichen Grüßen
Mathilde Mertens

AB 2

2.a) glanzvoll, fehlerlos, einfallsreich, wundervoll, phantasievoll;
c) unbeschreiblich, unvergleichlich, unvorstellbar, außerordentlich, unsterblich, ungeduldig;
d) goldgelb, pfirsichzart, butterweich;

Kapitel 7

AB 1

1.B die Wäsche: walken, kneten, einweichen, plätten; die Johannisbeerbüsche: ernten; den Garten: umgraben; den Schuppen: ausbessern; die Kuh: melken; das Brennholz: hacken; den Taufschein: bitten um, genehmigen, übergeben; die Gans: schlachten; den Schweinen: Drahtringe durch die Nase ziehen.
1.C gleichsam: wie, als ob; demgemäß: deshalb, so; dergestalt: so; verwahren: aufbewahren; äugen: schauen, gucken; erfolgte: geschah, passierte; verdattert: verwirrt, erstaunt, überrascht; mir nichts dir nichts: einfach so.

AB 3

b) Anziehung; (Faszination); das Unvorhergesehene; c) überrascht; (erstaunt); d) Europa; e) Ängste; f) Unglaublichem; g) kulturelle Unterschiede, Vorurteile; h) Gattung; i) Globalisierung;

AB 5

Ihr Text könnte so aussehen: Zwischen zwei Orten fliegt eine Billigfluglinie. Auf einem der Flüge passierte Folgendes. Als das Flugzeug seine Reiseflughöhe erreicht hatte, stellte der Pilot auf Autopilot um. Dann verließ er zusammen mit seinem Copiloten das Cockpit und ging in den Passagierraum. Dort tranken sie Kaffee und unterhielten sich mit den Passagieren. Als das Flugzeug sich dem Zielflughafen näherte, mussten die Piloten in das Cockpit zurückkehren. Die Tür war zu und ließ sich zum Schrecken der Besatzung und der Passagiere nicht öffnen. Keiner der Piloten hatte einen Schlüssel. Hektisch probierten sie verschiedene Möglichkeiten aus. Doch keine funktionierte. Auch Gewalt hatte keinen Erfolg. Die Zeit wurde immer knapper. Da ging der Pilot zum Notausstieg, schlug die erste Scheibe ein und nahm die Notaxt heraus. Mit ihr zertrümmerte er die Cockpit-Tür.

Kapitel 8

AB 1
1. a) 1. Der Ausdruck „mir aus dem Weg gehen" impliziert, dass der Angesprochene im Unrecht ist. 2. „Jetzt" signalisiert Ungeduld. 3. „Wie *war* ..." klingt, als läge das Problem nicht an der Unaufmerksamkeit des Sprechers 4. „Wollen Sie" = das Angebot gilt nur, wenn Frau Schulze darauf besteht. 5. „Soll ich ... anbieten" = ich biete nichts an, außer wenn Sie es wollen. 6. „etwa" = ich hoffe nicht 7. „ruhig" = ich erlaube es 8. „Nun ... schon" = Ungeduld 9. „Wenn Sie wollen, können Sie ..." = (siehe 4.) 10. „den Mund halten" = pejorativ für: schweigen. Dazu kann man eigentlich gar nicht höflich auffordern.
1. b) 1. „Entschuldigung, darf ich mal bitte ... (vorbei)? 2. „Kommen Sie bitte herein und nehmen Sie Platz." 3. „Verzeihen Sie bitte, ich habe Ihren Namen vergessen ..." 4. „Darf ich Ihnen aus dem Mantel helfen, Frau Schulze?" 5. „Darf ich Ihnen vielleicht eine Tasse Kaffee anbieten?" „Möchten Sie eine Tasse Kaffee?" 6. „Möchten Sie Gebäck zum Tee?" 7. „Bitte, nehmen Sie von den Keksen." 8. „Greifen Sie zu, bitte, ich hole gleich noch mehr." 9. „Wir würden uns freuen, wenn Sie noch etwas bleiben könnten." 10. „Entschuldigen Sie, aber ... (das Baby schläft / wir machen eine Tonaufzeichnung / ...) darf ich Sie bitten, einen Moment lang etwas leiser zu sein?"
2. 1 B, 2 D, 3 E, 4 A, 5 F, 6 C;

AB 2
Z. 1–20: *nein:* 1., 2., 4.; *ja:* 3.; Z. 21–54: *nein:* 1.,3.,; *ja:* 2.; Z. 73–109: *nein:* 1.; *ja:* 2.; Z. 110–126: *ja:* 1.;

AB 3
Z. 1–20: *nein:* 1.; *ja:* 2.; Z. 21–48: *nein:* 1.,3.; *ja:* 2.; Z. 49–60: *nein:* 1.; *ja:* 2.; Z. 61–73: *ja:* 1., 2.;

Kapitel 9

AB 1
1. *Jeder, man, einem, alle, viele, manchen, einige, man; etliche, jemand, einiger Weniger;*
2. Teilmenge: *manche, einige, etliche, viele, jemand, einige Wenige;* Vollständige Menge: *jeder, alle,*
3. a) man; b) einem; c) einem; d) einem, einen; e) man;

AB 3
Gruppe 1:
Park Gottes: Schmuckstück, stilles Glück, alt, Beschaulichkeit, (ruhig),
Romantik-Club Eden: gigantisch, differenziertes Angebot, für jeden etwas, Erlebnis, (modern)
Gruppe 2:
Z. 3: *konnte* er noch immer *als* das Schmuckstück des Gartens *gelten*, Z. 4: Schmunzelnd *gedachte* Gott *des* Pärchens, Z. 16: Er *ließ* den Dingen *ihren* Lauf, Z. 21: Damit *hätte* es *eigentlich sein Bewenden haben können*, Z. 21: Zumal sich Gott seines Gartens und des Getiers ... erfreute, Z. 32: Entschuldigen Sie, dass ich *so hereinplatze*, Z. 38: Was Gott sonderbar anmutete, Z. 62: Wir wollen hier eine große Ferien-Erlebniswelt aufziehen, Z. 90: Nicht einmal Sie können dem Zug der Zeiten trotzen, ... hier in aller Beschaulichkeit, Z. 98: Die sind mir über
Gruppe 3:
Gott: schmunzelnd, lässt den Dingen ihren Lauf, milde, beschwichtigend, ärgert sich ein wenig, missvergnügt,
Menschen: frech, listig, vorwitzig, wollen allmächtig sein, machen Ärger, unangenehm

AB 4
3. Adjektivendung im Genitiv: -en *(seines alten Gartens)*; dieses wunderbaren Parks; des bekannten Apfelbaums; ihrer vielen Reisen; einer schönen Geschichte.
4. a) Er dachte an das Pärchen; b) Er freute sich über seinen Garten; Er freute sich, dass er einen so schönen Garten hatte; c) Er ärgerte sich über seinen beschwichtigenden Tonfall; d) Er war unruhig/beunruhigt/machte sich Sorgen, weil plötzlich ein Gast erschienen war; e) Als er seinen blühenden Garten sah, freute er sich; f) Obwohl er gestört worden war, betrachtete Gott wieder seinen Garten.

Kapitel 10

AB 1

Mögliche Beispielsätze:

1. 36,9 Mio Haushalte gibt es in Deutschland, in fast der Hälfte leben unverheiratete Erwachsene. 2. In mehr als der Hälfte der Haushalte leben Ehepaare. 3. Weit weniger als ein Drittel der Haushalte besteht aus Ehepaaren mit Kindern. 4. In weit mehr als einem Drittel lebt nur ein Erwachsener. 5. Gut 5 % aller Haushalte bestehen aus alleinstehenden Erwachsenen mit Kindern. 6. In noch einmal knapp 5 Prozent der Haushalte leben unverheiratete Paare. 7. Und ungefähr 1,5 % der deutschen Haushalte bestehen aus unverheirateten Paaren mit Kindern.

Kapitel 11

AB 3

1. b); 2. d); 3. c); 4. d); 5. a); 6. c); 7. d); 8. b); 9. d);

Kapitel 13

AB 3

Vgl. „Zwei Fahrer" von Bertolt Brecht, Materialienbuch, S. 95;

AB 5

1. Drei Kinder spielen auf der Straße Fußball. 2. An einer Ecke wechselt ein Autofahrer einen Reifen. 3. Vor einem Auto fährt ein Radfahrer nach links. 4. Jemand hat einen Handwagen vor eine Einfahrt gestellt. 5. Ein Kind fährt mit dem Roller über die Straße. 6. Ein Hund läuft auf die Straße. 7. Zwei alte Leute stehen mitten auf der Straße. 8. Ein Mann geht über die Straße. 9. Und dabei liest er in der Zeitung. 10. Ein Motorroller-Fahrer fährt mit einer Leiter auf der Schulter. 11. Ein Auto fährt in eine Einbahnstraße. 12. Zwei Arbeiter klettern in die Kanalisation. 13. Die Arbeiter haben vor das Loch in der Straße den Kanaldeckel gelegt. 14. Auf einem Fahrrad fahren zwei Kinder zusammen. 15. Das eine hat sich hinten auf das Fahrrad gesetzt.

Kapitel 14

AB 2

1. u. a.: abhören, anhören, aufhören, aushören, erhören, Gasthörer, Gehör, Gehörfehler, Gehörsinn, gehörlos, Gehörgang, hinhören, hören, hörbehindert, Hörbehinderte(r), Hörtest, Hörer(in), Hörerbrief, Hörerpost, Hörerwunsch, Hörfehler, Hörfunk, Hörgerät, hörig, Hörigkeit, Hörsaal, Hörspiel, Hörvermögen, Hörweite, Kopfhörer, mithören, Radiohörer, Rundfunkhörer, Schwarzhörer, Telefonhörer, überhören, umhören, verhören, weghören, weiterhören, wiederhören, zuhören, Zuhörer
angehören, Angehöriger, dahingehören, dazugehören, gehören, gehören, gehörig, (Auto-)Zubehör, zusammengehören

2. *Beispiele*

Menschen: brummen, buhen, flüstern, klatschen, kreischen, murren, pfeifen, schreien, stöhnen, summen, wimmern, zischen

Tiere: Vögel pfeifen, piepsen, zwitschern; Hühner gackern; Hunde bellen, winseln; Katzen fauchen, miauen; Pferde wiehern; Kühe muhen; Schafe blöken.

Gegenstände: Besteck/Geschirr klappert, scheppert; Blechgegenstände klappern; Feuer knistert; Motoren heulen, rattern, summen; Papier/Laub raschelt; Türen knallen, knarren, schlagen; Autos brummen, dröhnen, röhren; Wasser/Wellen klatschen, plätschern, rauschen; Wind heult, pfeift, säuselt.

AB 4

1. Reise nach Amerika; Reise im Winter; Reise, um eine Sprache zu lernen; Reise mit besonderem Komfort; es schmeckt nach Blut; Apfelsinen mit rotem Fruchtfleisch; Molekül aus Wasser; Glas für Wasser.

2. eine Tasche, die man in der Hand trägt und in der man kleine Gegenstände (Geld, Schlüssel usw.) aufbewahrt; ein Verkehrsmittel, das auf Stahlschienen Überland fährt; eine Maschine für Küchenarbeiten wie schneiden, mischen usw.; verlangsamtes Abspielen einer Film- oder Videoaufnahme; eine Entnahme und Untersuchung einer kleinen Menge Blut; ein Diebstahl aus einem geöffneten Laden.

Kapitel 15

AB 5

1. 1.b); 2.c); 3.a); 4.c);